Inhaltsverzeichnis

Inhaltsverzeichnis

Inhaltsverzeichnis

Kapitel 8 Religion und Gleichberechtigung

Kapitel 9 Religion, Armut und Reichtum

Kapitel 10 Religion, Friede und Gerechtigkeit

Anhang

Vorwort

Religionen sind ein Stück **Menschheitsgeschichte**. Schon immer haben Menschen religiösen Gemeinschaften angehört, gebetet und meditiert. Religionen prägen bis heute unser Weltbild, unser Verständnis von Recht und Unrecht und organisieren unser gesellschaftliches Zusammenleben. Die Globalisierung und die damit einhergehende Zuwanderung von Menschen anderer Kulturkreise führten vor allem im 20. Jahrhundert zu einer verstärkten **Auseinandersetzung zwischen den Religionen.** Die Menschen dahinter standen und stehen häufig im Brennpunkt der Kritik. Vorurteile, die oft aus fehlendem Wissen über andere Glaubensrichtungen entstehen, führten dazu, dass wir Menschen anderer Glaubensrichtungen mit Intoleranz begegneten. Daran hat sich bis heute leider wenig geändert. Aber nur dann, wenn wir uns mehr mit den Religionen auf dieser Welt auseinandersetzen, können wir den Glauben anderer besser verstehen und unsere Vorurteile abbauen.

Das Ziel, **Verständnis und Akzeptanz für andere** aufzubringen, soll mit diesem Buch erreicht werden. Es stellt die **ethisch-moralischen Auffassungen** und Ansichten der drei westlichen Weltreligionen vor: dem Christentum, dem Islam und dem Judentum.

- Wie stellen sich Gläubige der drei Religionen **Gott** vor? Wie leben sie ihren **Glauben**?
- Was sagen ihre heiligen Schriften über die **Schöpfung der Erde**, **der Tiere** und **der Menschen**?
- Welches Verhältnis der drei Religionen besteht zu **wissenschaftlichen Erkenntnissen**? Werden diese in das religiöse Denken integriert?
- Welche Bilder entwickelten die Weltreligionen zu den **Rollen von Mann und Frau**, zu der **Ehe**, zu **Sexualität** und **Scheidung**?
- Setzen sie sich für den **Weltfrieden** ein? Wie ist ihre Haltung zur **Gewalt** und wie stehen sie anderen Religionen gegenüber?
- Wie erklären sie die **Armut und das Leid** in der Welt? Welche **Hoffnungen** haben sie, dass es Hilfe gibt? Was tun die Gläubigen selbst dafür?

Wie du feststellen wirst, gibt es nicht nur viele Unterschiede zwischen diesen Religionen, sondern auch **viele Gemeinsamkeiten**. In allen drei Religionen wird – im Gegensatz etwa zum Buddhismus oder Hinduismus – an nur einen Gott geglaubt. Alle drei Glaubensrichtungen schildern das Leben der gleichen Personen, zum Beispiel Abraham, Moses, Noah oder Adam. Juden und Christen haben die gleiche Schöpfungsgeschichte. Die Anhänger beider Religionen kennen die „Geschichte" der Schöpfung der Erde und ihrer Bewohner. Eine wichtige gemeinsame Grundlage beider Religionen sind außerdem die Zehn Gebote, die bis heute unser Zusammenleben regeln. Der Islam und das Christentum vertreten außerdem sehr ähnliche Auffassungen über die Auferstehung und das Jüngste Gericht.

Diese wenigen Beispiele zeigen, dass wir trotz aller Unterschiede viel gemeinsam haben. Trotzdem wissen wir nur wenig voneinander. Bei der Lektüre des Buches wirst du vermutlich nicht nur die fremden Religionen entdecken, sondern auch noch viel über deinen **eigenen Glauben** lernen.

Zum Aufbau dieses Buches

Damit du leichter mit diesem Buch arbeiten kannst, haben wir verschiedene Hilfen eingefügt:
Der Stoff des Buches ist in **10 Kapitel** gegliedert. In jedem dieser Kapitel werden die Auffassungen der drei Weltreligionen **Christentum, Islam und Judentum** vorgestellt. Diese Reihenfolge wird im ganzen Buch beibehalten.

Zu Beginn jedes Kapitels kannst du lesen, welche thematischen **Fragen** behandelt werden. Diese Fragen sind nummeriert, sodass du ihnen leicht folgen kannst.

Jedes Kapitel beginnt mit einer **Einführung**, die dich an den Themenbereich heranführt.

Schwierige Wörter und Begriffe werden am Ende des Buches im **Glossar** erklärt. Dort findest du kurze und hilfreiche Definitionen und Erklärungen. Du kannst dir auch ein eigenes Wörterbuch anlegen, in das du nach und nach alle schwierigen Wörter einträgst.

Im ganzen Buch findest du **Zitate** aus den heiligen Schriften der drei Religionen und aus anderen Quellen*. Diese Zitate sind sehr wichtig und von großer Bedeutung für die Anhänger der drei Glaubensrichtungen. Sie helfen dir aber auch, zu verstehen, warum die Menschen an etwas glauben. Beim Beantworten der Fragen und Lösen der Aufgaben solltest du versuchen, die Zitate miteinzubeziehen.

Am Ende jedes Abschnitts, in dem eine Glaubensrichtung zu einer Fragestellung vorgestellt wird, findest du eine **Zusammenfassung**. In dieser sind die wichtigsten Inhalte des Abschnitts aufgelistet. Diese Zusammenfassungen rufen dir auch das gerade Gelernte noch einmal ins Gedächtnis, bevor du dich dem nächsten Thema widmest. Du kannst diese Zusammenfassungen auch heranziehen, um die Religionen miteinander zu vergleichen. Sie dienen dir schließlich auch als Wiederholung, wenn du beispielsweise für einen Test lernst.

In vielen Kapiteln findest du Kästen mit **weiterführenden Informationen** (!) zum Text.

Am Ende jedes Abschnitts findest du außerdem **Aufgabenstellungen** (?) zu jedem Thema. Sie helfen dir, über die Lehren der Weltreligionen nachzudenken und bestimmte Aspekte noch einmal mit deinen eigenen Worten zu wiederholen. Bei der Beantwortung der Aufgaben kannst du dich auf die wichtigsten Informationen, die du erhalten hast, konzentrieren. Die Aufgaben fordern dich auf, über das, was du gelesen hast, erneut nachzudenken.

Bei manchen Aufgaben wirst du aufgefordert, in kleinen Gruppen eine Fragestellung zu diskutieren. Dabei handelt es sich um Themen, zu denen es sehr unterschiedliche Meinungen in unserer Gesellschaft gibt.

Am Ende eines jeden Kapitels findest du zudem einige **Fragen und Aufgaben**, die dich auffordern, bestimmte Haltungen und Standpunkte miteinander zu vergleichen. Diese Aufgaben ermöglichen dir, die Unterschiede und Gemeinsamkeiten der drei Religionen kennenzulernen und über diese nachzudenken.

*** Die Zitate aus den religiösen Schriften sind entnommen aus:**

Die Bibel. Einheitsübersetzung Altes und Neues Testament. Freiburg, Basel, Wien: Herder Verlag 1980.

Der Koran. Aus dem Arabischen übersetzt von Max Henning. Stuttgart: Reclam Verlag 2005.

Kapitel 1

Das Wesen Gottes

Einführung

Viele Menschen glauben an Gott, allerdings nicht alle. Manche sind überzeugt, dass es keinen Gott gibt; diese Menschen nennt man **Atheisten** (*griechisch átheos* = ohne Gott, gottlos). Bei anderen schwankt ihre Einstellung zu Gott zwischen Glaube und Zweifel. Sie glauben zwar an Gott, aber eine schlimme Erfahrung kann ihren Glauben erschüttert haben. Natürlich ist es möglich, dass sie später wieder zu ihrem festen Glauben zurückfinden. Viele andere Menschen wiederum können sich einfach nicht vorstellen, dass man mit Sicherheit wissen kann, ob es einen Gott gibt oder nicht. Diese Menschen werden als **Agnostiker** bezeichnet (aus *griechisch agnosía* = das Nichterkennen). Die Überzeugungen der Atheisten und Agnostiker lassen sich folgendermaßen zusammenfassen:

Was ist ein Atheist?

Was ist ein Agnostiker?

Erkläre die Unterschiede zwischen einem Gläubigen, einem Atheisten und einem Agnostiker.

Führt eine Umfrage in eurer Schule, eurer Familie oder eurem Freundeskreis durch. Wie hoch ist der Anteil derer, die an Gott glauben, wie viele sind unsicher? Und wie viele lehnen den Glauben an einen Gott ab?

Ein Atheist ist jemand, der

... glaubt, dass es keinen Gott gibt und dass diejenigen, die an Gott glauben, im Irrtum sind.

... denkt, dass an Gott glauben so viel bedeutet, wie an eine Illusion zu glauben.

... meint, dass es nicht nötig ist, an einen Gott zu glauben.

... überzeugt davon ist, dass Gott nicht real ist und auch nicht real sein könnte.

... davon ausgeht, dass es Gott nur im Denken derjenigen gibt, die an ihn glauben.

... die Ansicht vertritt, dass die Menschen lernen sollten, auf eigenen Beinen zu stehen, anstatt sich auf einen Gott zu verlassen.

Ein Agnostiker ist jemand, der

... sich nicht sicher ist, ob Gott existiert oder nicht.

... glaubt, dass man in diesem Leben niemals erfahren kann, ob Gott existiert oder nicht.

... spürt, dass jeglicher Beweis für die Existenz Gottes über den menschlichen Verstand und über das menschliche Wissen hinausgeht.

In diesem Buch betrachten wir drei Religionen genauer – das Christentum, den Islam und das Judentum. Etwa 3,4 Milliarden Menschen weltweit gehören einer dieser Religionen an, das sind mehr als 50 % der Weltbevölkerung. Man bezeichnet die Anhänger dieser Religionen als **Monotheisten**. Das bedeutet, dass sie nur an einen Gott glauben, der einzigartig und keiner anderen Daseinsform ähnlich ist.
Im Gegensatz dazu kennen und verehren die **Polytheisten** viele verschiedene Götter, wie etwa Gläubige des Buddhismus.

Monotheisten, wie Christen, Juden und Muslime, glauben, dass es nur einen einzigen Gott gibt.

Christentum

Im folgenden Abschnitt erfährst du etwas über diese Themen:

1 Warum glauben Christen an Gott?
2 Wie stellen sich Christen Gott vor?
3 Die Bibel und ihre Autorität für die Christen
4 Die Wege, auf denen man Gott kennenlernen kann

Christen glauben, dass Gott hauptsächlich dann mit den Menschen in Verbindung tritt, wenn sie in der Bibel lesen.

1 Warum glauben Christen an Gott?

Grund 1

Die Welt, in der wir leben, könnte es ohne einen allmächtigen Gott, der sie erschaffen hat, gar nicht geben. William Paley, ein englischer Theologe des 18. Jahrhunderts, verglich die Welt mit dem komplizierten Mechanismus einer Uhr. Wenn man eine Uhr öffnet, dann sieht man eine bis ins letzte Detail ausgeklügelte Anordnung von Schrauben und Zahnrädern. Kann jemand ernsthaft behaupten, dass diese Uhr zufällig entstanden sei – etwa durch eine Explosion in einer Uhrmacherwerkstatt? Nein, natürlich nicht. Es gibt nur eine sinnvolle Erklärung. Nur ein überaus fähiger Uhrmacher kann eine funktionierende Uhr herstellen.

Das Universum ist noch viel komplizierter als eine Uhr. Nur jemand, der so mächtig ist wie Gott, kann dieses wunderbare Universum und die Welt, in der wir leben, erschaffen haben. Diese Begründung nennt man das **„Argument vom Ursprung der Dinge“**. Es hat über Jahrhunderte viele Menschen davon überzeugt, an Gott zu glauben.

Grund 2

Jeder kennt den Unterschied zwischen Richtig und Falsch, zwischen Recht und Unrecht, denn wir alle haben ein Gewissen. Die Christen glauben, dass ihr Gewissen von Gott kommt und dass darin die **Verhaltensnormen** zum Ausdruck kommen, die gottgefällig sind. Das Gewissen kann bei manchen Menschen stärker ausgeprägt sein als bei anderen, aber es ist in jedem von uns vorhanden und bringt viele dazu, an Gott zu glauben.

Grund 3

Einige glauben, dass sie **Gott begegnet sind**, und sie können nicht alle falschliegen. Vielleicht sind sie Zeuge eines Wunders geworden, oder sie wurden auf wundersame Weise von einer schweren Krankheit geheilt. Manche habe vielleicht beim Lesen der Bibel ganz intensiv die Nähe Gottes verspürt. Oder sie hatten während der Messe eine persönliche Gotteserfahrung, oder sie spürten in ihrem Innern ein göttliches Gefühl voller Liebe und

Frieden, während sie alleine in einer leeren Kirche saßen. Andere wiederum wurden vielleicht vom Erleben der Schönheit der Natur überwältigt. Die genauen Umstände dieser Erfahrungen sind nicht wichtig. Entscheidend ist, dass sich Millionen von Menschen nicht alle geirrt haben können. Und wenn Menschen Gott persönlich erfahren können, dann muss Gott existieren.

Grund 4

Viele Menschen wuchsen in einer **Familie** auf, in der die Eltern an Gott glaubten. Gemeinsam wurde in der Bibel gelesen und gemeinsam wurde gebetet. Sie können sich an keine Zeit erinnern, in der sie nicht an Gott glaubten oder nicht in die Kirche gingen. Sie müssen erst gar nicht davon überzeugt werden, dass Gott existiert – sie wissen es einfach.

Nach Meinung vieler Gläubiger handelt es sich dabei nicht unbedingt um überzeugende Gründe, um an Gott zu glauben:

- Wissenschaftler beispielsweise argumentieren, dass das Universum vor sehr langer Zeit durch den „Urknall" entstand, wohingegen sich das menschliche Leben erst in einem sehr langen Evolutionsprozess entwickelte.
- Man kann einwenden, dass wir unser Gespür für Recht und Unrecht durch die vielen unterschiedlichen Einflüsse gewinnen, die in unserem Leben eine Rolle spielen – unsere Eltern, unsere Schule, unsere Freunde, die Bücher, die wir lesen, die Gesellschaft, in der wir leben, usw.
- Die Behauptung vieler Menschen, eine Gotteserfahrung gemacht zu haben, kann in Zweifel gezogen werden. Es ist sehr einfach, diese Erfahrungen zu missdeuten; sie können eine völlig natürliche Erklärung haben.
- Wenn man von der Schönheit der Natur überwältigt wird, muss man nicht zwangsläufig an Gott glauben, um diesem Erlebnis einen Sinn zu geben. Die Natur kann einfach von sich heraus als schön empfunden werden.

Viele Menschen fanden zu Gott, indem sie Mitglied einer Glaubensgemeinschaft geworden sind.

2 Wie stellen sich Christen Gott vor?

Die Christen glauben, dass Gott

... **allmächtig ist** – der allmächtige Schöpfer von allem, der den Sinn und Zweck aller Dinge kennt.

... **vollkommen ist** – das vollkommen gute, alles liebende Wesen.

... **ewig ist** – über Raum und Zeit steht. Gott ist in keiner Weise begrenzt.

... **allwissend ist** – das Wesen, das alles weiß und jeden kennt.

... **der Vater ist** – derjenige, der sich um jeden von uns kümmert.

... **der Richter ist** – derjenige, der entscheidet, was mit uns geschieht, wenn wir sterben.

Die Dreifaltigkeit

Die Christen glauben, dass Gottes Sohn Jesus der beste Weg für die Menschen ist, um etwas über Gott zu erfahren. Der Tod Jesu am Kreuz und seine Auferstehung vom Tod sind Hinweise auf Gott. Die Christen glauben, dass Gott einzig ist, aber durch drei verschiedene Personen erfahrbar – durch Gott als Vater, Gott als Sohn und Gott als Heiliger Geist. Diesen Glaubensgrundsatz bezeichnen die Christen als **Dreifaltigkeit** (auch Dreieinigkeit oder Trinität genannt).

Die Dreifaltigkeit ist nicht leicht zu begreifen. Im Laufe der Jahrhunderte wurden viele Analogien formuliert, um den Gläubigen die Dreifaltigkeit verständlich zu machen. Der Vergleich mit Wasser oder H_2O bietet eine der hilfreichsten Veranschaulichungen. Wasser kommt in drei verschiedenen Zuständen vor:

- als Wasser, wenn es flüssig ist;
- als Eis in fester Form;
- als Wasserdampf, wenn es im gasförmigen Zustand ist.

Wasser, Eis und Dampf sind drei verschiedene Formen, aber alle drei sind H_2O. Es ist nur die Erscheinungsweise, die sich ändert. Ähnlich verhält es sich mit der christlichen Vorstellung von der Dreifaltigkeit. Auch wenn es drei verschiedene „Personen" sind, so bleiben sie doch ein einziger Gott. Jede der drei Personen repräsentiert einen Aspekt des Wesens Gottes, den die Menschen verstehen können.

Der Tod Jesu am Kreuz erinnert die Christen daran, dass er ein wirklicher Mensch war. Diesen Glaubensgrundsatz bezeichnet man als Inkarnation.

Gott, der Vater

Wenn Jesus von Gott sprach, dann nannte er ihn am liebsten „Vater". Er forderte auch seine Jünger auf, Gott so anzusprechen. Auf diese Weise lehrte er sie, dass Gott für sie sorgt und sie liebt – so wie ein guter menschlicher Vater für seine eigenen Kinder sorgt und sie liebt.

Gott, der Sohn

Die Christen glauben, dass die vollkommene Offenbarung Gottes durch Jesus zu ihnen kam. Sie glauben, dass er Gottes Sohn, geboren von der Jungfrau Maria, in jeder Beziehung ein vollständiges menschliches Wesen war – der „Fleisch gewordene Gott". Aus diesem Grund konnte er seinen Mitmenschen etwas vom wahren Wesen Gottes lehren. Während seines Aufenthalts auf Erden unterrichtete er die Menschen über Gott, indem er ihnen zeigte, wie er wirklich ist. Jesus starb an einem Kreuz, damit den Menschen ihre Sünden vergeben werden können. Die Christen glauben, dass Gott Jesus vom Tod auferweckte (dieses Ereignis bezeichnet man als Auferstehung), bevor er zu seinem Vater im Himmel zurückkehrte (die Himmelfahrt). Das Johannesevangelium im Neuen Testament beschreibt den Tod Jesu so:

> *„Denn Gott hat die Welt so sehr geliebt, dass er seinen einzigen Sohn hingab, damit jeder, der an ihn glaubt, nicht zugrunde geht, sondern das ewige Leben hat."*
> *Joh 3,16*

Gott, der Heilige Geist

Die Christen glauben, dass Jesus, nachdem er in den Himmel zurückgekehrt war, den **Heiligen Geist** aussandte, um seinen Anhängern die ganze Wahrheit zu verkünden. Seitdem leitet der Heilige Geist die christliche Kirche.

Erstelle eine Liste mit den wichtigsten Wörtern, die Christen benutzen, um Gott zu beschreiben.

Beschreibe, was Christen unter Dreifaltigkeit verstehen. Was meinen Christen damit, wenn sie von Gott als Vater, Gott als Sohn und Gott als Heiliger Geist sprechen? Diskutiert jede dieser vier Fragen in kleinen Gruppen und haltet eure Ergebnisse fest.

Was sind die Hauptgründe dafür, wenn jemand behauptet,
a) dass er an Gott glaubt?
b) dass Gott nicht existiert?
c) dass wir nicht sicher sein können, ob es einen Gott gibt oder nicht?

Welcher dieser drei Überzeugungen kannst du am ehesten zustimmen?

3 Die Bibel und ihre Autorität für die Christen

Die Bibel besteht aus zwei Teilen – aus dem **Alten Testament** und dem **Neuen Testament.**

Das Alte Testament

Für das Alte Testament sind die jüdischen Schriften von besonderer Bedeutung. Diese Schriften bestanden aus 39 verschiedenen Büchern, in denen unter anderem die Geschichte des jüdischen Volkes erzählt wurde. Sie berichten von der Erschaffung der Welt, von wichtigen jüdischen Persönlichkeiten wie **Abraham** und **Moses** sowie von der Vertreibung und Ermordung der Juden durch andere Völker. Als die Christen im 4. Jahrhundert n.Chr. verschiedene Bücher zu ihrer Bibel zusammenstellten, fassten sie alle jüdischen Schriften im Alten Testament zusammen.

Das Neue Testament

Das Neue Testament umfasst 27 Bücher, es beginnt mit den vier Evangelien, deren Verfasser Matthäus, Markus, Lukas und Johannes sind. Obwohl die vier **Evangelien** am Anfang des Neuen Testaments stehen, entstanden sie erst viel später, fast als letzte der biblischen Bücher. Das Gleiche gilt für die Apostelgeschichte, in der die Geschichte der frühen christlichen Kirche beschrieben wird. Viele Bücher des Neuen Testaments sind **Briefe (Episteln)**. Die meisten davon wurden von einem einzigen Mann geschrieben, nämlich von **Paulus**, einem unermüdlichen Reisenden, Missionar und Briefeschreiber, der 64 n.Chr. starb. Paulus war die führende Persönlichkeit des frühen Christentums.

Die Autorität der Bibel

Die Christen glauben, dass sich die Bibel von allen anderen Büchern unterscheidet, dass sie eine **einzigartige Autorität** besitzt. Sie glauben, dass Gott die Verfasser der einzelnen Bücher der Bibel leitete. Deshalb helfen die Lehren der Bibel den Christen dabei, die von Gott gewollte Art und Weise der Lebensführung herauszufinden. Obwohl sich die Zeiten gewaltig geändert haben, seit die Bibel geschrieben und zusammengestellt wurde, enthält sie doch die Prinzipien, an die sich auch heute noch jeder Christ halten sollte. Fast bei jedem Gottesdienst gibt es eine Lesung aus der Bibel. Dadurch sollen die Menschen, die regelmäßig in die Kirche gehen, immer besser mit den Lehren der Bibel vertraut werden.

Die Bibel verstehen

Es gibt zwei verschiedene Möglichkeiten, wie die Christen die Bibel interpretieren:

- **Die wörtliche Auslegung:** Manche Christen sind davon überzeugt, dass alles, was in der Bibel niedergeschrieben ist, auch wirklich so geschah. Demnach wurde die Welt von Gott in sechs Tagen erschaffen; Adam und Eva wurden von einer Schlange verführt und aßen von der verbotenen Frucht im Garten Eden; alle Menschen, außer Noah und seiner Familie, wurden durch die Sintflut vernichtet. Diejenigen, die die Bibel

Die meisten Christen lesen regelmäßig in der Bibel. Sie glauben, dass durch sie Gott zu ihnen spricht und sie in ihrem alltäglichen Leben leitet.

wörtlich auslegen, sind der Ansicht, dass man alles so akzeptieren muss, wie es geschrieben steht, um ein wahrer Christ zu sein – und dass man den Lehren folgen muss.

- **Die nicht wörtliche Auslegung:** Viele Christen glauben, dass die Bibel verschiedene Arten der „Wahrheit" enthält. Es finden sich in ihr sehr exakte Aufzeichnungen von Ereignissen ebenso wie „Mythen", die keine wirklichen Ereignisse schildern, sondern eine geistige, spirituelle Wahrheit enthalten – so wie die **Gleichnisse**, die Jesus erzählte, dazu dienen, einen wichtigen religiösen Inhalt zu lehren und zu veranschaulichen. Das Problem liegt nun darin, zu erkennen, was wörtlich zu nehmen ist und was nicht. Und dies setzt ein sehr gründliches Studium der Bibel voraus.

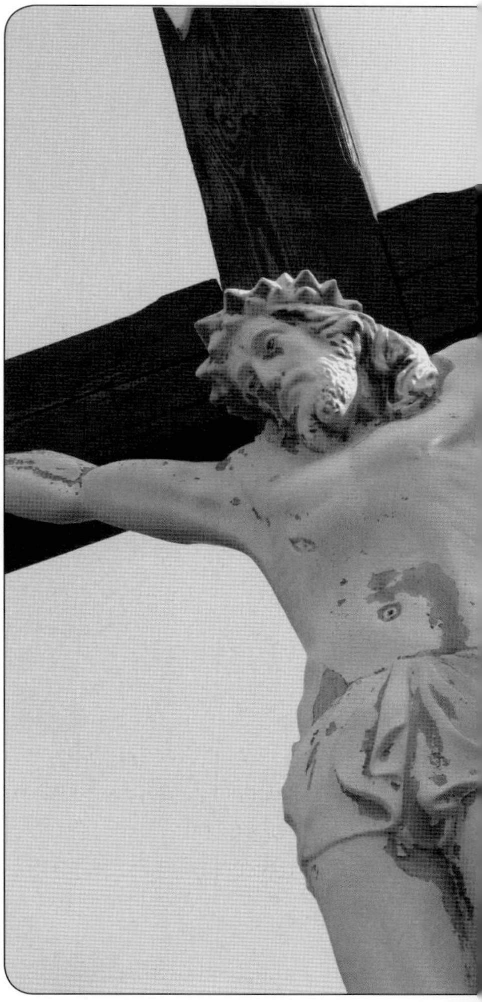

Viele Christen glauben, dass Jesus den Menschen lehrte, wie Gott wirklich ist.

Die Bibel wird gelesen

... von den Christen bei ihren eigenen Andachten in Verbindung mit Gebeten.

... in kleinen Studienkreisen, besonders zu bestimmten Zeiten des Jahres, z.B. in der Weihnachts- und Fastenzeit.

... in fast allen christlichen Gottesdiensten. In vielen Gottesdiensten wird aus der Bibel auch mehr als ein Mal gelesen.

... bei besonderen Ereignissen wie Hochzeiten und Beerdigungen. Die Lesung geeigneter Bibelstellen ist bei den dazugehörigen Gottesdiensten von großer Bedeutung.

4 Die Wege, auf denen man Gott kennenlernen kann

Christen glauben, die Bibel lehre, Gott am Anfang die Welt erschuf und dass er auch heute noch in der Welt wirkt. Sein Wirken ist auf zwei wichtigen Wegen erfahrbar:

Durch Jesus

Nach christlicher Überzeugung zeigte Gott seine Fürsorge und Liebe für die Welt, indem er seinen einzigen Sohn Jesus in diese sandte. Im Johannesevangelium ist darüber Folgendes zu lesen: Jesus kam in die Welt, um an ihren Hoffnungen und an ihrer Verzweiflung Anteil zu haben und um zu zeigen, wie Gott wirklich ist. Er hinterließ Lehren, die es den Menschen ermöglichen, zu erfahren, wie Gott wirklich ist, wie sie es in der Bibel lesen können. Aus diesem Grund ist das Studium der Bibel ein sehr wichtiger Bestandteil im Leben eines Christen. Die Christen glauben, dass der Bibel eine ganz besondere geistige Kraft innewohnt.

„Und das Wort ist Fleisch geworden und hat unter uns gewohnt, und wir haben seine Herrlichkeit gesehen, die Herrlichkeit des einzigen Sohnes vom Vater, voll Gnade und Wahrheit."
Joh 1,14

„Denn lebendig ist das Wort Gottes, kraftvoll und schärfer als jedes zweischneidige Schwert; es dringt durch bis zur Scheidung von Seele und Geist ..."
Hebr 4,12

Christentum

Durch Wunder

Manche Christen glauben, dass Gott weiterhin durch Wunder in der heutigen Welt wirkt – genau so wie Jesus während seines Aufenthalts auf Erden. Das Neue Testament berichtet davon, dass Jesus blinde und stumme Menschen heilte, eine große Menschenmenge mit nur wenigen Fischen und Broten sättigte und sogar einen Toten zum Leben erweckte. Manche behaupten auch heute, dass sie durch Gebete auf wundersame Weise von schweren oder tödlichen Krankheiten geheilt wurden. Vor allem Katholiken sind überzeugt, dass die Jungfrau Maria an Orten wie Lourdes oder Walsingham erschienen sei und dass dort auch heute noch Wunder geschehen. Andere Christen hingegen glauben nicht daran, dass sich Wunder auch heute noch ereignen.

Die Schöpfung Gottes bezeichnen viele Christen als großes Wunder.

Sprecht in kleinen Gruppen darüber, ob ihr daran glaubt, dass in der modernen Welt noch Wunder geschehen. Kann jemand irgendein Ereignis als Beispiel anführen, das sich nur durch ein Wunder erklären lässt? Jeder in der Gruppe sollte begründen, warum er bzw. warum er nicht daran glaubt, dass es noch Wunder gibt.

Wie unterscheiden sich das Alte Testament und das Neue Testament voneinander?

Welche Autorität hat die Bibel für Christen?

Welche Wege gibt es, die Bibel zu interpretieren? Was sind die Unterschiede zwischen den beiden Möglichkeiten.

Warum glauben Christen, dass Gott in der heutigen Welt noch wirkt?

Zusammenfassung

- *Es gibt sehr verschiedene Gründe dafür, an Gott zu glauben. Persönliche Erfahrungen, die familiäre Erziehung oder der ganz individuelle Glaube an Gott können den Weg zum christlichen Glauben bereiten.*
- *Häufig steht dem Glauben die Wissenschaft gegenüber. Religiöse Inhalte werden dabei auch manchmal widerlegt.*
- *Vorstellungen über Gott zeigen sich unter Gläubigen beispielsweise in der Dreifaltigkeit, in „Gott, dem Vater“, in „Gott, dem Sohn“ oder in „Gott, dem Heiligen Geist“.*
- *Die Bibel ist das wichtigste Buch der Christen und unterscheidet sich ihrer Meinung nach deutlich von allen anderen Büchern. Sie besteht aus zwei Teilen, dem Alten Testament (AT) und dem Neuen Testament (NT). Es gibt verschiedene Situationen, in denen Gläubige in der Bibel lesen. Regelmäßig wird aus ihr in Gottesdiensten gelesen.*
- *Nach Ansicht der Christen gibt es heute noch Wege, auf denen man Gott begegnen kann. Sie erkennen sein Wirken in Jesus und im Geschehen von Wundern.*
- *In der Vorstellung der Christen ist Gott allmächtig, allgegenwärtig, unsterblich, der Vater und der Richter.*

Im folgenden Abschnitt erfährst du etwas über diese Themen:

1 Warum glauben Muslime an Gott?

2 Der muslimische Glaube an Gott

3 Die Autorität des Korans

4 Das Wirken Gottes in der Welt

1 Warum glauben Muslime an Gott?

Grund 1

Muslime glauben, dass Gott am Anfang die Welt erschuf und ihr alle Schönheit gab, damit sie sich daran erfreuen können. Er gab ihnen auch ihr heiliges Buch – den **Koran**. Sowohl durch die Wertschätzung der Schönheit der Welt als auch durch das Studium des Korans können die Muslime den einen wahren Gott erkennen.

Grund 2

Muslime glauben, dass Gott die Menschen erschaffen hat. Im Gegensatz zu anderen Lebewesen können die Menschen Gott anbeten und dienen. Sie sind die **Stellvertreter Gottes** auf Erden.

Grund 3

Vor vielen Jahrhunderten hat Gott zu den Menschen durch zahlreiche Propheten gesprochen. Der Prophet **Mohammed** ist der letzte und wichtigste von ihnen. Insgesamt gab es 124 000 Propheten, von denen aber nur 25 im Koran erwähnt werden, darunter Moses, Abraham, Jesus und Buddah. Mohammed wird als **„Siegel der Propheten"** bezeichnet, da er die Botschaft, die von den anderen überliefert worden war, vervollständigte. Es werden keine weiteren Propheten mehr kommen.

Was meinst du: Was würde ein Muslim auf die Frage antworten, warum er an Gott glaubt?

Muslime beginnen bereits in jungen Jahren mit der Lektüre des Korans.

2 Der muslimische Glaube an Gott

Der erste und bedeutendste Glaubensgrundsatz im Islam ist das Bekenntnis zur Einheit Gottes. Dieses Bekenntnis wird **Tauhid** genannt. Durch die Schahada, dem islamischen Glaubensbekenntnis und gleichzeitig die erste „Säule des Islam", wird Gottes Einheit verdeutlicht. Sie lautet: *„Ich bezeuge, dass es keinen Gott außer Gott gibt und dass Mohammed der Gesandte Gottes ist."* Der Prophet Mohammed bekämpfte alle Formen des Glaubens an Gott, die seine Einheit und Einzigkeit leugneten. Muslim ist derjenige, der sich dem Willen Gottes unterworfen hat. Da Gott über jedes menschliche Verständnis hinausgeht, können ihn menschliche Wesen nicht beschreiben.

„Sprich: Er ist Allah, der Einzige; Allah, der Unabhängige und von allen Angeflehte. Er zeugt nicht und ward nicht gezeugt; Und keiner ist Ihm gleich."
Sure 112, 1-4

Die muslimische Tradition lehrt, dass Gott 99 verschiedene Namen hat, die seine Eigenschaften und sein Wesen beschreiben. Zu diesen Namen Allahs gehören:
- der Beherrscher des ganzen Universums,
- der Erste ohne Beginn und der Letzte ohne Ende,
- der Erschaffer, der jedem Ding seine Form und Gestalt gibt,
- der Erhalter,
- der Wahrhaftige,
- der die Wahrheit, die absolute Wahrheit darstellt,
- der Barmherzige,
- der Gnädige, Gott hat schon immer existiert und wird immer existieren, niemand bewirkte die Existenz Gottes. Er ist der Einzige, der aus Notwendigkeit heraus existiert – alles andere, auch alle Menschen, existiert nur durch Gottes Erlaubnis.

Aus allen diesen Namen werden zwei Wesenszüge Gottes erkennbar:
- Gott ist der Allesbezwinger, der Erniedriger, der Unterwerfer, der Wachsame, der zu allem Fähige und der gerechte Vergelter.
- Gott ist der Gütige, der Barmherzige und der Gnädige.

Gott ist „dem Menschen näher als seine Halsschlagader", aber mit dem menschlichen Verstand ist er nicht begreifbar. Männliche Muslime rufen sich die 99 Namen Gottes mit einer aus 33 Perlen bestehenden Gebetsschnur ins Gedächtnis, die sie drei Mal durch ihre Finger laufen lassen. Diese Perlen nennt man **Misbeha**.

Mit diesen aus 33 Perlen bestehenden Gebetsschnüren rufen sich die Muslime die 99 Namen Allahs ins Gedächtnis.

3 Die Autorität des Korans

Die Offenbarungen Gottes

Das heilige Buch des Islam ist der Koran. Der Name bedeutet wörtlich: das, was gelesen oder rezitiert wird. Dieses heilige Buch enthält die vielen Offenbarungen, die Gott über viele Jahre hinweg dem Propheten Mohammed zuteil werden ließ. Die erste Offenbarung empfing Mohammed im Alter von 40 Jahren, während er in einer Höhle in Hira meditierte. Es erschien ihm der Erzengel Gabriel und befahl ihm, zu lesen. Mohammed antwortete, er könne nicht lesen. Dies geschah drei Mal. Schließlich sagte der Erzengel zu ihm:

„Lies! Im Namen deines Herrn, der erschuf, erschuf den Menschen aus geronnenem Blut. Lies, denn dein Herr ist allgütig, der die Feder gelehrt, gelehrt den Menschen, was er nicht gewusst."
Sure 96, 1-5

Jede Ausgabe des Koran enthält die Worte der Offenbarungen, und zwar genau so, wie sie dem Propheten verkündet wurden.

Die Zusammenstellung der Suren

Mohammed wiederholte die Worte, die ihm der Engel verkündete, seinem Schreiber Said bin Thabit. Allerdings wurden die Worte des Propheten erst nach dem Tod des Propheten gesammelt. Die Kapitel (Suren) des Korans sind nicht in der Reihenfolge angeordnet, wie sie Mohammed offenbart wurden, sondern in der Reihenfolge, wie sie unter den Anweisungen des Kalifen Uthman (644 – 656) zusammengestellt wurden. Innerhalb von 20 Jahren nach dem Tod Mohammeds war der Koran vollständig. Die bekannteste der 114 Suren ist die erste, die **Al-Fatihah** (die „Eröffnende") genannt wird und die von den muslimischen Gläubigen bei jedem Gebet gesprochen wird.

Die Inhalte des Korans

Die Gläubigen sehen im Koran das wahre Wort Gottes, das durch den Erzengel Gabriel offenbart wurde. Deshalb ist dieses heilige Buch über jede Kritik erhaben und besitzt eine einzigartige Autorität. Es kann sich nicht verändern, und es darf nicht verändert werden. Der Koran ist das endgültige und vollkommene Buch. Es enthält für alle Lebenssituationen Richtlinien, die stets befolgt werden müssen. Muslime stellen nicht in Frage, was sie im Koran lesen, und sie behandeln das Buch mit dem größtmöglichen Respekt. Der Koran lehrt, wie Muslime sich darauf vorbereiten sollen, um einst am Tag des Gerichts vor Gott zu treten. Deshalb finden sich im Koran Verhaltensanweisungen zu den verschiedensten Angelegenheiten des alltäglichen Lebens: Alkoholgenuss und Glücksspiel, Heirat und Scheidung, die Versorgung von Witwen und Waisen, das Verleihen von Geld gegen Zinsen etc.

Viele Muslime lernen den **Koran** auswendig und verwenden daraus Stellen bei ihren Gebeten. Während des Freitagsgebetes verwendet der Imam den Koran als Grundlage seiner Predigt. Während des heiligen Fastenmonats Ramadan nehmen sich die Muslime Zeit, das ganze heilige Buch zu lesen. Jedes muslimische Kind besucht die Madrasa, um Arabisch zu lernen und um in den Lehren des Korans unterwiesen zu werden.

4 Das Wirken Gottes in der Welt

Dem Propheten Mohammed werden keine Wunder zugeschrieben. Aber es gibt zwei Situationen im Leben des Propheten, bei denen Gott eingegriffen haben soll:

1. Zum Zeitpunkt seiner Geburt erschien ein großer Stern am Himmel. Zu dieser Zeit starb sein Vater. Sein Großvater, Abd al-Muttalib, bat um sechs Tage Zeit, um einen Namen für das Kind auszuwählen. Sowohl seinem Großvater als auch seiner Mutter wurde in einem Traum gesagt, das Kind Mohammed zu nennen – der „Gepriesene".

2. Al-Miraj – die Himmelfahrt. Die Muslime glauben, dass Mohammed mit einem geflügelten Pferd namens Buraq von Jerusalem aus durch die sieben Himmel bis vor Gott gebracht wurde. Hier traf er die Propheten Adam, Abraham, Musa, Isa un Harun.

Was meinen Muslime damit, dass ihnen der Koran von Gott offenbart wurde?

Wie können Muslime Gottes Wirken auf der Erde erkennen?

Wie wichtig ist der Koran im religiösen Leben eines Muslim? Ist das für alle Muslime so?

Beschreibe den muslimischen Glauben an Gott. Was sagt das „Tauhid" über Gott? Wie hat sich aus muslimischer Sicht Gott der Menschheit offenbart?

Zusammenfassung

- *Muslime glauben an Gott, da er die Welt und die Menschen erschuf, die die Stellvertreter Gottes auf Erden sind. Sie werden durch die Familie nach dem muslimischen Glauben erzogen.*
- *Der Koran ist das heilige Buch, das Gott den Menschen gab und in dem die Worte der Offenbarungen zu lesen sind.*
- *Es gibt 99 Namen, mit denen sich Gott beschreiben lässt und aus denen die Wesenszüge Gottes erkennbar werden.*
- *Das muslimische Glaubensbekenntnis besteht aus fünf Säulen, wobei die erste Säule den bedeutenden Glaubensgrundsatz bekundet, dass es keinen Gott außer Gott gibt.*

Judentum

Im folgenden Abschnitt erfährst du etwas über diese Themen:

1 Warum glauben Juden an Gott?

2 Wie stellen sich Juden Gott vor?

3 Die Autorität der Tora und des Talmuds

4 Das Wirken Gottes in der Welt

Das Sprechen des Schemas ist eine der wichtigsten Handlungen der jüdischen Gottesverehrung.

1 Warum glauben Juden an Gott?

Obwohl es möglich ist, durch Konversion Jude zu werden, ist dies sehr ungewöhnlich. Die allermeisten sind es von Geburt an. Die meisten Juden gehören dem **orthodoxen Glauben** an, wonach jemand durch seine Mutter zum Juden wird. Wer also eine jüdische Mutter hat, ist Jude. Dies ist der Hauptgrund, warum man im Glauben an einen Gott aufwächst und zu einer jüdischen Gemeinde gehört. Sogar dann, wenn ein Jude nicht an Gott glaubt, wird er wahrscheinlich zu einem großen Teil die Traditionen und Gebräuche der Gemeinde achten, in die er hineingeboren wurde.

Der Glaube an Gott, der den Kern des religiösen jüdischen Lebens ausmacht, wird im wichtigsten jüdischen Gebet, dem **Schema**, ausgedrückt. Das Schema enthält drei verschiedene Stellen aus den jüdischen Schriften. In jüdischen Familien ist es üblich, die ersten Worte des Schemas einem Kind sofort dann beizubringen, wenn es zu sprechen beginnt. Von da an ist das Sprechen dieses Gebets ein wesentlicher Teil jeden Tages. Es drückt ein Erbe aus, an dem jeder Jude teilhat, und den Hauptgrund, warum er an Gott glaubt. Beim Sprechen des Gebets bedeckt ein jüdischer Mann als Zeichen des Respekts vor Gott seine Augen.

„Höre, Israel! Jahwe, unser Gott, Jahwe ist einzig. Darum sollst du den Herrn, deinen Gott, lieben mit ganzem Herzen, mit ganzer Seele und mit ganzer Kraft. Diese Worte, auf die ich dich heute verpflichte, sollen auf deinem Herzen geschrieben stehen. Du sollst sie deinen Söhnen wiederholen. Sie sollen zum Schmuck auf deiner Stirn werden.“

Dtn 6, 4-9

2 Wie stellen sich Juden Gott vor?

Man kann sich kaum vorstellen, dass es einen Juden gibt, der nicht an Gott glaubt, obwohl für viele Juden dieser Glaube ein Problem darstellt. Ein Großteil der Juden ist vom traditionellen Gottverständnis abgewichen, auch wenn sie ihre jüdische Identität bewahren und Teil der jüdischen Gemeinschaft bleiben wollen.

Das Wesen Gottes

In den jüdischen Schriften wird berichtet, dass Abraham aus einer Stadt kam, in der viele Götter verehrt wurden, bevor er davon überzeugt wurde, dass es nur einen Gott gibt. Dies ist der Ursprung des jüdischen Glaubens.

Der Bund

Aus den jüdischen Schriften erfahren wir, dass der allmächtige Gott mit dem Stamm Abrahams, der „Freund Gottes" genannt wird, einen **Bund** schloss. In diesem Bund versprach Gott, dass er den Nachkommen Abrahams, dem jüdischen Volk, die Treue halten und sie als sein auserwähltes Volk behandeln werde. Das jüdische Volk unterscheidet sich von allen anderen Völkern, nicht weil es „besser" wäre, sondern weil es von Gott auserwählt wurde. Dafür sollten die Juden stets Gottes gedenken, ihm dienen und alle seine Gesetze befolgen. Die wichtigsten Gesetze sind die **Zehn Gebote**.

Die Juden glauben, dass Gott ...

- einzig ist. Juden sind strikte Monotheisten.
- der Schöpfer des Universums ist. Niemand erschuf Gott, er hat schon immer existiert.
- ewig ist und außerhalb von Raum und Zeit steht.
- allwissend und überall anwesend ist.
- allmächtig ist.
- die Quelle allen Lebens im Universum ist, auch des Lebens der Menschen und Tiere.
- aktiv in das Leben der Menschen eingreift.
- schwere moralische und religiöse Anforderungen an diejenigen stellt, die dem jüdischen Glauben angehören.

Juden glauben, dass Moses die Zehn Gebote von Gott auf dem Berg Sinai empfing.

Judentum

Bei der Lesung in der Synagoge wird ein Zeigestab aus Metall verwendet, um dem hebräischen Text zu folgen.

3 Die Autorität der Tora und des Talmuds

Der Tanach

Der **Tanach**, die heiligen Schriften des Judentums, wurden um 95 n.Chr. auf der Synode von Jamnia zusammengestellt. Die Kommentare der jüdischen Gelehrten zu den Büchern des Tanach wurden später im **Talmud** und in der **Mischna** gesammelt. Der Tanach besteht aus drei Teilen:

▸ Die Tora

Die **Tora** (Lehre, Gesetz) ist der wichtigste Teil des Tanach und enthält fünf Bücher – **Genesis, Exodus, Leviticus, Numeri, Deuteronomium**, die am Anfang der jüdischen Schriften stehen. Nach der jüdischen Tradition empfing Moses diese Bücher am Berg Sinai von Gott und schrieb sie unmittelbar nieder. In der Tora stehen die Gesetze (Mitzvot oder Gebote). Die bekanntesten dieser Gesetze sind die Zehn Gebote. Diese Zehn Gebote aber sind Bestandteil von insgesamt **613 Mitzvot.** Die Mitzvot umfassen alle Angelegenheiten des menschlichen Lebens – von den Gesetzen und Rechten der Menschen bis hin zum Familienleben und der persönlichen Hygiene. Strenggläubige Juden bemühen sich, so viele der Mitzvot einzuhalten wie möglich. Viele Juden aber glauben, dass die Mitzvot neu interpretiert werden sollten, da sich die Zeiten geändert haben. Juden bringen der Tora den größtmöglichen Respekt entgegen. Sie wird von extra dafür ausgebildeten Schreibern auf Tierhäuten niedergeschrieben, die nach Fertigstellung um lange Rollen gewickelt werden. Jede Schriftrolle wird mit einem Einband und einem daran befestigten Glöckchen geschmückt. Die fertigen Rollen werden in einem Schrein in der Synagoge verwahrt, aus dem sie entnommen werden, wenn aus ihnen während des Gottesdienstes gelesen werden soll. Beim Lesen ist es von großer Bedeutung, dass die Schriftrollen nicht von menschlichen Händen berührt werden. Deshalb wird ein Zeigestab (**Yad**) aus Metall verwendet, an dessen Spitze eine Hand nachgebildet ist. Damit folgt der Vorleser dem hebräischen Text.

▸ Die Propheten

Dieser zweitwichtigste Teil des Tanach besteht aus zwei verschiedenen Büchern:

1. Bücher, in denen die Geschichte der Juden erzählt wird. Während dieser Zeit berichteten heilige Männer, die Propheten genannt werden, den Juden von Gott und versuchten, sie in der Gottesverehrung anzuleiten. Sie erklärten den Menschen, dass sie ein gottesfürchtiges Leben führen müssten, damit Gott ihre Verehrung akzeptiert.
2. Bücher, die Prophezeiungen von Persönlichkeiten, wie zum Beispiel Jesaja, Jeremia und Ezechiel, enthalten. Sie waren bedeutende Propheten, deren Vorhersagen aber zum größten Teil von den Menschen nicht geglaubt wurden.

▸ Die Schriften

Diese Bücher werden als weniger wichtig angesehen als die Tora und die Propheten. Zu den Schriften rechnet man das Buch der Psalmen, das regelmäßig beim Gottesdienst in der Synagoge verwendet wird. Sie waren ursprünglich für den Gebrauch beim Gottesdienst im Tempel geschrieben worden. Daneben gibt es weitere Lesungen aus den Schriften, gewöhnlich an Festtagen.

Der Talmud

Der Talmud ist eine Sammlung der Lehrschriften von Rabbinern, die zwischen der endgültigen Zerstörung des Tempels in Jerusalem im Jahre 70 n.Chr. und dem Ende des 5. Jahrhunderts entstanden. Nach der Tora ist der Talmud das Hauptwerk mit der größten Autorität im Judentum. Er enthält gesetzliche Regelungen, die sich auf so unterschiedliche Dinge wie Ackerbau, den Tempel und seine Opferrituale, Sauberkeit und Reinheit, Straf- und Zivilrecht beziehen. Die Rabbiner versuchten, aus der Tora Sinngehalte herauszufinden, die nicht unmittelbar zu erkennen waren.

4 Das Wirken Gottes in der Welt

Durch Wunder

In den jüdischen Schriften gibt es viele Beispiele für einen Gott, der Wunder vollbringt. Zum Beispiel:

- die Errettung Noahs und seiner Familie vor der Sintflut (Gen 7 und 8),
- die über Ägypten verhängten Plagen (Ex 7-11),
- die Speisung mit Manna (Ex 16),
- die Teilung der Wasser des Roten Meeres (Ex 14 und 15).

Die meisten Wunder in den jüdischen Schriften hängen mit dem größten Ereignis in der jüdischen Geschichte zusammen – mit dem Exodus. Dabei erlangte das jüdische Volk seine Freiheit nach einer 400-jährigen Gefangenschaft in Ägypten. Für die Juden ist der Exodus das größte aller Wunder.

Durch die Propheten

Propheten waren von Gott gesandte Männer und Frauen, die den Juden seine Botschaft überbringen sollten. Die Propheten warnten die Juden vor dem, was geschehen würde, wenn sie weiterhin Gottes Gebote nicht befolgen würden. Die Aufgabe der Propheten bestand vor allem darin, die Juden auf den von Gott gewiesenen Weg zu führen. Mose war der den Juden wichtigste, von Gott berufende Prophet und der Führer des israelischen Volkes. Er errichtete die religiöse Ordnung der Juden.

Was ist das Schema? Was ist der Tanach?

Wie sieht der Glaube an Gott bei den meisten Juden aus? Schreibe eine kurze Zusammenfassung.

Wozu verpflichtete Gott das jüdische Volk, als er mit Abraham den Bund schloss?

Schlage bei Ex 20, 1-14 die Zehn Gebote nach und fasse sie zusammen.

Der Talmud wird immer noch in jüdischen Akademien und Schulen studiert. Können die Ansichten und Urteile von vor ca. 2000 Jahren auch heute noch von Bedeutung sein? Was meint ihr dazu?

Zusammenfassung

- *Der Glaube an Gott wird im wichtigsten jüdischen Gebet, dem Schema, ausgedrückt. Der jüdische Glaube wird durch die Erziehung der Mutter weitergegeben. Juden glauben an die Einzigartigkeit, die Unsterblichkeit, die Allmächtigkeit und Allgegenwärtigkeit Gottes.*
- *In der Vorstellung der Juden wird Gott u.a. mit folgenden Eigenschaften beschrieben: einzigartig, allwissend, überall anwesend und allmächtig.*
- *Die wichtigsten Gesetze der Juden sind die „Zehn Gebote".*
- *Die heiligen Schriften des Judentums werden „Tanach" genannt. Dieser besteht aus drei Teilen: der wichtigste Teil ist die Tora, an zweiter Stelle stehen die Propheten und zuletzt die Schriften.*
- *Nach der Tora ist der Talmud, eine Sammlung der Lehrschriften von Rabbinern, eins der wichtigsten Werke im Judentum.*
- *In den jüdischen Schriften gibt es sehr viele Beispiele für das Geschehen von Wundern durch Gottes Willen, ebenso oft wird das Wirken Gottes durch seine Propheten dargestellt.*

Wie unterscheiden sich die christliche, die jüdische und die muslimische Vorstellung von Gott voneinander?

Aus welchen Gründen glauben die Anhänger der drei Religionen an Gott? Welche Gemeinsamkeiten gibt es, welche Unterschiede?

Wie beschreiben die drei Weltreligionen Gottes Wirken in der Welt?

Empfehlenswerte Literatur und Links

Literatur

Marc Gellman:
Was denkt Gott?
Geschichten über Geschichten
in der Bibel.
Bertelsmann 2000.
ISBN 978-3-570-20641-6

Elaine McCreery:
Religionen kennen lernen:
Judentum.
Verlag an der Ruhr 1998.
ISBN 978-3-86073-339-5

Christine Moorcroft:
Religionen kennen lernen:
Islam.
Verlag an der Ruhr 1998.
ISBN 978-3-86072-338-8

Neale Donald Walsch:
Gespräche mit Gott.
Für Jugendliche.
Ein ungewöhnlicher Dialog.
Goldmann 2004.
ISBN 978-3-442-21617-8

Arnulf Zitelmann, Ilona Schulz, Robert Missler, Gerhard Garbers:
Die Weltreligionen.
5 Audio-CDs.
Hörcompany 2002.
ISDN 978-3-935036-36-8

Links

www.intratext.com/X/DEU0018.htm
Der Koran (mit Suchfunktion).

www.hagalil.com
Informationen über die jüdische Religion, Israel, Antisemitismus.

http://alt.bibelwerk.de/bibel/
Einheitsübersetzung der Bibel.

http://hallomistergott.podspot.de
Geschichten aus der Bibel zum Hören.

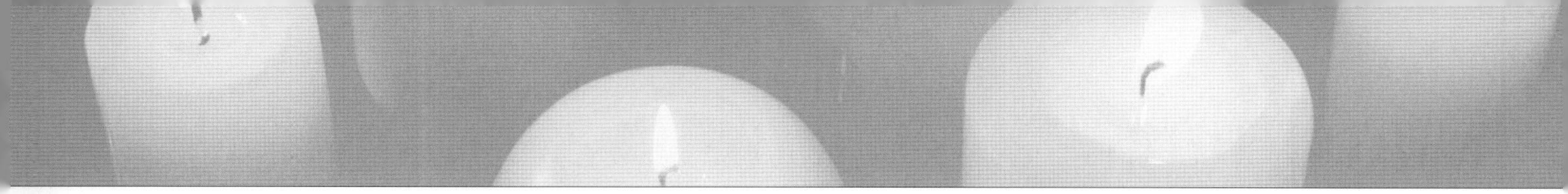

Kapitel 2

Das Wesen des Glaubens

Einführung

Christen feiern ihre Gottesdienste mit religiösen Symbolen wie Kerzen, Weihrauch und Kirchenliedern.

Die Begriffe Glauben und Religion werden oftmals synonym, also gleichbedeutend, verwendet. Eine **Religion** ist immer einer größeren Bevölkerungsgruppe gemein, die in der Regel ähnliche Auffassungen zu bestimmten Themen und Vorstellungen hat. Religionen sind meistens über viele Jahre entstanden und haben eine sehr lange Tradition. Der Begriff **„Glauben"** aber meint etwas anderes: Er bezeichnet die innere Haltung eines gläubigen Menschen gegenüber seiner Religion. Diese innere Haltung, dieser Glaube kann die unterschiedlichsten Formen annehmen und unterschiedlich stark oder schwach ausgeprägt sein. Er muss den Menschen, die glauben, auch nicht immer bewusst sein.
Der Glaube ist also, im Gegensatz zur Religion, etwas ganz Individuelles. Der Glaube gibt Menschen Halt und Orientierung. Er hilft ihnen, in schwierigen Zeiten durchzuhalten, moralische Prüfungen zu bestehen, aber auch Antworten auf die Fragen des Alltags zu finden. Dem Glauben wird auf verschiedene Weise Ausdruck verliehen. Allerdings spielen hier die Traditionen der Religion sowie die Regeln und Symbole, die in den heiligen Schriften festgeschrieben wurden, eine große Rolle. Wie die Anhänger der verschiedenen Religion ihren Glauben leben, erfährst du im folgenden Kapitel.

Im folgenden Abschnitt erfährst du etwas über diese Themen:

1 Persönliche Zwiesprache mit Gott und öffentlicher Gottesdienst
2 Christliches Gebet und innere Einkehr
3 Die Bedeutung von Essen und Fasten im Christentum
4 Die Bauweise von Kirchengebäuden
5 Musik und Kunst im christlichen Gottesdienst
6 Christliche Symbole

Diese Frau nimmt sich einige Minuten Zeit, um in einem stillen Gebet von der Hektik des Alltags abzuschalten.

1 Persönliche Zwiesprache mit Gott und öffentlicher Gottesdienst

Die Verehrung Gottes allein oder im öffentlichen Gottesdienst ist für Christen sehr wichtig, denn Gott, der allmächtige Schöpfer des Universums, sollte gepriesen werden. Von Bedeutung ist die Verehrung außerdem dadurch, weil sie jedem Gläubigen die Gelegenheit gibt, auszusprechen und zu zeigen, wie viel ihm Gott bedeutet. Der christliche Gott ist ein liebender Gott, und deshalb wollen die Christen ihm auch ihre Liebe entgegenbringen. Auch in der Nächstenliebe drücken sie ihre Liebe zu Gott aus.

Die persönliche Zwiesprache mit Gott

Viele Christen nehmen sich täglich Zeit, um in der Bibel zu lesen oder um zu beten. Manche bezeichnen das als ihre „stille Zeit". Sie beten

- auf Grund von Ereignissen in der Welt, die sie betroffen machen. Dabei kann es sich um ein Ereignis handeln, von dem sie aus der Zeitung oder den Fernsehnachrichten erfahren haben.
- für die Belange ihrer Familie und ihrer Freunde. Irgendjemand kann vor einer wichtigen Entscheidung stehen, sich um seine Gesundheit sorgen oder in den Ruhestand treten.
- für sich und die eigenen Bedürfnisse. Jesus ermutigte die Menschen, für sich selbst zu beten, aber erst, nachdem sie für andere gebetet haben.

Die Christen empfinden, dass ihre persönliche Zwiesprache mit Gott ihnen ein solides Fundament für ihr alltägliches Leben liefert.

Öffentlicher Gottesdienst

Die meisten Christen gehören einer örtlichen Kirche oder Gemeinde an und besuchen jeden Sonntag deren Gottesdienst. Die Gottesdienste in der Kirche gehören meist einer der beiden folgenden Formen an:

▸ Liturgischer Gottesdienst

Der liturgische Gottesdienst folgt einem **festen Ablauf**, der in der Gottesdienstordnung schriftlich fixiert ist. Während die Lesungen aus der Bibel und die Gesänge von Gottesdienst zu Gottesdienst unterschiedlich sind, da sie sich auf das jeweilige Thema beziehen sollen, bleibt die Grundstruktur eines Gottesdienstes gleich. Viele Menschen finden Gefallen an dieser Art des Gottesdienstes, weil er ihnen so seit Langem vertraut ist und sie sich sicher fühlen. Man verwendet im liturgischen Gottesdienst auch eine Ausdrucksweise, die seit Jahrhunderten zum großen Teil unverändert geblieben ist und die als ein Bindeglied zur Vergangenheit empfunden wird. Die Gläubigen haben dabei auch das Gefühl, einer weltweiten Kirche anzugehören, da überall Gottesdienste auf ähnliche Weise abgehalten werden. Die Gottesdienste der **anglikanischen, römisch-katholischen und orthodoxen Kirche** folgen zum großen Teil einer festgelegten Liturgie.

▶ Nicht liturgischer Gottesdienst

Diese Art des Gottesdienstes folgt **keiner festen Ordnung** oder Liturgie. Es gibt keine schriftlich fixierte Form. Die Gläubigen haben auch keinen niedergeschriebenen Text vor sich, dem sie folgen. Während diese Gottesdienste eine allgemeine Struktur haben können, variiert die Form, in der sie durchgeführt werden, von Woche zu Woche. Im Mittelpunkt nicht liturgischer Gottesdienste steht meist die Bibel, die Gesänge sind eher modern als traditionell. In diesen Gottesdiensten kommen Gefühle stärker zum Ausdruck, da die Gläubigen ihre Gefühle offen durch Tanz und Bewegungen zum Ausdruck bringen. Die Betonung liegt sehr stark auf der aktiven Teilnahme der Gläubigen. Jeder kann während des Gottesdienstes die Führung der Versammlung mit einem spontanen Gebet übernehmen oder den anderen eine von Gott empfangene Botschaft mitteilen (eine so genannte „Eingebung"). Nicht liturgische Gottesdienste aber sind nicht alle gleich. Ganz im Gegenteil! Das Vaterunser (auch „Unser Vater" oder „Gebet des Herrn") ist das wichtigste christliche Gebet. Denn es ist das einzige, das Jesus selbst seinen Jüngern gelehrt hat. Die vielen verschiedenen Gruppen der **Pfingstbewegung** feiern zum Beispiel einen sehr emotionsgeladenen Gottesdienst, während die **Quäker**, eine auf das 17. Jahrhundert zurückgehende Gruppierung in England, den USA und einigen Staaten Lateinamerikas, ihn fast in ungebrochenem Schweigen abhalten. Die Kirchen der **Baptisten** und **Methodisten** folgen bei ihren Gottesdiensten zwar einem festen Ablauf, zählen aber trotzdem zu den nicht liturgischen, weil es keine schriftliche Gottesdienstordnung gibt.

„Vater unser im Himmel, geheiligt werde dein Name; dein Reich komme; dein Wille geschehe, wie im Himmel, so auf Erden. Unser tägliches Brot gib uns heute. Und vergib uns unsere Schuld, wie auch wir vergeben unseren Schuldigern. Und führe uns nicht in Versuchung, sondern erlöse uns von dem Bösen."
Mt 6, 9-13

*Die Gottesdienste der römisch-katholischen Kirche folgen einer Liturgie, die im **Mess-** oder **Altarbuch** (Missale Romanum) aufgezeichnet ist.*

Das gibt es fast bei jedem Gottesdienst:

- **Kirchenlieder:** Durch gemeinsames Singen drücken die Gläubigen ihre geistige Einheit und ihre Zusammengehörigkeit aus.
- **Gebete:** Sie spielen in allen christlichen Kirchen eine große Rolle. Jedes Gebet schließen die Gläubigen mit dem Wort „Amen" (So sei es!). Bestimmte Gebete sprechen die Menschen gemeinsam, so zum Bespiel das „Vaterunser".
- **Lesungen aus der Bibel:** Die Bibelstelle wird laut vorgelesen, oft durch ein Mitglied der versammelten Gemeinde. Bei vielen Gottesdiensten gibt es mehr als eine Lesung aus der Bibel. Die gelesenen Bibelstellen haben das ganze Jahr hindurch eine bestimmte Reihenfolge.
- **Predigt:** Die Predigt (manchmal auch Homilie genannt) wird von einem Pfarrer, Priester oder einem Mitglied der Gemeinde gehalten. In ihr wird die gelesene Bibelstelle erläutert und den Menschen erklärt, was diese Stelle für ihr tägliches Leben bedeutet.

Gottesdienste

Es gibt viele verschiedene Arten von Gottesdiensten. Für die große Mehrheit der Kirchen ist die **heilige Kommunion** der wichtigste Gottesdienst, der auch als **Eucharistie** (anglikanische Kirche), **Messe** (katholische Kirche) oder das **letzte Abendmahl** (nonkonformistische Kirchen) bezeichnet wird. Bei diesem Gottesdienst teilen die Gläubigen Brot und Wein als Symbole für den Tod Jesu und nehmen somit geistig am Tod Jesu Anteil. Durch die Teilnahme an der heiligen Kommunion vollziehen die Gläubigen nochmals das **letzte Abendmahl**, das Jesus vor seiner Kreuzigung mit seinen Jüngern teilte. Bei manchen Kirchengemeinschaften ist auch die Taufmesse von großer Bedeutung. Bei der Taufe gibt es zwei unterschiedliche Formen:

Für die meisten Christen ist die heilige Kommunion der wichtigste Teil des Gottesdienstes.

Kindertaufe: Bei der Kindertaufe wird der Kopf des Säuglings mit Weihwasser übergossen. Damit soll ausgedrückt werden, dass das Kind in die Gemeinschaft der christlichen Kirche aufgenommen wird. Die Kindertaufe gibt es in der römisch-katholischen, anglikanischen und orthodoxen Kirche.

Erwachsenentaufe: Bei den Baptisten und wenigen anderen nonkonformistischen Kirchen werden erst die Erwachsenen getauft, die zum Glauben an Jesus als ihren Retter gefunden haben. Die Täuflinge werden dabei mit dem ganzen Körper unter Wasser getaucht (Taufe durch Untertauchen).

Informiere dich im Internet auf den Seiten der Pfingstbewegung, der Quäker, der Baptisten und der Methodisten. Was kannst du auf den Webseiten über die verschiedenen Formen des Gottesdienstes herausfinden?

Was ist der Hauptunterschied zwischen der liturgischen und der nicht liturgischen Art des Gottesdienstes?

Welche der vier Elemente gibt es in fast allen christlichen Gottesdiensten?

Eine Tauffeier in einer anglikanischen Kirche. Für viele Menschen steht die Taufe am Anfang ihres Lebens als Christen.

2 Christliches Gebet und innere Einkehr

Für die Christen ist das **Gebet** die wichtigste Form der Kommunikation mit Gott. Das heißt, dass sie beim Gebet mit Gott sprechen und im Gegenzug auf ihn hören. In christlichen Familien ist das offene Gespräch zwischen Eltern und ihren Kindern von großer Bedeutung. Dementsprechend sehen die Christen ihr Verhältnis zu Gott: **Er ist ihr Vater, sie seine Kinder**. Christen beten zu Gott alleine oder in Gemeinschaft mit anderen Gläubigen. Sie glauben, dass Gott sie liebt, auf sie schaut und ihnen hilft – genau so, wie irdische Eltern die Verantwortung für ihre Kinder übernehmen und sich um sie sorgen. Die Christen glauben fest daran, dass Gott ihre Gebete erhört, was für sie ein Beweis dafür ist, dass er sich um sie kümmert.

Beim Gebet folgen die Christen dem Beispiel Jesu in den **Evangelien**. Wir wissen, dass Jesus oft zu seinem Vater im Himmel gebetet hat. Manchmal betete Jesus vor schwierigen Entscheidungen sogar eine ganze Nacht lang, so zum Beispiel vor der Auswahl der zwölf Jünger. Jesus maß dem Gebet in seinem eigenen Leben also große Bedeutung bei, und so ist es nicht weiter verwunderlich, dass er auch seine Anhänger zum Beten ermutigte. Christen spüren, dass sie beim Gebet Gott näherkommen und die göttliche Anleitung erhalten, um Gott in ihrem täglichen Leben zu dienen. Zum Gebet gehört, Gott um Hilfe zu bitten, aber ein aufrichtiges Gebet ist mehr als das. Jesus lehrte seinen Anhängern, dass sie Gott und ihre Mitmenschen so lieben sollten wie sich selbst (Mk 12, 28-31).

Christliche Gebete

Lobpreis – Gottes Größe wird gepriesen.

Fürbitte – ein Gebet für andere Menschen, die in Not sind.

Dankgebet – für Gottes Gaben. Die Christen glauben, dass alles direkt oder indirekt von Gott kommt.

Beichte – die Christen glauben, dass sie Sünder sind, die Gott um Vergebung bitten müssen, bevor sie beten.

Bittgebet – ein Gebet für die eigenen Belange.

Eine Ikone ist eine besondere Art der religiösen Malerei. Sie hilft vielen Christen beim Beten.

Meditation und innere Einkehr

In vielen Religionen ist **Meditation** eine wichtige geistige Übung. Wenn Christen meditieren, dann versuchen sie, im Stillen ihre Gedanken ganz auf Gott zu konzentrieren. Dazu vergegenwärtigen sie sich Szenen und Ereignisse aus der Bibel und denken über deren Bedeutung nach. Sie sitzen dabei ganz ruhig da und hören Musik, oder sie betrachten ein Gemälde mit einem religiösen Motiv, zum Beispiel eine **Ikone**. Bisweilen setzen sie sich auch in eine leere Kirche oder begeben sich an ihre Lieblingsstelle in freier Natur, wo sie die Gegenwart Gottes empfinden. Die Beziehung zu Gott ist wie bei zwei verliebten Menschen. Auch sie müssen nicht ständig miteinander sprechen; oft reicht es, mit der geliebten Person allein zu sein und darüber glücklich zu sein, dass es sie gibt. Und so empfinden Christen auch die Anwesenheit Gottes, wenn sie meditieren. **Innere Einkehr (Kontemplation)** ist eine leicht abgewandelte Form der Meditation, wobei die Gläubigen versuchen, sich in Gott zu versenken bzw. zur Gotteserkenntnis zu gelangen. Dies ist eine Form des Gebets, die in der Vergangenheit von christlichen Heiligen angewendet wurde.

Das Jesus-Gebet

In ihrer religiösen Hingabe verwenden die Christen der orthodoxen Kirchen nicht nur Ikonen, sie sprechen auch das **„Jesus-Gebet"**. Von diesem Gebet sind sehr unterschiedliche Formen bekannt, aber die Grundaussage lautet folgendermaßen:

„Herr Jesus Christ, Sohn Gottes, habe Erbarmen mit mir."

Damit wird mehr als nur ein Gebet zum Ausdruck gebracht; tatsächlich ist es schon eher ein Hilferuf. Viele Christen sprechen es wie ein „Stoßgebet": Sie sagen es auf, wenn sie keine Zeit für etwas Längeres haben. **Das Jesus-Gebet bringt zwei Dinge auf den Punkt:**

- Zum einen, wer Jesus ist – der Sohn Gottes. Das bedeutet, dass Jesus die Macht hat, zu helfen, denn er ist göttlich.
- Zum anderen, dass wir alle Sünder sind und Gottes Hilfe brauchen – wir können nicht vor Gott treten, wenn wir nicht seine Vergebung empfangen.

Viele Christen nehmen das Jesus-Gebet als Ausgangspunkt für ihre religiöse Meditation. Sie sprechen das Gebet mehrmals täglich, oft im Rhythmus ihres eigenen Atmens, sodass sich der Gläubige fast nicht mehr bewusst ist, dass er das Gebet spricht.

Bittet, dann wird euch gegeben

Die Christen glauben, dass Jesus als Gottes eigener Sohn sehr nahe bei Gott ist. Der bevorzugte Name, mit dem Jesus von Gott sprach, war „Vater", und er ermutigte seine Anhänger, von Gott in derselben Weise zu denken. Er sagte zu seinen Jüngern:

„Bittet, dann wird euch gegeben; sucht, dann werdet ihr finden; klopft, dann wird euch geöffnet. Denn wer bittet, der empfängt; wer sucht, der findet; und wer anklopft, dem wird geöffnet."
Mt 7, 7-8

Jesus sagte seinen Jüngern aber auch, dass nicht alle ihre Gebete so erhört werden, wie sie es wünschen oder erwarten. Die Christen müssen, wie auch die Anhänger anderer Religionen, mit dem Problem der nicht erhörten Gebete fertig werden. Alle guten Eltern wissen, dass sie bisweilen zu ihren Kindern „nein" sagen müssen. Die Christen glauben, dass Gott ihre Gebete auf seine Weise erhört, und zwar zu dem Zeitpunkt, den er für richtig hält.

- **Was versteht man unter Meditation? Was verstehen Christen unter Meditation?**
- **Was ist das „Jesus-Gebet" und wie wird es von Christen angewendet?**
- **Erkläre, warum das Gebet eines Christen manchmal unerhört bleibt.**
- **Dieser Sinnspruch ist oft an Kirchen zu sehen: *„Sieben Tage ohne Gebet ergeben eine Woche."* Was will dieser Spruch deiner Meinung nach ausdrücken?**
- **Auf welchen Wegen versuchen Christen, ihre Kinder vom christlichen Glauben zu überzeugen? Denkst du, dass es in Ordnung ist, andere in ihrem Glauben zu beeinflussen?**

3 Die Bedeutung von Essen und Fasten im Christentum

Essen

Anders als in vielen anderen Religionen gibt es im Christentum keine Vorschriften dafür, was ein Gläubiger essen darf oder nicht. Wahrscheinlich aß Jesus, wie andere Juden auch, Fleisch. Es gibt keinen Grund zu der Annahme, dass er sich nicht an die jüdische Vorschrift hielt, nur **koscheres** Fleisch zu essen. Im Neuen Testament können wir darüber nachlesen, wie Jesus eine große Menschenmenge mit einigen wenigen Fischen und Broten speiste *(Mk 8, 1-13)*. Bei einer anderen Gelegenheit sagte er seinen Jüngern, die von Beruf Fischer waren, wo sie einen guten Fang machen können *(Lk 5, 4-6)*. Er forderte seine Anhänger auch auf, mit den Symbolen Brot und Wein seines Tods am Kreuz zu gedenken *(1 Kor 11, 23-25)*.

Manche Christen sind Vegetarier, aber es findet sich kein Hinweis in Jesus Leben oder Lehre, der auf die Forderung hindeutet, kein Fleisch zu essen. Ein Vorfall im Leben des Apostels Petrus *(Apg 10, 9-16)* legt nahe, dass Gott den Menschen die Erlaubnis gegeben hat, jede Art von Fleisch zu essen, weil er ihnen alle Tiere anvertraut hat. Die deutliche Lehre des Vorfalls besteht darin, dass es so etwas wie „reine" oder „unreine" Tiere gar nicht gibt, wie es manche Religionen lehren.

Fasten

In vielen Religionen ist **Fasten** – der zeitweise Verzicht auf Nahrung, manchmal auch auf Trinken – eine wichtige Vorschrift. Viele Menschen halten Fasten für wichtig, weil es eine Form der Selbstdisziplin darstellt. Es verhilft dem Gläubigen zu der Erkenntnis, dass manche Dinge, wie die Verehrung Gottes, viel wichtiger sind als die Bedürfnisse ihres Körpers, etwa nach Nahrung. Allerdings ist Fasten heutzutage bei den Christen nicht mehr sonderlich verbreitet. Einige Menschen verzichten während der **Fastenzeit**, die zur **Osterzeit** hinführt, auf einige überflüssige Dinge – aber dabei kann man nicht wirklich von Fasten sprechen.

Was verstehst du unter Fasten? Wie wichtig ist Fasten für die meisten Christen heutzutage?

Gilt das für alle Christen? Wie kannst du das herausfinden?

Das Brot und der Wein der heiligen Kommunion sind zwei der wichtigsten christlichen Symbole, denn sie erinnern an den Tod und die Auferstehung Jesu.

4 Die Bauweise von Kirchengebäuden

Seit dem 3. Jahrhundert n.Chr. erbauen Christen Kirchengebäude, in denen sie Gott verehren. Zuvor versammelten sie sich dazu in Privathäusern, aber mit der Zeit kamen immer mehr Gläubige hinzu. Von Anfang an waren die Architektur und die Ausstattung der Kirchen so angelegt, dass sie bestimmte „Wahrheiten" über Gott zum Ausdruck brachten, die dadurch den Gläubigen mitgeteilt wurden.

Zwei Typen von Kirchengebäuden

Es gibt zwei verschiedene Typen von Kirchengebäuden

▶ **Kirchen, die vom Altar dominiert werden:**
Die meisten dieser Kirchen wurden in der Form eines Kreuzes errichtet, der Altar stand am äußersten Ende des Gebäudes. Dadurch sollte die Distanz zwischen den Gläubigen und dem heiligen, enthobenen Gott zum Ausdruck gebracht werden. Der Altar ist der Ort, wo Gott den Gläubigen beim Abendmahl begegnet. Der Altarraum war durch ein Geländer abgetrennt, nur der Priester durfte das Innere betreten. In orthodoxen Kirchen wird derselbe Gedanke von der Heiligkeit Gottes durch eine Trennwand, die **Ikonostase**, ausgedrückt, die mit Ikonen geschmückt ist und den Altar vor den Blicken der normalen Gläubigen verbirgt. Die **heilige Kommunion**, die am Altar empfangen wird, steht im Zentrum des katholischen, anglikanischen und orthodoxen Gottesdienstes. In diesen Kirchengemeinschaften wird von den Gläubigen erwartet, dass sie regelmäßig an der Erteilung dieses **Sakraments** teilnehmen. In neuerer Zeit erbaute Kirchen

sind manchmal ganz anders. Anstatt den Altar so weit wie möglich entfernt zu positionieren, wird er teilweise auch in die Mitte des Versammlungsraumes gestellt. Dann sind die Sitze kreis- oder halbkreisförmig um den Altar herum angeordnet. Der Priester steht beim Gottesdienst mitten unter den Gläubigen, anstatt von ihnen entfernt hinter dem Altar. Damit wird angedeutet, dass Gott mitten unter den Menschen ist und nicht distanziert von ihnen. Menschen, die den Gottesdienst in modernen Gebäuden feiern, glauben, dass die Form und die Gestaltung der Kirche ihnen dabei helfen, Gottes Nähe zu empfinden.

Die Ikonostase in orthodoxen Kirchen erinnert stets an die bestehende Distanz zwischen Gott und den Gläubigen.

In den Kirchen wurden Kanzeln errichtet, um die Autorität des gepredigten Wortes zu unterstreichen.

▶ **Kirchen, die von der Kanzel dominiert werden:**
Die Kanzel ist ein erhöhter Standort, von dem aus während des Gottesdienstes die Predigt gehalten wird. Die Kirchengebäude der **Nonkonformisten** (z.B. Methodisten und Baptisten) sind größtenteils sehr nüchtern ausgestattet und um die Kanzel zentriert, da in den Gottesdiensten die Verkündigung von Gottes Wort aus der Bibel im Mittelpunkt steht. Predigten sind auch Bestandteil der Gottesdienste anderer Kirchen, haben dort aber nicht eine so zentrale Bedeutung. Die meisten Kirchen der Nonkonformisten werden „Kapellen" genannt.

- **Welche Bedeutung hat der Altar in einer Kirche? Welche wichtige Handlung wird am Altar vollzogen?**
- **Warum wurde der Altar am äußersten Ende älterer Kirchen platziert?**
- **Was ist eine Kanzel?**

Einige der schönsten Musikstücke, die je komponiert wurden, gehören zur christlichen Kirchenmusik. Die Orgel als Begleitinstrument soll den Kirchenliedern die angemessene Würde verleihen.

5 Musik und Kunst im christlichen Gottesdienst

Musik

In den meisten Formen christlicher Gottesverehrung spielte Musik schon immer eine sehr große Rolle. Von einem Chor gesungene Musik, die bis ins 15. Jahrhundert zurückreichen kann, ist heute noch fester Bestandteil in den Gottesdiensten großer Kirchen und Kathedralen. Kirchenmusik war lange Zeit die wichtigste Musikform der westlichen Welt und ist auch heute noch in christlichen Gottesdiensten zu hören. Traditionell werden Kirchenlieder von einer Orgel begleitet, doch heutzutage sind auch Gitarre, Trommeln oder Klavier zu hören. In den letzten Jahren wurden Tausende von neuen Chorälen und Liedern komponiert.

Kunst

Viele christliche Kirchen sind reich mit Kunstgegenständen in den verschiedensten Formen geschmückt, darunter Fenstermalereien, Statuen, Banner und Ikonen. Auf diesen Kunstgegenständen werden Ereignisse aus der Bibel oder auch christliche Symbole, die im Gottesdienst eine Rolle spielen, veranschaulicht. Obwohl Kirchenfenster mit Malereien noch neu geschaffen werden, sind sie sehr teuer. Sie wurden lange Zeit durch Banner ersetzt, die auf einfache Weise aufgehängt und erneuert werden können. Statuen von Heiligen, besonders von der Jungfrau Maria, gibt es in fast allen römisch-katholischen Kirchen. Ikonen sind charakteristisch für orthodoxe Kirchen, und sie sind für viele Gläubige ein wichtiger Bestandteil der Frömmigkeit. In der Regel bevorzugen sie einen bestimmten Heiligen, die heilige Familie (Joseph, Maria und Jesus) oder Jesus selbst.

Viele Kirchen sind mit Glasmalereien verziert, die Ereignisse aus der Bibel oder aus dem Leben von Heiligen darstellen. Zu der Zeit, als viele Menschen noch nicht lesen konnten, waren diese Fenster ein wichtiges Mittel zur Belehrung.

6 Christliche Symbole

In Religionen nehmen geistige und abstrakte Begriffe einen breiten Raum ein. Für gewöhnlich ist es deshalb sehr schwierig, darüber zu sprechen: Die uns zur Verfügung stehende Sprache reicht oft nicht aus, diese Inhalte angemessen zu formulieren. Deshalb haben Christen und Gläubige anderer Religionen schon immer auf **Symbole** zurückgegriffen, um religiöse Inhalte auszudrücken. Über die Jahrhunderte fanden die christlichen Symbole breite Verwendung und viele davon lassen sich auch heute noch an Orten des Glaubens finden. Die vier wichtigsten christlichen Symbole sind:

Das Kreuz ist das bekannteste und wichtigste christliche Symbol. Es erinnert die Gläubigen an den Kreuzestod Jesu. Die Christen glauben, dass der Tod Jesu ihnen die Vergebung der Sünden durch Gott und das ewige Leben ermöglicht.

Der Fisch. In den frühen Tagen des Christentums wurden die Gläubigen im römischen Imperium verfolgt und getötet. Der Fisch wurde für sie untereinander zu einem geheimen Erkennungszeichen. Die Anfangsbuchstaben des altgriechischen Wortes für Fisch *(ichthys)* sind eine Abkürzung für „Jesus Christus, Gottes Sohn, Retter".

Das Chi-Rho ist ein altes christliches Symbol, zusammengesetzt aus den zwei griechischen Anfangsbuchstaben des Wortes „Christus".

Alpha und Omega sind der erste und der letzte Buchstabe des griechischen Alphabets. Mit ihnen wird symbolhaft ausgedrückt, dass Gott am Anfang und am Ende der Zeit steht.

Das Kreuz ist das wichtigste und bekannteste Symbol des Christentums.

Suche dir eines der vier wichtigsten christlichen Symbole aus. Wie wird es heute weltweit von den Christen verwendet?

Zusammenfassung

- *Die Christen leben ihren Glauben vor allem durch Zwiegespräche mit Gott, in denen sie ihre Verehrung Gott gegenüber äußern können. Im persönlichen Gebet zu Gott sehen sie die Möglichkeit, über Ereignisse, die sie bewegen, offen zu reden. Das Gebet ermöglicht ihnen auch, um persönliche oder allgemeine Belange zu bitten.*
- *Die meisten gläubigen Christen gehören einer Gemeinde an, in der sie regelmäßig gemeinsam Gottesdienste feiern und darüber hinaus das Gefühl der Gemeinschaft erfahren.*
- *Man unterscheidet zwei Formen des Gottesdienstes: der liturgische Gottesdienst, der einem festen Ablauf folgt; der nicht liturgische Gottesdienst, der in seiner Abfolge frei ist.*
- *Während der heute recht häufig praktizierten Meditation empfinden viele Christen die Anwesenheit Gottes, indem sie sich in Gedanken ganz auf ihn konzentrieren.*
- *Es gibt zwei Typen von Kirchengebäuden: Kirchen, die vom Altar dominiert werden, und Kirchen, die von der Kanzel dominiert werden.*
- *Kirchenmusik und Kunst, wie Kirchenfenstermalereien und Statuen, nehmen einen wichtigen Platz im christlichen Gottesdienst und in der Kirche ein.*

Islam

Im folgenden Abschnitt erfährst du etwas über diese Themen:

1 Muslimische Frömmigkeit

2 Die Moschee und ihre Bauweise

Mit Wudu wird eine rituelle Reinigung bezeichnet, die der gläubige Muslim vor dem Gebet vornimmt.

1 Muslimische Frömmigkeit

Die fünf Säulen des Islam

Als Religion ist der Islam weit mehr als ein System von Glaubenssätzen. Er ist eine Art des Lebens, Denkens, Sprechens und Handelns. Für die meisten Muslime ist Glauben ohne Handeln sinnlos. Der Glaube muss zum Handeln führen, und das Handeln trägt den Glauben nach außen in die Welt, wo er wachsen und sich vertiefen kann. Der Islam beruht auf den **fünf Säulen** des Glaubens. Man spricht von Säulen, weil sie das Fundament bilden, auf dem der Glaube des Islam aufbaut. Sie sind für jeden Muslim, der in seinem Leben dem Willen Gottes folgen will, eine tägliche Richtschnur.

▸ Die erste Säule – die Schahada (das Glaubensbekenntnis)
Die Schahada ist das muslimische Bekenntnis zum Glauben an den einen und einzigen Gott. Der Islam ist eine streng **monotheistische Religion**. Die Schahada lautet: *„Ilaha illi'Allah, Muhammad rasul Allah."* („Es gibt keinen Gott außer Gott, und Mohammed ist sein Prophet.")

Die Schahada

- Ein Muslim wiederholt die Schahada mehrmals jeden Tag von morgens bis abends.
- Ein Muslim lehrt die Schahada sobald wie möglich seinen Kindern, wenn sie noch sehr jung sind.
- Ein Muslim flüstert die Schahada einem Neugeborenen unmittelbar nach der Geburt ins Ohr.
- Ein Muslim hofft und betet, dass die Schahada die letzten Worte sein werden, die vor seinem Tod über seine Lippen kommen.

▸ Die zweite Säule – die Salat (die tägliche Einhaltung der fünf Gebete)
Nach dem Glaubensbekenntnis ist für jeden Muslim die nächste wichtige Pflicht **das Gebet (die Salat), das fünf Mal am Tag** verrichtet werden soll: bei Sonnenaufgang, am Mittag, am Nachmittag, bei Sonnenuntergang, in der Nacht. Vor dem Gebet unterzieht sich jeder Muslim einer **rituellen Reinigung (Wudu)** mit sauberem, fließendem Wasser. Dabei werden Hände, Mund, Nase, Gesicht, Arme, Kopf, Ohren und Füße drei Mal in einer bestimmten Reihenfolge gewaschen. Zu jeder **Moschee** gehört eine Waschanlage. Wenn kein fließendes Wasser vorhanden ist, darf es durch Sand ersetzt werden. Nach der rituellen Reinigung ist der Gläubige bereit, seine Gebete zu sprechen, die aus Koranzitaten bestehen. Eine komplette Abfolge von Gebeten wird **Rakah** genannt. Zu jeder Gebetszeit des Tages muss eine bestimmte Anzahl von Rakahs gebetet werden.

▸ Die dritte Säule – die Zakat (das Entrichten von Almosen)
Aus seinen frühen Lebenserfahrungen als Waise wusste Mohammed, dass das Leben sehr hart sein kann; diese Erfahrungen beeinflussten seine späteren Lehren. Er verspürte tiefe

Betroffenheit und großes Mitleid mit allen, die sich in Not befanden – insbesondere mit Waisen, Witwen und Kranken. Am Ende jeden Jahres sind alle Muslime dazu verpflichtet, mindestens **2,5 % ihres Einkommens als Zakat** (Almosen oder auch Armensteuer genannt) zu Gunsten wohltätiger Zwecke und zur Versorgung der Armen zu entrichten. In muslimischen Ländern wird die Zakat als Steuer erhoben, in nicht muslimischen Ländern wird sie in der Moschee entrichtet. Der Koran lehrt, dass ein Mensch alles, was er hat, vor allem Gott zu verdanken hat, und so ist es nur recht und billig, wenn ihm ein kleiner Betrag jedes Jahr zurückerstattet wird. Die Zakat ist also nicht gleichzusetzen mit Mildtätigkeit, denn sie beinhaltet auch **das Recht** eines jeden armen Menschen auf diese Spenden.

▸ Die vierte Säule – der Saum (Fasten)

Abgesehen von Kindern, Kranken und älteren Menschen müssen alle diejenigen, die ihrer Pflicht nicht nachkommen können, das Fasten so bald wie möglich nachholen. Das Fasten dauert im Ramadan täglich von Sonnenaufgang bis Sonnenuntergang. Der Koran sagt:

> *„Und esset und trinket, bis ihr einen weißen Faden von dem schwarzen Faden in der Morgenröte unterscheidet. Alsdann haltet streng das Fasten bis zur Nacht …“*
> *Sure 2,187*

Die Fastenregeln verbieten das Essen von Nahrungsmitteln, das Trinken von Flüssigkeit, Rauchen und jeden sexuellen Kontakt. Wer das Fasten ohne triftigen Grund bricht, muss ein Mahl für 60 Personen ausrichten oder die Fastenzeit um weitere 60 Tage verlängern.

▸ Die fünfte Säule – der Haddsch (die Pilgerfahrt nach Mekka)

Der Haddsch ist die jährlich stattfindende Wallfahrt in die heilige Stadt Mekka. Jeder Muslim, der dazu in der Lage ist, soll diese Wallfahrt mindestens einmal in seinem Leben machen. Wenn jemand aus irgendeinem Grund die Reise nicht selbst unternehmen kann, dann kann er eine andere Person dafür bezahlen, die Wallfahrt an seiner Stelle durchzuführen. Ein muslimischer Mann, der die Wallfahrt unternommen hat, darf sich Haddschi nennen, eine muslimische Frau Haddscha. Die Wallfahrt findet alljährlich im zwölften Monat des muslimischen Kalenders statt. Während der Wallfahrt besuchen die Muslime verschiedene Stätten in und um Mekka. Manche reisen auch nach Medina, die zweite heilige Stadt im Islam.

Zakat bezeichnet eine Abgabe zu Gunsten der Armen, zu der ein Muslim verpflichtet ist. Daneben wird den Gläubigen empfohlen, auch freiwillig zu spenden.

Von der Fastenpflicht im Monat Ramadan sind Personen ausgenommen,
- die sehr alt sind,
- die auf Reisen sind,
- die unter 12 Jahre alt sind,
- die krank sind.
- Ebenso schwangere Frauen und Frauen in der Menstruation.

Was bedeutet deiner Meinung nach dieser Sinnspruch des Propheten Mohammed über das Gebet: „Bete zu Gott, als ob du ihn sehen würdest; wenn du ihn nicht siehst, dann wisse, dass er dich sieht.“

„Das Gebet in der Gemeinschaft ist besser als das Gebet des Einzelnen, und zwar siebenundzwanzigmal besser.“ Warum ist das gemeinsame Gebet im Islam von so großer Bedeutung?

Welche Personen sind vom Fasten ausgenommen? Was ist dabei für dich überraschend?

2 Die Moschee und ihre Bauweise

Das Innere einer Moschee

Muslime beten zusammen in einer Moschee – dem „Haus des Gebets". Diese Gebäude sind aber nicht der Mittelpunkt der muslimischen Frömmigkeit, sondern ein **Treffpunkt für die muslimische Gemeinde**. Für das Gebet ist das Gebäude nicht wesentlich, Muslime müssen zum Beten nicht in die Moschee gehen. Mohammed lehrte seine Anhänger, dass an jedem Ort zu Gott gebetet werden kann und soll:

„Wo auch immer du dich zur Stunde des Gebetes befindest, sollst du es verrichten. Dieser Ort ist dann eine Moschee."

Alle Gläubigen wenden sich beim Gebet in der Moschee der Mihrab (Gebetsnische) zu. Dadurch sind sie sicher, dass ihr Gesicht in die Richtung der heiligen Stadt Mekka blickt.

Mohammed lehrte auch, dass jeder, der zu Ehren Gottes eine Moschee erbaut, direkt ins Paradies eingehen wird, da dieser Akt der Liebe Gott so sehr erfreuen würde. In Deutschland kann sich eine Moschee auch in einem umfunktionierten Haus befinden. In einem Gebäude, das als Moschee errichtet wurde, findet man:

- den **Betsaal**. Moscheen sind schlicht eingerichtet; die Gläubigen stehen oder knien beim Gebet auf dem mit Teppichen belegten Boden. Eine Wand muss nach der heiligen Stadt Mekka ausgerichtet sein. Diese Wand enthält die Gebetsnische (**Mihrab**), manchmal auch nur eine Bogenmarkierung, die die Richtung der heiligen Stadt anzeigt. Diese ist auch die Richtung, in die sich die Gläubigen beim Gebet wenden sollen.
- eine **Waschanlage** für die rituellen Waschungen.
- einen **Nebenraum zum Studieren und zum Unterrichten der Kinder**.
- einen **Raum, in dem die Toten für die Bestattung vorbereitet werden**.

Wenn ein Muslim die Moschee betritt, dann zieht er zuvor als Zeichen des Respekts vor Gott die Schuhe aus. In einer Moschee gibt es keine Sitzmöglichkeiten, denn niemand käme auf den Gedanken, sich in Gottes Gegenwart zu setzen. Beim Betreten des Betsaales legen viele Muslime ihren Gebetsteppich aus. Dieser Teppich ist mit einem Bogen verziert, der so platziert wird, dass er in die Richtung der **heiligen Stadt Mekka** weist. In einer Moschee gibt es auch keine Bilder oder Statuen. Die Wände und Säulen können mit traditionellen muslimischen Ornamenten, Koranversen oder den Namen Gottes und seines Propheten Mohammed geschmückt sein.

Da figürliche Kunst im Islam verboten ist, wird Kalligraphie, also die Kunst des „schönen Schreibens", sehr hoch geschätzt. Die Kunst der Kalligraphie ist für Muslime fast eine heilige Tätigkeit und genießt großes Ansehen. Arabische Kalligraphie mit Versen aus dem Koran ist in fast jeder Moschee und auch in vielen schönen handschriftlichen Ausgaben des heiligen Buches zu finden. Der Hauptgottesdienst ist das Freitagsgebet, an dem alle männlichen Muslime teilnehmen sollen. Bei diesem Gottesdienst führt der Imam die Versammelten durch das Gebet und hält seine Predigt von der drei Stufen hohen **Predigtkanzel (Minbar)** herab.

Die Äußere einer Moschee

Die Außenseite einer Moschee weist zwei hervorstechende Merkmale auf:

- Die zwiebelförmige **Kuppel**, die das Universum symbolisiert, über das Gott der Herr ist und absolute Macht hat.
- Das **Minarett**, von dem aus fünf Mal am Tag der Aufruf zum Gebet (**Adhan**) durch den **Muezzin** erfolgt. Das Minarett symbolisiert das Licht und die Wahrheit des Islam, welche von jeder Moschee in die dunkle Welt hinaus leuchten.

Tauhid und **Schirk** sind zwei sehr wichtige muslimische Glaubensgrundsätze, die untereinander in engem Zusammenhang stehen.

▶ Tauhid

Tauhid ist der Kern des Islam. Damit wird ausgedrückt, dass Gott einzig ist. Für die Muslime heißt das, dass Gott jenseits allen menschlichen Verständnisses ist. Er steht über Raum und Zeit und ist die Wahrheit vor allen anderen Wahrheiten. Gott ist der Erste und der Letzte, der eine und der einzige Schöpfer der materiellen Welt. Neben Gott gibt es keine übernatürlichen und göttlichen Wesen. Gott ist einzig und einzigartig.

▶ Schirk

Schirk ist die schlimmste Sünde, die ein Muslim begehen kann. Sie besteht darin, zu glauben, dass irgendetwas oder irgendjemand so groß sein kann wie Gott. Ebenso ist es eine schwere Sünde, ein Bildnis von Gott oder irgendeinem anderen Menschen oder Lebewesen anzufertigen.

Auf dieser Fotografie erkennt man die Kuppel einer Moschee.

Erkläre mit deinen eigenen Worten die Bedeutung von
a. Tauhid,
b. Schirk.

Was bedeutet „figürliche Kunst“? Warum ist sie im Islam verboten?

Beschreibe zwei Merkmale, die man an einer Moschee sehen kann, und erkläre ihre Bedeutung.

Zusammenfassung

- *Der Islam baut auf den fünf Säulen des Glaubens auf, die für jeden gläubigen Muslim eine tägliche Richtschnur darstellen.*
- *Die Moschee ist der Ort, an dem sich die Gläubigen zum gemeinsamen Gebet versammeln. Sie ist durch ihre besondere Architektur gekennzeichnet.*
- *Während des Gebetes richten sich die Gläubigen nach der Richtung, in der die heilige Stadt Mekka liegt.*
- *Dem Fasten kommt im Islam eine besonders wichtige Bedeutung zu.*

Judentum

Im folgenden Abschnitt erfährst du etwas über diese Themen:

1 Jüdische Frömmigkeit in der Synagoge und zu Hause

2 Jüdisches Gebet

3 Die Bedeutung von Essen und Fasten im Judentum

Die Menora, ein siebenarmiger Leuchter, ist eines der wichtigsten jüdischen Symbole.

1 Jüdische Frömmigkeit in der Synagoge und zu Hause

Die Bauweise der Synagoge

Der Tempel, der über Jahrhunderte in Jerusalem stand, wurde endgültig im Jahre 70 n.Chr. zerstört. In der Folge wurden die Juden über die ganze damals bekannte Welt zerstreut. Diese Zerstreuung ist unter dem Begriff **Diaspora** bekannt. Die Juden erbauten in den Städten und Ortschaften, in denen sie sich niederließen, Gebäude für das Studium und für den Gottesdienst. Diese Gebäude mit der Bezeichnung **Synagoge** (wörtlich etwa „Versammlungsort") wurden wichtige Zentren für die jüdischen Gemeinden.

In den orthodoxen Synagogen sitzen nur Männer in den Gottesdiensträumen. An einem Ende des Gebetsraumes befindet sich der Schrein, ein mit einem Vorhang abgedeckter Schrank, in dem die Torarollen aufbewahrt werden. Der Torarolle wird ein Gewand umgelegt und eine Krone aufgesetzt; diese symbolischen Kleidungsstücke erinnern an die Gewänder der Priester im alten Tempel. Vor dem Schrein befindet sich ein Lesepult (die **Bimah**), auf dem die Torarolle bei der Lesung gelegt wird. In „Reformsynagogen" hingegen sitzen Männer und Frauen beim Gottesdienst zusammen. Von den Juden wird erwartet, dass sie dem Willen Gottes folgen, wie es die Zehn Gebote vorschreiben. Diese Gebote sind so wichtig, dass sie in gekürzter Form in jeder Synagoge auf Hebräisch an die Wand geschrieben sind. In Ex 20, 1-14 kann man den Wortlaut der Zehn Gebote nachlesen. In einer Synagoge gibt es keine Statuen, auch das Fotografieren ist nicht erlaubt.

Das **Schema** ist das wichtigste Glaubensbekenntnis in den jüdischen Schriften. Es beginnt mit den Worten:

> *„Höre, Israel! Jahwe, unser Gott, Jahwe ist einzig. Darum sollst du den Herrn, deinen Gott, lieben mit ganzem Herzen, mit ganzer Seele und mit ganzer Kraft …"*
> *Dtn 6, 4-5*

Die vier jüdischen Glaubensgrundsätze, die im Schema ausgedrückt werden:

1. Gott ist einzig.
2. Es ist die Pflicht aller Juden, selbst zu studieren und zu lernen und andere zu unterrichten.
3. Die Menschen sollen Gott lieben.
4. Alle Juden sollen ein frommes Leben zum Ruhme Gottes führen.

Neben der Überzeugung, dass Gott einzig ist, gehört es ebenso zum jüdischen Glauben, dass Gott allmächtig (**omnipotent**) ist, dass er überall auf der Welt zu finden ist (**omnipräsent**) und dass er allwissend ist. Diese Glaubensgrundsätze werden ständig wiederholt und in den jüdischen Schriften immer wieder betont, ebenso in einem jüdischen Gebet mit der Bezeichnung **Kaddisch**. Diese Grundsätze bilden auch die Basis für die **613 Mitzvot** oder Gebote, die in der Tora stehen und die jeder orthodoxe Jude im täglichen Leben einzuhalten bestrebt ist. 90 % der Juden weltweit sind orthodox.

Der jüdische Sabbat

In der Synagoge werden zwar jeden Tag in der Woche Gottesdienste abgehalten, der wichtigste Tag für die Juden aber ist der **Sabbat**, der Tag, an dem sie von der Arbeit ausruhen. Viele Juden gehen an diesem Tag zum Gottesdienst in die Synagoge, die wichtigsten Handlungen aber finden zu Hause statt. Der Brauch, einen Tag der Woche nur dem Ausruhen zu widmen (das Wort „sabbat" bedeutet ausruhen), ist sehr alt und unterschied die Israeliten von Anfang an von den sie umgebenden Völkern, bei denen die Sklaven und Bediensteten die ganze Woche ohne Ruhetag arbeiten mussten. Den Sabbat zu feiern, ist die älteste religiöse Tradition, die bei den Juden auch heute noch befolgt wird.
In den jüdischen Schriften steht die Einhaltung des Sabbats im Zusammenhang mit zwei der wichtigsten biblischen Ereignisse der jüdischen Geschichte. Diese Ereignisse werden an jedem Sabbat in Erinnerung gerufen:

1. **Die Erschaffung der Welt.** In der Schrift steht:

> *„Denn in sechs Tagen hat der Herr Himmel, Erde und Meer gemacht und alles, was dazugehört; am siebten Tag ruhte er. Darum hat der Herr den Sabbattag gesegnet und ihn für heilig erklärt."*
> *Ex 20,11*

Es ist also ganz einfach: Wenn Gott nach Erschaffung der Welt innerhalb sechs Tagen am siebten Tag ausruhen musste, dann brauchen auch die Gläubigen nach sechs Tagen Arbeit einen Ruhetag.

2. **Der Auszug der Israeliten aus der Sklaverei in Ägypten vor rund 4 000 Jahren – ein Ereignis, das alle Juden unter der Bezeichnung Exodus kennen.** Die Vorschrift für den Gottesdienst am Sabbat sagt:

> *„Der Sabbat ist ein Ruhetag des Herrn, deines Gottes … und du sollst daran denken, dass du Sklave im Land Ägypten warst …"*

Der Exodus ist das wichtigste Ereignis in der jüdischen Geschichte, dessen alle Juden alljährlich am **Passahfest** gedenken.

Der Sabbat beginnt am Freitagabend bei Sonnenuntergang und endet bei Einbruch der Nacht am Samstag. Die ganze Familie kommt zu diesem Fest zusammen. Bei Sonnenuntergang entzündet die Hausherrin dann zwei spezielle Kerzen, um den Sabbat willkommen zu heißen. Dabei spricht sie einen besonderen Segen, und daraufhin versammelt sich die ganze Familie für eine besondere Zeremonie mit der Bezeichnung **Kiddusch**. Dabei

- wird Wein (das Symbol der Freude) gesegnet und getrunken;
- wird der Sabbat gesegnet;
- werden die Frau und die Kinder vom Vater gesegnet. Der Segen des Vaters hat in einer jüdischen Familie besondere Bedeutung.

Das Sabbatmahl beginnt mit dem Brechen des Brotes. Am Sabbat liegen immer zwei Laibe Brot auf dem Tisch. Der Teig dieser Brote wurde zu Zöpfen verflochten. Lieder werden gesungen und das Mahl wird mit einem Dankgebet beendet.

Der Gottesdienst in der Synagoge am Sabbat ist von besonderer Bedeutung. Wenn die Menschen eintreffen, wünschen sie sich gegenseitig „**Schabbat schalom**" (einen friedlichen Sabbat). Während des Gottesdienstes wird die Tora feierlich dem Schrein entnommen und auf die Bimah gelegt, wo aus ihr gelesen wird.

So wie der Sabbat zu Hause beginnt, so endet er auch. Die Zeremonie, die den heiligen Tag am Samstag bei Sonnenuntergang beendet, heißt **Hawdalah (Trennung)**. Der Name ist auf die Tatsache zurückzuführen, dass diese Zeremonie den Sabbat von den folgenden sechs Tagen der Woche trennt. Für diese schöne Zeremonie wird eine besondere Kerze mit mehreren Dochten angezündet und eine Gewürzdose geöffnet, um jedem eine „süße Woche" zu wünschen. Der Wunsch dazu lautet „**Shavua tov**" („eine gute Woche"), dabei wird Wein über die Kerze gegossen, um sie zu löschen.

Was sind die vier wichtigsten Vorstellungen, die Juden von Gott haben?

Welcher Tag der Woche ist für Juden am wichtigsten, wie verbringen sie ihn und was bedeutet sein Name?

Welche zwei bedeutenden Ereignisse in der jüdischen Geschichte feiern Juden jede Woche am Sabbat?

2 Jüdisches Gebet

Obwohl sich ein Jude immer der Gegenwart Gottes in seinem Leben bewusst sein soll, so gibt es doch drei Tageszeiten, an denen es besonders wichtig ist, zu beten – am Morgen, am Mittag und am Abend. Darüber hinaus gibt es Gebete für die Mahlzeiten, für die Feiertage, für die Tora und für besondere Monate im Jahr. Eines der wichtigsten jüdischen Gebete ist die **Amidah**, in dem es heißt:

„Oh Herr, unser Gott, höre unser Rufen! Sei mild und barmherzig gegen uns; nimm in Barmherzigkeit und Huld unser Gebet an …
Denn Du erhörst gnadenvoll das Gebet deines Volkes. Gepriesen seist Du, oh Herr, der Du das Gebet erhörst."

Das jüdische Gebet wird von mehreren äußerlichen Symbolen begleitet. Entsprechend der jüdischen Tradition sind Gebete, die zusammen in der Versammlung gesprochen werden, bedeutungsvoller als diejenigen, die ein Gläubiger alleine spricht. Denn es ist die Gemeinschaft, die den Einzelnen trägt und behütet.

Tefillin werden um den linken Arm und um die Stirn gebunden. Viele Juden tragen die **Jarmulke** zu den Gebetszeiten.

Die drei sichtbaren Symbole des jüdischen Gebets

Tallit: In orthodoxen und einigen anderen jüdischen Gemeinden wird der Tallit, ein Tuch mit einer Quaste an jeder Ecke, von den männlichen Gläubigen beim Morgengebet und manchmal auch beim Abendgebet getragen.

Tefillin sind lederne Gebetsriemen, die von Männern getragen werden und um den linken Arm und um die Stirn gebunden werden.

Die **Jarmulke** ist eine Kopfbedeckung für den Hinterkopf, die von den meisten Juden immer in der Synagoge, also auch bei den Gebetszeiten, getragen wird.

Der Tallit wird am Abend des Versöhnungstages getragen.

3 Die Bedeutung von Essen und Fasten im Judentum

Verbotene Nahrungsmittel

Während die Juden nach dem Exodus durch die Wüste zogen, erhielten sie genaue Vorschriften, welche Tiere sie essen durften und welche nicht. Diese Vorschriften sind in Lev 11, 1-23 und 41-42 nachzulesen. Demnach dürfen Juden keine Vögel, die Aas fressen, keine Insekten und keine Reptilien essen. Weiterhin ist es verboten, Fleisch mit Milchprodukten zu mischen oder sie im selben Topf zuzubereiten. Außerdem ist der Verzehr von Schweinefleisch, von Fisch und Fleisch von anderen Tieren, die nicht wiederkäuen, verboten.

Die meisten Juden halten sich auch heute noch an diese traditionellen Speisevorschriften. Die Nahrungsmittel, die gestattet sind, werden **koscher** (erlaubt) genannt, unerlaubte Nahrung heißt **treifah** (verboten). Koscheres Fleisch muss nach einer bestimmten Methode (**schechita**) geschlachtet worden sein. Dabei wird zuerst ein Segensspruch über das Tier gesprochen, bevor es durch einen einzigen Schnitt durch die Halsunterseite mit einem sehr scharfen Messer getötet wird. Danach wird das Tier kopfüber aufgehängt, damit es vollständig ausblutet.

Fasten

Das jüdische Neujahrsfest **Rosch ha-Schanah** endet nach zehn Tagen mit dem höchsten und wichtigsten Festtag des jüdischen Kalenders, dem **Jom Kippur** (Versöhnungsfest). Dieser „Tag" besteht aus 25 Stunden Beten und Fasten nach dem Vorbild der Engel Gottes, die laut jüdischer Überlieferung weder essen noch trinken, sondern ihre ganze Zeit mit dem Lobpreis Gottes verbringen. An diesem Tag des Jahres versuchen die Gläubigen, Gott so zu dienen, als ob sie Engel wären. Dazu folgen sie den Lehren des Talmuds, die Essen, Trinken, Waschen, sexuelle Kontakte, die Salbung mit Öl und das Tragen von Leder, Lederschuhen und Sandalen an Jom Kippur verbieten.

Nach der jüdischen Überlieferung ist es **Satan** von Gott erlaubt, das jüdische Volk an jedem Tag des Jahres in Versuchung zu führen, außer an Jom Kippur. An diesem Tag sagte Gott zu Satan: „Heute hast du keine Macht über sie. Geh trotzdem hin und schau nach, was sie machen." Satan sah, dass die Juden fasteten und weiße Gewänder trugen. Er kehrte verlegen zu Gott zurück und sagte: „Sie sind wie die Engel, und ich habe keine Macht über sie." Bei diesem Geständnis legte Gott Satan ein Jahr in Ketten und verkündete seinem Volk: „Ich habe euch alles vergeben."

Für die Juden ist der Jom Kippur vor allem ein Tag des Vergebens. Alle ihre Verwandten, Freunde und Nachbarn, bei denen sie sich etwas haben zuschulden kommen lassen, bitten sie um Verzeihung, sodass Gott auch ihnen seine Vergebung gewährt.

Warum ist gemeinsames Beten wichtiger als das Beten allein?

Was sind die wichtigsten Speisevorschriften, an die sich viele Juden halten?

Was meinst du: Warum leben Juden nach diesen Vorschriften? Können diese Vorschriften dazu dienen, den Glauben zu stärken?

Zusammenfassung

- *Der Ort, an dem die Juden gemeinsam Gottesdienst feiern, ist die Synagoge. Dort wird u.a. am wichtigsten Tag der Woche, dem Sabbat, der gemeinsame Gottesdienst abgehalten.*
- *Es wird unterschieden zwischen orthodoxen Synagogen und Reformsynagogen.*
- *Im Judentum gibt es traditionelle Speisevorschriften, die koschere Nahrungsmittel von verbotenen Nahrungsmitteln unterscheiden.*
- *Der wichtigste Feiertag der Juden ist der Jom Kippur, das Versöhnungsfest.*

Wie leben die Anhänger der drei großen Weltreligionen ihren Glauben? Welche Regeln gibt es? Welches sind die wichtigsten Gemeinsamkeiten, welches die größten Unterschiede?

Welche Funktion haben die Gottesdienste in den drei Religionen?

In den drei Religionen werden unterschiedliche Haltungen zur sakralen Kunst formuliert. Welche sind das? Versuche sie zu begründen?

Empfehlenswerte Literatur und Links

Literatur

Stephanie Catani, Wilfried Stascheit:
Wer ist Jesus?
Hintergründe, Fakten, Meinungen.
Ein Projektbuch.
Verlag an der Ruhr 2006.
ISBN 978-3-86072-923-3

Monika Grübel:
Judentum.
DuMont Literatur und Kunst
Verlag 2000.
ISBN 978-3-8321-3496-9

Christoph Menn-Hilger:
Die 10 Gebote heute.
Infos, Materialien, Provokationen.
Verlag an der Ruhr 2003.
ISBN 978-3-86072-774-4

Horst Georg Pöhlmann, Mehdi Razvi:
Islam und Christentum im Dialog.
Lembeck Otto GmbH + Co. KG 2006.
ISBN 978-3-87476-513-8

Stephan Sigg:
Katholisch – Protestantisch.
Was ist der Unterschied?
Verlag an der Ruhr 2006.
ISBN 978-3-83460-138-4

Mary Tucker:
Die Bibel errätseln.
75-mal lesen und lösen.
Verlag an der Ruhr 2005.
ISBN 978-3-86072-979-3

Links

www.islam.de
Deutsch-islamisches Informationsportal. Informationen zum Koran und zu islamischen Organisationen; Publikationen des Zentralrats der Muslime in Deutschland zu zahlreichen Themen.

www.islam-guide.com/de/
Illustrierter Wegweiser, um den Islam zu verstehen. Ist für Nichtmuslime gedacht, die den Islam, Muslime (Moslems) und den heiligen Quran (Koran) verstehen möchten.

www.ekd.de
Internetseite der Evangelischen Kirche Deutschland (EKD) mit Texten zu Themen wie Abtreibung, Bioethik, Sterbehilfe, Ehe usw.

www.intratext.com/X/DEU0035.htm
Katechismus der katholischen Kirche (mit Suchfunktion).

www.glaube.de
Deutsche Plattform für den christlichen Glauben; gibt Antworten auf Fragen, ermöglicht Diskussionen und Kontakte zwischen Gläubigen.

Kapitel 3

Religionen und Wissenschaft

Einführung

Seit Abfassung der heiligen Schriften der verschiedenen Religionen haben Wissenschaftler eine Menge über die **Entstehung des Universums** und des **Lebens auf der Erde** herausgefunden. Diese Erkenntnisse haben unseren Blick auf das Leben vollkommen verändert. Wir begreifen uns heute eher als unbedeutende menschliche Wesen irgendwo im unendlichen Universum. Natürlich wirft diese Sicht viele Fragen an die Schöpfungsmythen auf, die wir in den verschiedenen religiösen Schriften finden können.

Die kopernikanische Wende

Eine große Veränderung ereignete sich im 16. Jahrhundert, die mit dem Namen **Nikolaus Kopernikus** (1473–1543) verbunden ist. Kopernikus war Theologe, Mathematiker und Astronom. Bis in seine Zeit waren die Menschen davon überzeugt, dass sich die Erde im Mittelpunkt des Universums befinde und Sonne, Mond und Sterne zu ihrer Beleuchtung am Himmel stünden. Man glaubte, dass sich das ganze Universum um die Erde drehe. Aus religiösen Gründen war diese Ansicht sehr wichtig, da man den Menschen im Mittelpunkt der Schöpfung Gottes vermutete.

Mit seiner Behauptung, dass die Erde nur einer von Milliarden Planeten sei und unser Sonnensystem nur eines von Millionen, versetzte Kopernikus die Menschen in helle Aufregung. Und unser Sonnensystem dreht sich um die Sonne und nicht um die Erde. Im Vergleich zum ganzen Universum ist die Erde nur ein kleiner, unbedeutender Ort. Dadurch verlieren auch die Menschen an Bedeutung.

Mit dem Urknall entstand nach Ansicht der Wissenschaft vor etwa 20 Milliarden Jahren das Universum.

Der Ursprung des Universums

Im 17. Jahrhundert berechnete **James Ussher**, der Erzbischof von Armagh, anhand der Angaben in der Bibel den Zeitpunkt der Schöpfung der Erde durch Gott auf 4004 v.Chr. Um auf dieses Datum zu kommen, rechnete er die vielen Stammbäume der Bibel rückwärts bis zum Anfangskapitel der Genesis nach. Wir wissen natürlich, dass das Universum viel älter ist. Nach Auskunft der Wissenschaft ist es zwischen 18 und 20 Milliarden Jahre alt. Die meisten Wissenschaftler sind überzeugt, dass alles mit einem großen Knall (Urknall) begann, eine Explosion, in deren Folge Plasma in unheimlicher Geschwindigkeit durch das Universum flog. Diese Explosion führte möglicherweise zur Bildung von Galaxien, die sich mit großer Geschwindigkeit vom Zentrum der Explosion wegbewegen. Während ihrer Reise durch das Universum kühlen die Galaxien ab und verlangsamen sich. Das Universum dehnt sich immer noch aus – aber mit verminderter Geschwindigkeit.

Die Abkühlung der Gase führte zur Bildung von Sternen und Planeten, zu denen auch die Erde gehört.

Der Ursprung des Lebens auf der Erde

Die **Evolutionstheorie** war vielleicht die wichtigste wissenschaftliche Theorie, die im 19. Jahrhundert aufkam. Für das religiöse Selbstverständnis war sie vielleicht eine noch größere Herausforderung als die kopernikanische Wende. Die Evolutionstheorie ist untrennbar mit dem Namen von **Charles Darwin** verbunden, der mehrere Jahre auf den Galapagos-Inseln verbrachte, wo er die Pflanzen- und Tierwelt studierte. Seine Arbeit überzeugte ihn davon, dass sich alles Leben über einen langen Zeitraum hinweg entwickle. Wenn Leben heranwächst, dann passt es sich den umgebenden Bedingungen an (die so genannte „natürliche Selektion"). Die

Lebensformen und Spezies, die diese Anpassung nicht schaffen, sterben aus. Die Stärksten überleben, während die Schwächsten sterben (das so genannte „Überleben der Stärksten"). Darwin beschrieb die Natur in diesem Kampf ums Überleben als „blutrot an Zähnen und Klauen".

Viele Menschen waren zu jener Zeit sehr verwirrt, da diese Ansichten im Widerspruch zu den Lehren des christlichen Glaubens standen. Die Verwirrung steigerte sich noch, als Darwin behauptete, dies gelte nicht nur für Pflanzen und Tiere, sondern auch für die Menschen. Die Führer der Kirchen und alle Gläubigen, waren immer der Überzeugung gewesen, dass der Mensch etwas Einzigartiges ist; und jetzt wurde ihnen erzählt, dass auch die Menschen nur Tiere seien und für sie dieselben Gesetze gelten wie für den Rest des Tierreiches.

Wissenschaft und Religion

Natürlich ist Religion älter als Wissenschaft. Viele religiöse Texte enthalten Mythen, die von der Erschaffung der Welt und der Menschen berichten. Es liegt auf der Hand, dass viele Menschen meinen, **Religion und Wissenschaft** werden immer unvereinbare Gegensätze mit nur sehr wenigen Berührungspunkten bleiben. Andererseits gibt es zwei interessante Gedanken, die diese Ansicht in Frage stellen könnten.

1. Wissenschaft und Religion behandeln zwei unterschiedliche Aspekte menschlicher Erfahrung. Die Wissenschaft beschäftigt sich mit Fakten und deren Erklärung. Diese Fakten müssen zuerst entdeckt und dann erforscht werden. Zu ihrer Erforschung bedarf es der fünf Sinne – Seh-, Gehör-, Tast-, Geschmacks- und Geruchssinn. Auch die Religion behauptet, es mit Fakten zu tun zu haben, aber diese Fakten sind anderer Art. Diese „Fakten" können nur spirituell entdeckt und verstanden werden. Um das Leben vollständig zu erfassen, brauchen wir sowohl ein wissenschaftliches als auch ein religiöses und spirituelles Verständnis der Dinge.
2. Die meisten Weltreligionen behaupten, dass Gott die Welt erschaffen und ihr die Gesetze gegeben habe, nach denen sie funktioniert. Die Wissenschaft sieht ihre Aufgabe darin, diese Gesetze zu entdecken und sie verstehen zu lernen. Religion und Wissenschaft könnten somit die zwei Seiten ein und derselben Münze sein. Aus diesem Grunde sind viele Wissenschaftler zugleich religiös. Wissenschaft und Religion müssen nicht zwangsläufig miteinander in Konflikt geraten.

Heute glauben viele, Wissenschaft und Religion wären zwei unterschiedliche Aspekte menschlicher Erfahrung.

Was versteht man unter der kopernikanischen Wende?

Wie erklärt die Wissenschaft die Entstehung der Erde und der Menschheit?

Warum sollte es zwischen Wissenschaftlern und Christen keinen Streit über die Schöpfung geben? Wie lassen sich Religion und Wissenschaft möglicherweise vereinbaren?

Christentum

Der erste Schöpfungsmythos erzählt die Erschaffung der Erde durch Gott.

Im folgenden Abschnitt erfährst du etwas über diese Themen:

1. Der Ursprung der Welt und des menschlichen Lebens
2. Mensch und Tier
3. Der Mensch als Verwalter der Schöpfung
4. Christliche Antworten auf Umweltprobleme

1 Der Ursprung der Welt und des menschlichen Lebens

Ein **Credo** ist ein religiöses Glaubensbekenntnis. Eines der ältesten und wichtigsten christlichen Glaubensbekenntnisse ist das **Credo von Nizäa**, das auf das 4. Jahrhundert n.Chr. zurückgeht. Es beginnt mit den Worten:

„Ich glaube an den einen Gott … Schöpfer des Himmels und der Erde und aller sichtbaren und unsichtbaren Dinge …"

Das ist der Punkt, an dem die Bibel beginnt. Der erste Teil der Bibel, das Alte Testament, ist Juden und Christen gemeinsam. Das bedeutet, dass sie auch denselben Schöpfungsmythos haben. Die ersten Kapitel der Bibel, das Buch Genesis, erzählen von der Erschaffung des Universums, von der Erschaffung der Erde und von der Erschaffung der ersten menschlichen Wesen.

Es finden sich in der Bibel zwei Schöpfungsmythen:
Der **erste Mythos** führt uns durch die **sechs „Tage" der Schöpfung**, an denen Licht und Dunkelheit, Meere und trockenes Land, Pflanzen und Bäume, die Sonne und der Mond, die Vögel, die Tiere des Meeres und des Landes und der erste Mann und die erste Frau erschaffen wurden. Nachdem Gott seine Schöpfung vollendet und sie für gut befunden hatte (*„Gott sah alles, was er gemacht hatte: Es war sehr gut …"*), ruhte er am siebten Tag. Die Juden führen darauf die Sieben-Tage-Woche zurück, wobei der wichtigste Tag, der Sabbat (der Tag der Ruhe), jede Woche beschließt. Es bedarf keiner genaueren Betrachtung, um festzustellen, dass diese Schöpfungsgeschichte im Widerspruch steht zu dem Bild, das die Wissenschaft vom Beginn der Dinge zeichnet. Laut dem Bericht der Genesis erscheinen alle Dinge vollständig ausgeformt auf der Erde, ohne dass wir erfahren, wie das vor sich geht. Von der Wissenschaft hingegen wissen wir, dass Pflanzen, Tiere und auch die Menschen ihre gegenwärtige Erscheinungsform erst nach einer sehr langen Evolutionsperiode erreicht haben. Die Lebensformen entwickeln sich auch heute noch weiter.
Im **zweiten Schöpfungsmythos** steht die **Erschaffung des ersten Mannes, Adam, und der ersten Frau, Eva**, im Mittelpunkt. Hier erfahren wir, dass es Gottes Wille war, den Menschen als Mann und Frau zu erschaffen, damit sie sich gegenseitig stützen und die Erde bevölkern können. Diese Art von Schöpfungsgeschichten bezeichnet man als **„Mythos"** (eine Erzählung oder ein Bericht mit einer religiösen Botschaft), weil man betonen will, dass die Beschreibung des Geschehens nicht wörtlich zu nehmen ist. Ein Mythos berichtet uns nicht, wie die Welt und die Menschen tatsächlich entstanden

sind. Stattdessen dient ein Mythos dazu, den Leser in wichtigen Dingen über Gott und seine Absichten mit der Welt zu belehren. Unter dieser Voraussetzung müssen Wissenschaftler und gläubige Christen nicht unbedingt miteinander in Konflikt geraten. Einige Christen, die so genannten **Kreationisten,** können diesem Verständnis der Schöpfungsgeschichte nicht zustimmen. Sie halten daran fest, dass uns der Mythos in der heiligen Schrift genau das schildert, was wirklich passiert ist, und dass seit der Erschaffung der Welt durch Gott erst einige tausend Jahre vergangen sind. Dieser Standpunkt findet in der Wissenschaft natürlich wenig Unterstützung.

Schöpfung aus dem Nichts

Laut Bibel erschuf Gott die Welt. Aber es finden sich keine klaren Hinweise, wie diese Schöpfung vor sich ging. Oft wird aus dem biblischen Text geschlossen, dass Gott die Welt aus dem Nichts erschuf (**creatio ex nihilo**). Aber das muss nicht unbedingt der Fall sein. Die meisten Christen akzeptieren ohne Weiteres die Erklärungen der Wissenschaft über den Beginn der Welt und des menschlichen Lebens.

Es gibt viele religiöse Schöpfungsmythen, doch die Geschichte aus der Bibel ist etwas Besonderes. Dieser Mythos führt Gott ganz zu Beginn der biblischen Geschichte ein – und das ist derselbe Gott, der sich später in der Bibel als der Herrscher der Welt, der Gesetzgeber, der Richter, der lebendige Vater, der Herr der Geschichte und als der Schöpfer zu erkennen gibt. Das Universum, die Welt und die Menschen sind nicht göttlich, wie Gott es ist. Sie sind geschaffen und Gott ist ihr Schöpfer. Das ist die wahre Botschaft hinter den beiden Schöpfungsmythen in der Genesis.

2 Mensch und Tier

Der Sündenfall

In der Schöpfungsgeschichte fällt ein sehr wichtiges Detail auf. Dort steht: *„Gott schuf also den Menschen als sein Abbild"* (Gen 1,27). Damit verdeutlicht der Mythos, dass es mit den Menschen etwas Besonderes auf sich hat, das sie von allen anderen Lebewesen deutlich unterscheidet – **die Menschen wurden nach dem Abbild Gottes erschaffen**.

Um dies zu begreifen, müssen wir in der Geschichte einen Schritt weitergehen. Nach ihrer Erschaffung waren der erste Mann und die erste Frau vollkommen. Gott setzte sie in einen perfekten Garten, in dem sie alles zur Befriedigung ihrer Bedürfnisse vorfanden. Für ihren Lebensunterhalt mussten sie nicht einmal arbeiten. Gott hatte für alles gesorgt. Er sagte ihnen, sie dürften alles in dem Garten essen, mit Ausnahme der Früchte vom Baum der Erkenntnis von Gut und Böse, der in der Mitte des Gartens stand. Sie wurden jedoch von **Satan**, der sich in eine Schlange verwandelt hatte, in Versuchung geführt, von diesen Früchten zu essen. Zur Strafe für ihren Ungehorsam verbannte Gott die beiden für immer aus dem perfekten Garten.

Und sie wurden noch weiter bestraft:

- Der Mann musste künftig hart arbeiten, um die Erde fruchtbar zu machen, bevor Essbares aus ihr hervorwuchs, womit er sich und seine Familie ernähren konnte.
- Die Frau sollte künftig unter Schmerzen Kinder gebären.

Doch trotz des Sündenfalls blieb das Abbild Gottes in den menschlichen Wesen erhalten. Laut der Bibel sind nur die Menschen dazu in der Lage, Gott zu dienen und ihn zu verehren. Darin liegt der wesentliche Unterschied zu den Tieren. Daraus ergibt sich aber auch eine weitere Meinungsverschiedenheit zwischen den Wissenschaften und der christlichen Anschauung. Die Wissenschaft betrachtet den Menschen ebenfalls als ein Tier, auch wenn er, dank seiner intellektuellen Fähigkeiten, auf der Evolutionsleiter sehr viel höher steht. Nach christlicher Überzeugung aber besteht ein wesentlicher **Unterschied zwischen Mensch und Tier:** Nur dem Menschen ist eine geistige Ähnlichkeit mit Gott zu eigen.

„Nach dem Abbild Gottes geschaffen" bedeutet, dass die Menschen durch irgendetwas Anteil an Gottes Wesen haben. Die Christen bezeichnen dieses Etwas als „Geist" oder „Seele". Der Geist oder die Seele sind dafür verantwortlich, dass Menschen Gott verehren. Nach dem Tod lebt der Geist bzw. die Seele weiter, da sie unsterblich und ewig ist.

Was ist der Hauptunterschied zwischen den beiden Schöpfungsmythen in der Genesis?

Die Menschen wurden nach dem Abbild Gottes geschaffen. Was bedeutet das?

Was ist der Sündenfall?

Was sind „Kreationisten"?

3 Der Mensch als Verwalter der Schöpfung

Der Mythos von der Erschaffung des Universums und aller Lebensformen, einschließlich Mensch und Tier, in den ersten Kapiteln der Genesis spricht davon, dass Gottes Schöpfung ihrem Wesen nach gut ist.

> *„Gott sah alles an, was er gemacht hatte: Es war sehr gut."*
> *Gen 1,31*

Die Christen als Verwalter der Schöpfung

Der Schöpfungsmythos spricht von der **gottgegebenen Verantwortung des Menschen für die Erde**. Das Menschengeschlecht soll über die Erde „herrschen". Es steht geschrieben:

> *„Seid fruchtbar und vermehrt euch, bevölkert die Erde, unterwerft sie euch und herrscht über die Fische des Meeres, über die Vögel des Himmels und über alle Tiere, die sich auf dem Land regen."*
> *Gen 1,28*

Diese Worte verursachten den gläu bigen Christen schon immer Probleme. Was soll „herrschen" und „die Erde unterwerfen" genau bedeuten? In der Vergangenheit glaubten die Menschen, dass diese Worte ihnen die Freiheit gäben, mit der Erde umzugehen, wie sie wollten. Heute denken die Christen nicht mehr so. Sie wissen, wie verletzlich die Erde ist. Die Wissenschaft hat ihnen das recht deutlich vor Augen geführt. Stattdessen glauben die Christen heute, dass die Menschheit von Gott den Auftrag erhalten habe, **Verwalter der von Gott geschaffenen Welt** zu sein. Das heißt, dass jede Generation dafür verantwortlich ist, Gottes Schöpfung in einem guten Zustand an die nächste Generation weiterzugeben. Ein Verwalter passt auf die Güter seines Herrn auf. Von ihm wird erwartet, dass er seine Pflichten treu und verantwortungsvoll erfüllt.

Die Erde gehört uns nicht. Sie gehört Gott. Als Verwalter der Erde wird von den Christen erwartet, dass sie die Erde in einem guten Zustand an ihre Kinder und Enkel übergeben. In der Praxis bedeutet das, dass die jetzige Generation der Christen gegen die Verschmutzung und Ausbeutung der natürlichen Ressourcen handeln muss, bevor die Beschädigung des Planeten nicht mehr rückgängig gemacht werden kann. **Sie müssen um den Erhalt der vom Aussterben bedrohten Arten kämpfen und sich für die Reinhaltung der Ozeane, der Flüsse und der Atmosphäre einsetzen.**

> *„Dem Herrn gehört die Erde und was sie erfüllt, der Erdkreis und seine Bewohner. Denn er hat ihn auf Meere gegründet, ihn über Strömen befestigt."*
> *Ps 24, 1-2*

- **Was meinen Christen damit, dass der Mensch nach dem Abbild Gottes erschaffen wurde?**
- **Sprich mit deinem Sitznachbarn darüber, was den Menschen vom Tier unterscheidet. Versucht herauszuarbeiten, worin der größte Unterschied besteht.**
- **Wie soll der Mensch als „Verwalter der göttlichen Schöpfung" handeln?**

Das Wirken Gottes zeigt sich nach christlicher Überzeugung sowohl in der Gesamtheit der Schöpfung als auch in den kleinen Details.

4 Christliche Antworten auf Umweltprobleme

Die Christen haben sich nicht immer so sehr um Umweltthemen gekümmert, wie sie es hätten tun sollen. Wir haben bereits gesehen, dass die Aussagen in den Anfangskapiteln der Genesis viele Christen zu der Annahme verleiteten, sie könnten mit der Erde umgehen, wie sie wollten, und ihre Ressourcen nach Belieben ausbeuten. Heute aber zeigen Christen ein weitaus größeres Bewusstsein für den Planeten und seine Belange. Ebenso wie die Anhänger anderer Religionen wissen sie jetzt, dass die Zerstörung der Regenwälder, die Erschöpfung lebenswichtiger Ressourcen, die Verschmutzung von Flüssen, Meeren und Landschaften und das Aussterben vieler Pflanzen- und Tierarten die größte denkbare Bedrohung für die Zukunft der Menschen ist. Nicht nur das – die Existenz der Menschen selbst ist bedroht. Um aus der Welt einen besseren Ort zu machen, ist es aus christlicher Sicht nicht nur erforderlich, die Verschmutzung zu reduzieren und die Ressourcen zu schonen, sondern auch den Lebensstandard der Benachteiligten dieser Welt zu heben. Unter Verwaltung der Schöpfung verstehen die Christen auch eine weltweit gerechtere Verteilung der Ressourcen, sodass jeder daran Anteil hat. Diese Erkenntnis ist die Schlussfolgerung der **Bergpredigt**, in der die Lehren Jesu zu einer ganzen Bandbreite sozialer Themen zusammengefasst sind.

Die Lehren Jesu besagen:

1. Christen haben die Pflicht, die Arbeit von Gruppierungen, die die Umweltverschmutzung reduzieren und Ressourcen bewahren wollen, zu unterstützen und dabei mitzuwirken. In den modernen Gesellschaften gibt es viele solcher Gruppierungen (z.B. Greenpeace, Bund für Umwelt oder Naturschutz Deutschland).
2. Christen sollten im Hinblick auf ihre Rolle als „Verwalter der Schöpfung" genau abwägen, wie sie sich selbst in ihrem eigenen Leben verhalten. Sie haben die persönliche Pflicht, besser auf den Planeten aufzupassen. Sie können sich in ihrem Alltagsleben an der Wiederverwertung von Ressourcen und am Energiesparen beteiligen.

*Ein Deutscher produziert jährlich etwa 380 kg Müll.
Rund die Hälfte des Mülls landet in Verbrennungsanlagen.*

Erstellt in einer Gruppe eine Liste mit Möglichkeiten, wie Christen und auch andere an der Bewahrung des Planeten mitarbeiten können.

Warum sollten Christen ein besonderes Engagement für das künftige Wohlergehen des Planeten entwickeln?

Lies die Bergpredigt im Matthäusevangelium (Mt 5-7) nach. Was lehrt Jesus hier?

Zusammenfassung

- *Der Ursprung der Welt und des menschlichen Lebens wird in der Bibel durch zwei Schöpfungsmythen dargestellt. Diese Schöpfungsgeschichten stehen im Gegensatz zu wissenschaftlichen Untersuchungen bezüglich der Entstehung der Welt.*
- *In der Bergpredigt sind die Lehren Jesu zu einer ganzen Reihe sozialer Themen nachzulesen.*
- *Aus christlicher Sicht ist es notwendig, sich mit den heutigen Umweltproblemen auseinanderzusetzen. Dabei ist es wichtig, dass auch die Lebensbedingungen der Menschen in ärmeren Ländern verbessert werden.*

Islam

Im folgenden Abschnitt erfährst du etwas über diese Themen:

1 Der Ursprung der Welt und des menschlichen Lebens

2 Mensch und Tier

Nach muslimischem Glauben wurde die Erde in sechs Tagen erschaffen. Der Mensch ist der wichtigste Teil der Schöpfung.

1 Der Ursprung der Welt und des menschlichen Lebens

„Siehe, euer Herr ist Allah, welcher die Himmel und die Erde in sechs Tagen erschuf; alsdann setzte Er sich auf den Thron. Er lässet die Nacht den Tag verhüllen – sie verfolgt ihn schnell; und Er schuf die Sonne, den Mond und die Sterne, die seinem Befehle fronen. Ist nicht Sein ist die Schöpfung und der Befehl? Gesegnet sei Allah, der Herr der Welten."
Sure 7,54

Die Schöpfung

Die Muslime glauben, dass Gott die Welt und alles in ihr erschuf. Wie auch die Christen und Juden, gehen die Muslime von einer **Schöpfung der Welt durch Gott in sechs Tagen** aus: „Er ist's, der erschaffen den Himmel und die Erde in sechs Tagen." Die Menschen sind der wichtigste Teil der Schöpfung. Sie wurden so geschaffen, dass nur sie allein Gott dienen können. Sie wurden dazu berufen, als **„Wächter" der Erde** zu handeln. Die Erde gehört Gott, aber er übertrug die Verantwortung für ihre Bewahrung auf die muslimische Gemeinschaft. Solange **Koran und Wissenschaft** nicht miteinander in Konflikt geraten, haben Muslime mit der Wissenschaft keine Probleme, sie ist ihnen willkommen. Der Koran aber ist der offenbarte „Wille Gottes", deshalb können seine Worte nicht in Zweifel gezogen werden. Wenn es zwischen Koran und Wissenschaft einen Widerspruch gibt, dann ist den Lehren des Korans zu folgen.

2 Mensch und Tier

Die Menschen sind Gottes „Stellvertreter", von ihm dazu berufen, für das zu sorgen, was er erschaffen hat. Die gesamte Schöpfung ist eine Einheit. Ein Teil der Schöpfung hängt von allen anderen Teilen ab. Ist das Wohlergehen eines Teiles gefährdet, dann ist davon auch das Ganze betroffen.

Die Menschen müssen das Wohlergehen der ganzen Schöpfung garantieren. Jeder muss mit Nahrungsmitteln versorgt sein, niemand sollte in Not leben. Gott hat versprochen, dass die Bedürfnisse der Menschen immer befriedigt werden.

Wenn ein Mensch Not leidet, dann nur auf Grund der Gier anderer.
Ein Hadith lautet:

„Wer auch immer einen Baum pflanzt und ihn sorgfältig pflegt, bis er reif ist und Früchte trägt, wird belohnt werden."

Im Islam gilt: Je mehr einer besitzt, umso mehr sollte er dafür Sorge tragen, dass sein Besitz richtig verwendet wird. Dies ist eine große Verantwortung, denn am Tag des Gerichts werden alle Muslime von Gott danach befragt, wie sie mit der Erde umgegangen sind. Diejenigen, die Gottes Gaben verschmutzt oder missbraucht haben, dürfen den Himmel nicht betreten. Muslime müssen daran mitwirken, Verschmutzungen vorzubeugen oder zu beseitigen und die Ressourcen der Erde zu bewahren. Das ist die **gemeinsame Verantwortung der Umma**, der Gemeinschaft der Muslime.

Der Prophet Mohammed selbst setzte ein Vorbild für die **rücksichtsvolle Behandlung von Lebewesen**. Alle Tiere und Insekten sind ein Teil von Gottes Schöpfung – egal, wie groß oder wie klein sie sind. Er sprach oft davon, Bäume zu pflanzen und Gärten anzulegen, von denen Tiere, Vögel und Menschen Nutzen hätten. In den Hadithen gibt es viele Beispiele dafür, wie der Prophet Verschwendung vermied, freundlich zu Tieren war und die Erde achtete. Alle Muslime sollen seinem Beispiel folgen.

Fasse die Lehre des Islam zur Schöpfung zusammen. Welche Verantwortung haben Muslime ihr gegenüber?

Wie sollen Muslime Tiere behandeln?

Im muslimischen Glauben ist es verboten,

- Tiere zu töten, mit Ausnahme der Fleischgewinnung,
- Tiere als Ziel für Schießübungen zu benutzen,
- Schau-Tierkämpfe durchzuführen,
- Tiere vor anderen Tieren zu töten
- und Tiere zu quälen.

Zusammenfassung

- *Die Muslime glauben, dass die Welt durch Gott erschaffen wurde. Für sie ist seine gesamte Schöpfung eine Einheit.*
- *Die Menschen sind dafür verantwortlich, das Gleichgewicht in der Natur zu bewahren.*
- *Sollten die Lehren des Korans mit der Wissenschaft in Konflikt geraten, so ist dem Koran zu folgen.*
- *Die Gemeinschaft der Muslime ist für die Welt, in der sie leben, verantwortlich. Sie sollen sich aktiv für ihre Umwelt einsetzen.*

Die Verantwortung, die Erde zu bewahren, hat Gott den Menschen übertragen.

© Verlag an der Ruhr – Postfach 10 22 51 – 45422 Mülheim an der Ruhr – www.verlagruhr.de – ISBN 978-3-8346-0080-6

Judentum

In jüngerer Zeit wurden große Anstrengungen unternommen, um das Land Israel zu „begrünen". Um dabei mitzuhelfen, ließen Juden aus aller Welt zu besonderen Anlässen einen Baum pflanzen.

Im folgenden Abschnitt erfährst du etwas über diese Themen:

1 Der Ursprung der Welt und des menschlichen Lebens

2 Die Stellung des Menschen in der Welt

3 Die Stellung der Tiere in der Welt

4 Jüdische Antworten auf Umweltprobleme

1 Der Ursprung der Welt und des menschlichen Lebens

Der sorgfältige Umgang mit dem Land

Die heiligen Schriften der Juden, insbesondere die Tora, betonen die Wichtigkeit, sorgfältig mit der Welt umzugehen, die Gott erschaffen hat. Juden und Christen gemeinsam ist der **Schöpfungsbericht** im ersten und zweiten Kapitel der **Genesis.** In diesem Bericht wird hervorgehoben, dass einzig und allein Gott es war, der die Welt erschuf, und dass er zufrieden mit seiner Schöpfung war.

Die heiligen Schriften der Juden unterstreichen die Notwendigkeit, dass die Menschen sich um das Land, das Gott ihnen gegeben hat, kümmern. Die Juden waren ein Agrarvolk, dem das Land alles gab, was es brauchte – solange sorgfältig damit umgegangen wurde. Sie waren auch ein Nomadenvolk, das das Land in einem guten Zustand zurückließ, wenn es weiterzog. Die Tora fordert deshalb, dass das Ackerland in Israel jedes siebte Jahr ein Jahr lang nicht bestellt wird, damit es sich erholen kann. Diese Forderung stand in Zusammenhang mit der jüdischen Feier des Sabbats, an dem der Mensch ausruhen sollte, so wie Gott es nach den sechs Schöpfungstagen getan hatte.

Auch andere Gesetze in Israel zielten auf einen schonenden Umgang mit dem Land, von dem das Volk abhängig war. Zum Beispiel durften von einem Baum keine Früchte geerntet werden, der weniger als zwei Jahre alt war. Und erst im vierten Jahr, nachdem ein Baum gepflanzt worden war, durfte er verkauft werden. Heute werden in Israel von Juden aus aller Welt bei Festen, wie Hochzeiten oder **Bar Mitzvah** (die Zeremonie, an der ein jüdischer Jugendlicher seine Religionszugehörigkeit erhält), Bäume gepflanzt.

Gottes Schöpfung ist gut

Rabbiner, also jüdische Gelehrte, haben immer hervorgehoben, dass der Schöpfungsbericht der Genesis betont, dass Gottes Werk „gut" ist. Der einzige Teil der Schöpfung, der nicht auf diese Weise beschrieben wird, ist die Erschaffung des Menschen. Bei all seinen Handlungen soll der Mensch immer über die Folgen seines Tuns für die Umwelt nachdenken. Auch wenn ein Kampf ausgetragen werden muss, muss auf das Land geachtet werden. Die Tora verlangt, dass auf die Bäume, die um eine belagerte Stadt wachsen, größte Rücksicht genommen wird: Die Soldaten dürfen die Früchte dieser Bäume zwar essen, aber die Bäume selbst nicht zerstören.

Warum wurde den Juden befohlen, jedes Feld ein Mal in sieben Jahren brachliegen zu lassen?

Was denkst du: Wäre es für Landwirte heute sinnvoll, ein Feld ein Jahr in sieben Jahren nicht zu bestellen, damit es sich erholen kann?

2 Die Stellung des Menschen in der Welt

Der Mensch

Aus dem ersten jüdischen Schöpfungsmythos geht hervor, dass zuerst das Universum und die Welt erschaffen wurden, dann folgten die Pflanzen, die Bäume und Lebewesen. Am sechsten und letzten Schöpfungstag erschuf Gott den ersten Mann und die erste Frau. Der zweite Schöpfungsbericht behandelt vor allem die Erschaffung von Mann und Frau und ihr Dasein im vollkommenen Garten Eden, in den Gott sie setzte. Obwohl in den jüdischen Schriften der Himmel, der Mond und die Sterne den Ruhm Gottes verkünden und der Mensch im Vergleich mit der Großartigkeit von Gottes Schöpfung recht unbedeutend erscheint, werden **Mann und Frau** zweifellos als der **Höhepunkt von Gottes Schöpfung** angesehen. Vor allem ist es die Schwachheit der Menschen, die sie so bedeutend macht: Für Gott sind sie nur unwesentlich geringer als die Engel. Die Menschen wurden von Gott dazu berufen, eine einzigartige Rolle in der Schöpfung zu spielen.

3 Die Stellung der Tiere in der Welt

Im ersten Schöpfungsmythos (Gen 1, 26-28) wurde dem Menschen die Macht verliehen, zu *„herrschen über die Fische des Meeres, die Vögel des Himmels und über alle Tiere, die sich auf dem Land regen"*. Im zweiten Schöpfungsbericht (Gen 2, 19-20) brachte Gott alle Lebewesen zum ersten Menschen und befahl ihm, ihnen einen Namen zu geben. Die Namensgebung war in alter Zeit ein Ausdruck dafür, die Dinge und Lebewesen zu beherrschen. Der Besitz von Tieren war für jeden Juden sehr wichtig, da sie sich vor allem durch die Arbeit auf dem Feld mit Nahrung versorgten. Aus diesem Grund mussten ihre Tiere auch angemessen behandelt werden. So durften die Juden beispielsweise ihren Ochsen beim Dreschen keinen Maulkorb anlegen, weil dies als grausam galt (Dt 25,4).

Der vielleicht wichtigste Hinweis darauf, was Gott von den Juden in Bezug auf die Behandlung der Tiere erwartet, findet sich in den Zehn Geboten, insbesondere in dem Gebot, das die Einhaltung des Sabbat betrifft. Alle Menschen sollten an einem Tag in der Woche alle Arbeit ruhen lassen. Dieses Verbot von Arbeit am Sabbat bezog auch die Sklaven ein – und die Tiere (Dt 5, 12-14). Namentlich erwähnt werden Ochse und Esel.

Dennoch führte der respektvolle Umgang mit den Tieren bei den Juden nicht zu gefühlsmäßigen Bindungen. Es gibt keine jüdische Tradition des Vegetarismus. Tiere wurden auch als Opfer im Tempel getötet, weil man glaubte, dass Blut die Sünden der Menschen abwäscht. Allerdings wurden strenge Regeln festgelegt, um den Tötungsvorgang für das Tier so schmerzlos wie möglich durchzuführen. Bis zur Zerstörung des Tempels durch die Römer im Jahre 70 n.Chr. war die Opferbringung ein sehr wichtiger Bestandteil der jüdischen Religion. Danach wurden Tieropfer nie wieder eingeführt. An Stelle des Tempels wurden die örtlichen Synagogen zum Zentrum der jüdischen Gemeinschaft.
Der Mangel an gefühlsmäßiger Bindung zeigt sich auch in der jüdischen Einstellung zu Tierversuchen für medizinische Zwecke. Die Juden dulden nichts, was unnötige Grausamkeit gegenüber Tieren zur Folge hat. Gleichzeitig aber gestehen sie zu, dass solche Experimente manchmal notwendig sind, um medizinische Fortschritte zu erreichen. In der Welt, die Gott erschaffen hat, sind Menschen viel wichtiger als Tiere.

Die Juden glauben, dass Gott von ihnen erwartet, dass sie Tieren mit Respekt begegnen.

4 Jüdische Antworten auf Umweltprobleme

Die jüdische Religion lehrt, dass die Welt Gott gehört und dass die Menschen mit der Aufgabe beauftragt wurden, sie an seiner Stelle sorgfältig zu bewahren. Nach jüdischem Glauben beinhaltet die Verantwortung, die der Menschheit übertragen wurde, dass die Menschen mit den Ressourcen der Erde weise und ohne unnötige Verschwendung umgehen müssen. Darin liegt ein **„grüner" Lebensentwurf.** Die Betonung liegt auf der Bewahrung der Umwelt und der Wiederverwertung der Dinge.

Tu Bischwat und Sukkot

Religiöse Feste sind ein wichtiger Teil des jüdischen Lebens. Insbesondere zwei Feste zeigen einen deutlichen Bezug zur Umwelt.

Tu Bischwat: Dieses speziell jüdische Fest bringt den Respekt der Juden vor dem Land und seinen Bäumen zum Ausdruck. Zu Beginn des landwirtschaftlichen Jahres werden in Israel Bäume in den Gegenden gepflanzt, in denen sie am meisten benötigt werden. Die Juden akzeptieren zwar, dass Bäume für Bauvorhaben gefällt werden müssen, aber sie bestehen auch darauf, dass gefällte Bäume in jedem Fall wieder ersetzt werden. Dieses Fest gewann seit der Gründung des Staates Israel im Jahre 1948 an Bedeutung. Seitdem wurden zahlreiche Versuche unternommen, die Wüstengebiete des Staates fruchtbar zu machen.

Sukkot: Dieses Fest – das Laubhüttenfest – fällt in die Herbstmonate. Viele Juden bauen sich in ihrem Garten oder außerhalb der Synagoge eine Hütte. Während des Festes essen und schlafen die Familien in diesen Hütten. Die Dächer werden aus belaubten Zweigen hergestellt, durch die man den Himmel sehen kann. Der Aufenthalt in ihren Hütten erinnert die Juden daran, dass sie von Gott und seiner Schöpfung abhängig sind.

Migrash

Beim Bau von Städten und Gebäuden müssen die Juden einem in den Schriften festgelegten Prinzip folgen, das **„Migrash"** genannt wird. Dieses Prinzip bestimmt, dass ein Stück freien Landes um jede Stadt erhalten bleiben muss, das in keiner Weise genutzt werden darf – nicht einmal zum Anbau von Getreide. Dadurch soll sichergestellt werden, dass jeder in einer angenehmen Umgebung mit Platz für Erholung leben kann. Der Talmud geht noch einen Schritt weiter, indem er bestimmt, dass der Migrash von einem Kreis mit Obstbäumen umgeben sein sollte. Dadurch soll der Lebensraum der Menschen so angenehm wie möglich gestaltet werden.

Während des Laubhüttenfestes (Sukkot) verbringen die Juden einige Zeit in den selbsterrichteten Sukkah (Laubhütten).

Der Jüdische Nationalfonds

Viele jüdische Privathaushalte und Geschäfte zeigen ihre Unterstützung für die Umwelt, indem sie mit Hilfe der blauen Büchsen des **Jüdischen Nationalfonds Spenden** sammeln. Diese weitverbreiteten Büchsen wurden erstmals 1904 eingesetzt. Mit dem gesammelten Geld wurden fast 13 % des gesamten Landes in Israel gekauft. Ein großer Teil des Geldes wurde außerdem dafür verwendet, in dem Land Bäume zu pflanzen. In den letzten Jahren wurde der Schwerpunkt allerdings vor allem auf die Versorgung mit Trinkwasser und auf die Bewässerung des Landes gelegt.

Warum war es für die Juden im alten Israel so wichtig, ihre Tiere schonend zu behandeln? Was erwartete Gott von den Juden im Umgang mit Tieren? Was erfahren wir aus den jüdischen Schriften darüber?

Erkläre, was „Migrash" bedeutet und warum es ein wichtiges Prinzip im alten Israel war.

Was ist der Jüdische Nationalfonds? Erkundige dich über einige seiner Aktivitäten.

Viele jüdische Geschäfte und Privatpersonen unterstützen die Umwelt, indem sie Spenden für die Umwelt sammeln.

Zusammenfassung

- *Juden und Christen ist der Schöpfungsbericht gemeinsam, in dem der Mensch eine besondere Stellung einnimmt. Allerdings gibt es in bestimmten Punkten auch Unterschiede.*
- *Die Menschen wurden von Gott damit betraut, die Welt sorgsam zu pflegen. Das bedeutet, dass sie die Umwelt in besonderer Weise bewahren sollen.*
- *Die heiligen Schriften der Juden betonen die Pflicht, sich um das von Gott gegebene Land zu kümmern.*
- *Einige jüdische Feste stehen in engem Zusammenhang mit der Umwelt.*

Wie erklären die Religionen den Ursprung der Welt und des Lebens? Wie wird dieses von der Wissenschaft erklärt?

Die Anhänger der Weltreligionen gehen unterschiedlich mit dem Widerspruch zwischen religiösen Lehren und wissenschaftlichen Erkenntnissen um. Beschreibe, wie sie das tun.

Welches Verhalten wird von Gläubigen gegenüber Tieren und Pflanzen eingefordert?

Empfehlenswerte Literatur und Links

Literatur

Michael Keene:
Was Weltreligionen zu Alltagsthemen sagen.
Aktuelle Probleme aus der Sicht von Christen, Juden und Muslimen.
Verlag an der Ruhr 2005.
ISBN 978-3-86072-989-2

Katrin Schüppel:
Wie unsere Erde entstanden ist.
Verlag an der Ruhr 2006.
ISBN 978-3-8346-0017-2

Gerhard Staguhn:
Die Suche nach dem Bauplan des Lebens. Evolutionstheorien, Gentechnik, Gehirnforschung.
dtv 2005.
ISBN 978-3-423-62238-7

Gerhard Staguhn:
Die Rätsel des Universums.
dtv 2001.
ISBN 978-3-423-62079-6

Links

www.sonnenwen.de
Informationen rund um das Sonnensystem, die Sonne und die Planeten.

www.bpb.de/themen/Z5YLJG,0,0,Religion_und_Gesellschaft.html
Bundeszentrale für politische Bildung mit Beiträgen zum Thema Religion und Gesellschaft, Religion und Politik, die Haltung der Religion zur Globalisierung und vieles mehr.

www.die-religionen.net/schöpfungsgeschichte.html
Auf dieser Webseite werden die großen Weltreligionen und ihre Haltung zu wissenschaftlichen Erkenntnissen vorgestellt.

www.greenpeace.de
Homepage der Umweltorganisation Greenpeace mit aktuellen Nachrichten, Literaturtipps und Pressemeldungen. Greenpeace ist eine Organisation, die auf weltweite Umweltprobleme hinweist, Lösungen entwickelt und versucht diese umzusetzten.

www.robinwood.de
Informationen der internationalen Umweltorganisation Robin Wood mit Umweltthemen zu Tropenwald, Energie, Papier und Verkehr sowie Infos über Aktionen, Newsletter, Pressemitteilungen etc.

Kapitel 4

Der Tod und das Leben nach dem Tod

Einführung

Die Vorstellung, dass nach ihrem Tod nichts von ihnen bleibt, ist für viele nicht fassbar.

Alle Menschen, ob gläubig oder nicht, leben in der Ungewissheit, was mit ihnen geschieht, wenn sie sterben. Der Mensch sehnt sich nach Unendlichkeit, und der Glaube an Gott stellt eine Möglichkeit dar, auf diese Unendlichkeit zu hoffen.

Allen Weltreligionen ist der Glaube daran gemein, dass es ein **Weiterleben nach dem Tod** gibt. Atheisten gehen im Gegensatz dazu davon aus, dass die Existenz des verstorbenen Menschen mit dem Tod beendet wird. Sowohl der Körper als auch der spirituelle Teil des Menschen – der „Geist" oder die „Seele" – sterben. Der Mensch lebt nur als Objekt, zum Beispiel als Erinnerung seiner Umwelt weiter. Gläubige Menschen lehnen diese Betrachtungsweise ab. Die Vorstellung, dass nach ihrem Tod nichts von ihnen bleibt, ist für viele nicht fassbar.

In bestimmten Religionen wird der Tod als die Belohnung oder Bestrafung des Lebens verstanden: Der Mensch muss in seinem Leben reifen und sich bewähren. Nach dem Tod verlässt das Individuum den Seinszustand auf der Erde und wird für seine Taten gerichtet: Zur Belohnung für sein gutes Leben kommt er in den **Himmel**, als Bestrafung für sein lasterhaftes Dasein in die **Hölle**. Diese Ansicht ist bei den so genannten westlichen Religionen – dem Christentum, dem Islam und dem Judentum – zu finden.

Andere Religionen – die östlichen Religionen wie der Hinduismus und der Buddhismus – glauben an das **ewige Weltgesetz**, auch **Karma** genannt, und an die **Seelenwanderung**. Die Seele kann danach im nächsten Leben in jedem Geschöpf, egal ob Mensch oder Tier, weiterleben. Jede in diesem Leben ausgeführte Handlung wird das Schicksal des Lebewesens des nächsten Lebens bestimmen. Tut man also in diesem Leben Gutes, dann wird es einem in dem folgenden Leben gut gehen. Nach diesem Glauben besitzen alle Lebewesen Seelen, die bereits seit einer Ewigkeit existieren, die aber nach jedem Ableben die äußeren Hüllen, also die Körper, wechseln. Im Buddhismus kann man allerdings – im Gegensatz zum hinduistischen Glauben – aus dem Kreislauf der Wiedergeburten ausbrechen. Die Seele geht dann in das **„Nirwana"** ein, das den Zustand der vollendeten Seelenruhe beschreibt.

Christentum

Im folgenden Abschnitt erfährst du etwas über diese Themen:

1 Die christliche Vorstellung von Körper und Seele
2 Die Christen und das Leben nach dem Tod
3 Gott, der Richter
4 Christliche Bestattungen

Die Christen sind davon überzeugt, dass der Mensch aus Körper und Seele besteht.

1 Die christliche Vorstellung von Körper und Seele

Alle größeren Religionen vertreten die Überzeugung, dass der Mensch mehr ist als nur ein physikalischer Körper. Er ist auch ein spirituelles Wesen, das mit den Begriffen „**Geist**" oder „**Seele**" beschrieben wird. Auch wenn der Körper und die fünf Sinne bei der Ausübung des religiösen Glaubens eine gewisse Rolle spielen, betrifft der Glauben vor allem den Geist des Menschen.

Die christliche Überzeugung, dass jeder Mensch aus **Körper und Seele** besteht, hat ihren Ursprung im Schöpfungsbericht der Genesis. Darin wird berichtet, dass der Mensch nach dem „**Abbild Gottes**" geschaffen wurde. Das deutet darauf hin, dass etwas vom Wesen Gottes auf den Menschen übergegangen ist. Die Christen waren immer davon überzeugt, dass es die Seele ist, durch die sich die Menschen von der übrigen Schöpfung unterscheiden. Der Mensch besteht aus Körper und Seele. Tiere haben nur einen Körper.

So beschreibt die Bibel das spirituelle Wesen des Menschen:
„ ... Da formte Gott, der Herr, den Menschen aus Erde vom Ackerboden und blies in seine Nase den Lebensatem. So wurde der Mensch zu einem lebendigen Wesen."
Gen 2,7

Die frühen Christen

Die frühen Christen waren fast alle Juden. Sie hielten aber auch als Christen noch an dem jüdischen Glauben fest, dass der Körper nach dem Tod zerfalle und nur die Seele weiterlebe. Die Seele kann nicht sterben, sie ist unsterblich. Der berühmteste der frühen Gläubigen war Paulus. Durch seine Schriften und Predigten prägte Paulus in weiten Teilen die Glaubensvorstellungen der frühen Christen. In seinen Briefen berichtete Paulus auch über den Konflikt des Menschen zwischen dem körperlichem Verlangen des Menschen (Körper oder Fleisch) einerseits und seiner geistigen Natur (Seele oder Geist), die er in sich spürte, andererseits.

Im Brief an die Römer merkte Paulus zu diesem Konflikt an:

„Denn alle, die vom Fleisch bestimmt sind, trachten nach dem, was dem Fleisch entspricht, alle die vom Geist bestimmt sind, nach dem, was dem Geist entspricht."
Röm 8,5

Für Paulus war das bedeutendste Ereignis der Geschichte die Auferstehung Jesu. Diese geschah durch die Macht Gottes, der Jesus kurz nach seinem Tod am Kreuze wieder zum Leben erweckte. Die Christen glauben, dass ihre eigene Auferstehung vom Tod durch die Auferstehung Jesu gewährleistet ist.

Wie stellen sich die Christen den Ursprung der Seele vor?

Was könnte mit dem „Konflikt zwischen Körper und Seele" gemeint sein? Fällt dir ein Beispiel dazu ein?

Was denkst du, was die „Seele" ist? Informiere dich darüber, wie die Seele noch beschrieben wird.

2 Die Christen und das Leben nach dem Tod

Aus den Evangelien erfahren wir, dass der Körper Jesu nach seinem Tod am Kreuz von Gott wieder zum Leben erweckt wurde. Sein neuer Körper aber war nicht derselbe wie der vor seinem Tod. Die Menschen konnten ihn zwar noch erkennen, aber er konnte nach Belieben verschwinden und wieder erscheinen.

Paulus glaubte, dass die **Auferstehung Jesu die Garantie** dafür sei, dass alle Gläubigen vom Tod erweckt würden. Diese christliche Ansicht vom Leben nach dem Tod vereint zwei unterschiedliche Glaubensinhalte:

- **Die Auferstehung des Leibes**. Nach christlicher Überzeugung bleibt der Körper eines jeden Gläubigen bis zum Ende der Welt im Grab. Am Ende der Welt wird jeder Mensch wieder zum Leben erweckt. Der Körper eines jeden Christen wird auf irgendeine Weise auferstehen.
- **Die Unsterblichkeit der Seele**. Ein weiterer christlicher Grundsatz ist der Glaube daran, dass nach dem Tod eines Menschen seine Seele weiterlebt, weil sie unsterblich ist. Allerdings ist es wichtig, festzuhalten, dass die Christen nicht an eine Reinkarnation oder Wiedergeburt glauben.

Der Himmel

Die Christen unterscheiden sich in ihren Ansichten über das Leben nach dem Tod. Alle Christen glauben zunächst daran, dass dieses Leben einen Sinn hat, dass es geheiligt ist und dass es von niemandem zerstört werden darf. Aber es gibt zwei deutlich unterscheidbare christliche Anschauungen zum Tod und zum Leben nach dem Tod:

1. Die protestantische Sichtweise

Wenn ein Mensch stirbt, dann liegt er bis zum Ende der Welt in seinem Grab. Am Ende der Welt wird Gott jeden auferwecken und es folgt das **Gericht Gottes**. Jeder, ob Christ oder Nichtchrist, wird sich diesem Gericht stellen müssen. Die Menschen, die zu Lebzeiten gut waren, werden belohnt und kommen in den Himmel, die schlechten Menschen aber werden bestraft und kommen in die Hölle.
Die Protestanten glauben daran,

- weil es der heilige Paulus in Kor 1,15 geschrieben hat, wo er über die Auferstehung spricht.
- weil der Leib Jesu vom Tod auferstanden ist.

Am Ende der Welt folgt das Gericht Gottes.

Andere Protestanten wiederum glauben, dass nach dem Tod die Seele sofort in den Himmel kommt. Sie glauben daran,

- weil Jesus dies zu einem der Diebe sagte, die mit ihm am Kreuze starben – *„heute wirst du mit mir ins Paradies eingehen …"*.
- weil die Seele vom Körper getrennt wird.

2. Die römisch-katholische Sichtweise

Die katholischen Christen glauben, dass nach dem Tod die Seele der sehr guten Christen belohnt wird und sofort in den Himmel kommt, während die anderen Christen bestraft werden und ins **Fegefeuer** müssen, um für ihre Sünden zu büßen. Nur sehr wenige Menschen haben so gut gelebt, dass sie direkt in den Himmel kommen. Die meisten müssen eine gewisse Zeit der **Reinigung und Läuterung** durchlaufen. Die katholische Kirche ist davon überzeugt, dass die Zeit im Fegefeuer verkürzt werden kann, wenn die auf der Erde Zurückgebliebenen für die Sünder im Fegefeuer beten. Dann, am Ende der Welt, wird jeder vom Tod auferweckt und kommt entweder in den Himmel oder in die Hölle. Diejenigen, die im Fegefeuer waren, werden dann genug geläutert sein, um in den Himmel zu kommen. Im Kirchenkalender ist der November der Monat, in dem für die Seelen im Fegefeuer gebetet wird. Die Katholiken glauben daran,

- weil dies die Lehre der römisch-katholischen Kirche ist.
- weil es zu dem zu passen scheint, was Jesus und Paulus lehrten, obwohl keiner von beiden je das Fegefeuer erwähnte.

Christen glauben, dass „gute" Menschen nach ihrem Tod in den Himmel kommen.

Die Hölle

Wie viele andere Juden zu seiner Zeit, glaubte auch Jesus an die Hölle und machte sich über sie Gedanken. In einem seiner berühmtesten Gleichnisse sprach Jesus von der Zeit, in der er auf die Erde zurückkommen werde und sich alle Menschen vor ihm versammeln müssten. Dann werde er sie in „Schafe" (diejenigen, die für den Himmel bestimmt sind) und „Böcke" (diejenigen, die für die Hölle bestimmt sind) unterteilen. Du kannst dieses Gleichnis selbst bei Mt 25, 31-46 nachlesen.

Die Christen des Mittelalters und noch darüber hinaus glaubten fest an die Hölle als einen **Ort der Qualen und der Bestrafung** für alle Ungläubigen. Dieser Glaube wird auf vielen Gemälden aus jener Zeit sichtbar. Nur sehr wenige Christen glauben heute an die Bestrafung in der Hölle, da diese Vorstellung im Widerspruch zu ihrer Überzeugung von einem liebenden und gnädigen Gott zu stehen scheint.

Obwohl die meisten Christen heute auch eine Feuerbestattung akzeptieren, bevorzugen viele auf Grund ihres Glaubens an eine Wiederauferstehung des Leibes eine Erdbestattung.

Die Christen und der Himmel

- Der Ort, wo Gott ist.
- Hier herrscht kein Leiden.
- Die Seele wird weiterleben.
- Der Leib wird zum Leben erweckt werden.
- Alle Freunde und Verwandte werden vereint sein.

Welches sind die Unterschiede des protestantischen und des katholischen Glaubens an ein Leben nach dem Tod?

Wie wird dieser Glauben vom Leben nach dem Tod begründet? Worauf können die Gläubigen sich beziehen?

Beschreibe die christlichen Vorstellungen von
a. Himmel,
b. Hölle,
c. Fegefeuer.

3 Gott, der Richter

Die Christen glauben, dass Gott alle Menschen erschaffen hat. Während ihrer Zeit auf Erden empfangen sie von Gott Liebe, Barmherzigkeit und Gnade. Nach dem Tod aber werden sie vor Gott, ihrem Richter, stehen. Wir haben bereits die Parabel von den Schafen und Böcken erwähnt (Mt 25, 31-46), ein Gleichnis, mit dem Jesus seinen Anhängern verdeutlichen wollte, dass sie eines Tages für ihre Taten auf Erden **Rechenschaft ablegen** müssen. Schaue dir die Fragen in dem Kasten an. Diese wird Gott, laut dem Gleichnis, stellen.

Die Christen glauben an einen liebenden Gott, der für die Möglichkeit der Vergebung gesorgt hat, wenn sie einst am Tag des Gerichtes vor ihm stehen. Vergebung erhalten sie durch ihren Glauben an Jesus, der für sie gestorben und wieder auferstanden ist. Im Johannesevangelium ist zu lesen:

Die Schafe und die Böcke

Haben sie dem Hungrigen zu essen gegeben?

Haben sie dem Durstigen Wasser gegeben?

Haben sie den Fremden in ihr Haus aufgenommen?

Haben sie den Nackten bekleidet?

Haben sie sich um den Kranken gekümmert?

Haben sie den Gefangenen in seiner Zelle besucht?

„Denn Gott hat die Welt so sehr geliebt, dass er seinen einzigen Sohn hingab, damit jeder, der an ihn glaubt, nicht zu Grunde geht, sondern das ewige Leben hat. ... Wer an ihn glaubt, wird nicht gerichtet ...“

Joh 3, 16-18

4 Christliche Bestattungen

Die christliche Lehre besagt also, dass der Tod nicht das Ende ist, und die Seele ewig weiterlebt. Die Christen glauben, dass der Körper eines jeden Gläubigen am Ende der Zeit auferweckt wird, um an Jesus eigenem Sieg über den Tod teilzuhaben. Dieser Glaube ist der Kern eines jeden christlichen Bestattungszeremoniells.

Eine orthodoxe Bestattung

- Unmittelbar, nachdem ein Mensch gestorben ist, wird der Körper des Toten gewaschen, neu eingekleidet und in einen offenen Sarg im vorderen Teil der Kirche gelegt. Der Sarg bleibt während des ganzen Gottesdienstes geöffnet.
- Das Unglück des Tods wird begleitet von der Hoffnung auf Auferstehung. Diese Hoffnung wird durch die Kerzen, die während des ganzen Gottesdienstes brennen, und durch die Beweihräucherung des Sarges symbolisiert.
- Die Lesungen aus der Bibel betonen die Auferstehung vom Tod und die von allen Gottgläubigen geteilte Hoffnung, dass der Tod nicht das Ende ist.

Ein Kontakion ist eine besondere Hymnendichtung der orthodoxen Kirche. Ein Kontakion, das bei Bestattungsgottesdiensten verwendet wird, enthält die Worte:

„Gib Frieden, o Christ, allen deinen Dienern mit deinen Heiligen. Wo es keine Trauer und keinen Schmerz mehr gibt und kein Seufzen, sondern immerwährendes Leben. Du allein, der Schöpfer und der Erschaffer der Menschen, bist unsterblich, wir aber sind sterblich geboren aus der Erde und zur Erde werden wir zurückkehren, alle werden wir zu Staub zerfallen.“

Eine katholische Bestattung

- Der Sarg wird am Abend vor der Bestattung in die Kirche gebracht, damit Gebete für die Seele des Verstorbenen gesprochen werden können. Die Katholiken glauben an die Wirkung des Gebetes, um den Aufenthalt der Verstorbenen im Fegefeuer zu verkürzen. Diesen Glauben teilen die Protestanten nicht.

- Der Priester trägt bei der Totenmesse ein weißes Gewand. Diese Farbe symbolisiert das Leben nach dem Tod und die Auferstehung des Leibes.
- Der Priester benetzt den Sarg bei der Totenmesse mit Weihwasser. Dabei spricht er die Worte:

„Ich bin die Auferstehung und das Leben. Wer an mich glaubt, wird leben, auch wenn er stirbt."
Joh 11,25

Im Verlauf der Totenmesse wird außerdem folgendes Gebet gesprochen:

„Der ewige Friede sei mit ihm, o Herr, und das ewige Licht leuchte ihm."

Christen glauben fest daran, dass der Tod nicht das Ende ist, sondern der Beginn des ewigen Lebens.

Eine nonkonformistische Bestattung

- Zur Totenfeier gehören Hymnen, Gebete, Lesungen aus der Bibel und eine kurze Lobrede auf den Verstorbenen.
- In der Kirche findet ein kurzer Gottesdienst statt, dem sich ein weiterer im Krematorium oder am Grab anschließt (das so genannte **„committal"**). Dabei wird der Leichnam entweder ins Grab gesenkt oder den Flammen übergeben und wird somit der Obhut Gottes anvertraut.

Zusammenfassung

- *Es gibt zwei unterschiedliche Sichtweisen in Bezug auf den Tod und das Leben nach dem Tod: die protestantische Sichtweise und die römisch-katholische Sichtweise.*
- *Die Christen glauben, dass sie nach dem Tod vor Gott als ihrem Richter stehen werden.*
- *Zwischen der Seele und dem menschlichen Körper besteht ein Konflikt. Nach dem Tod werden beide wieder miteinander vereint sein.*
- *Orthodoxe, katholische und nonkonformistische Bestattungen unterscheiden sich im Ablauf der Beerdigungsfeier voneinander.*

Diese Worte gehören zum Trauergottesdienst der Vereinigten Reformierten Kirche, ähnliche Worte werden in anderen protestantischen Feiern verwendet:

„Da es dem allmächtigen Gott in seiner großen Gnade gefallen hat, die Seele unseres lieben Bruders, der von uns gegangen ist/unserer lieben Schwester, die von uns gegangen ist, zu sich zu rufen, übergeben wir seinen/ihren Leib der Erde: Erde zu Erde, Asche zu Asche, Staub zu Staub. In der sicheren und unerschütterlichen Hoffnung auf Auferstehung zum ewigen Leben durch unseren Herrn Jesus Christus."

Welche Überzeugungen haben Christen von einem Leben nach dem Tod?
Wie kommen diese Überzeugungen in den verschiedenen Bestattungszeremonien zum Ausdruck?

Islam

Im folgenden Abschnitt erfährst du etwas über diese Themen:

1 Der muslimische Glaube von Himmel und Hölle

2 Moralisches Verhalten und Leben nach dem Tod

3 Muslimische Bestattungsrituale

Im Islam glauben die Menschen – ähnlich wie die Christen – an den Tag des Gerichts.

1 Der muslimische Glaube von Himmel und Hölle

Der **Tag des Gerichts**, an dem alle Menschen durch Gott für ihren Lebenswandel zur Rechenschaft gezogen werden, ist eine sehr wichtige muslimische Glaubensvorstellung, die durch den Koran gelehrt wird. Die Ereignisse dieses Tages werden an einem Zeitpunkt stattfinden, den nur Gott kennt. An diesem Tag wird das Leben, wie wir es kennen, enden und eine neue Ordnung beginnen.

Am Tag des Gerichts

- werden alle Gräber sich öffnen.
- werden alle Toten zum Leben erweckt.
- werden alle Menschen vor Gott, ihrem Richter, stehen.
- werden diejenigen, die für Gott im Kampf gefallen sind, direkt in den Himmel, in das Paradies, kommen.
- werden die Taten aller anderen auf einer Waage abgewogen. Gott wird sein Urteil fällen, indem er jedem sein „Buch der Rechenschaft" in die Hand gibt: Wem das Buch in die rechte Hand gegeben wird, der ist gesegnet und gelangt direkt in den Himmel; wem es in die linke Hand gegeben wird, der ist verdammt und kommt in die Hölle.

Der Himmel

Nach dem Gericht werden sowohl die Gerechten als auch die Verdammten über eine schmale Brücke, die Assirat-Brücke, gehen. **Drei Gruppen von Menschen werden in den Himmel gelangen:**

- diejenigen, die barmherzig und gläubig gelebt haben,
- diejenigen, die um Gottes willen verfolgt wurden,
- diejenigen, die um Gottes willen gekämpft haben.

Die Vorstellung vom Himmel mit seinen Flüssen, Pflanzen und Bäumen wird besonders von den Menschen geschätzt, die ihr Leben in Wüstenregionen verbracht haben. Die wahre Freude des Himmels besteht für die Menschen in der ständigen Gegenwart Gottes.

Im Himmel sind ...

... schöne Gärten.

... Ruheplätze.

... fließende Flüsse.

... Teller voller himmlischen Essens.

„Und er soll sein in angenehmem Leben, In hohem Garten, Dessen Trauben nahe. Esset und trinket zum Wohlsein für das, was ihr vorausschicktet in den vergangenen Tagen."
Sure 69, 21-25

Die Hölle

Die „schlechten" Menschen – diejenigen, die verdammt sind – werden von der Assirat-Brücke stürzen und in die Hölle gelangen. Die Qualen der Hölle werden ewig und ohne Unterbrechung dauern. Im Koran wird beschrieben, was den Verdammten passiert:

Der muslimischen Tradition zufolge sind Himmel und Hölle sowohl reale als auch symbolische Orte. Neben den körperlichen Qualen leiden diejenigen, die in die Hölle gelangen, auch unter dem seelischen Schmerz. Die letzte Tat Gottes besteht darin, den Tod abzuschaffen. Die Verdammten werden damit für immer in der Hölle eingeschlossen.

„Diese beiden sind zwei Streitende, die über ihren Herrn streiten. Aber für die Ungläubigen sind Kleider aus Feuer geschnitten; gegossen wird siedendes Wasser über ihre Häupter; Das ihre Eingeweide und ihre Haut schmilzt; und eiserne Keulen sind für sie bestimmt."
Sure 22, 19-20

Was hast du über den Tag des Gerichts erfahren?

Was sagt der Koran, über den Himmel und die Hölle?

Wie unterscheiden sich die Vorstellungen der Muslime von denen der Christen?

2 Moralisches Verhalten und Leben nach dem Tod

Alle Menschen werden also am Tage des Gerichts vor Gott stehen. Jeder Mensch hat nur ein Leben und jeder wird danach beurteilt, wie er dieses Leben gelebt hat. Das Urteil wird sich danach richten, ob und wie gut man sich an folgende **Vorschriften** gehalten hat:

1. An die Lehre von den fünf Säulen des Islams (die Schahada, das Gebet, das Fasten, das Almosengeben und die Pilgerfahrt nach Mekka) und an den übrigen Koran. Vor allem die fünf Säulen sind der größte Prüfstein für die Treue zu Gott.
2. An das Beispiel, das der Prophet Mohammed durch sein Leben gegeben hat.

Diese beiden Maßstäbe geben jedem Muslim eine klare Vorstellung davon, wie er sein Leben nach dem Willen Gottes führen sollte. Sie helfen den Muslimen dabei, die richtigen Entscheidungen für ihr Leben zu treffen.

Aus diesem Grund können sie auch keine Entschuldigung vorbringen, wenn sie am Tage des Gerichts vor Gott stehen.

Wenn Gott über das Schicksal eines Menschen entscheidet, dann wird er nicht nur berücksichtigen, was ein Mensch getan hat, sondern auch das, was er beabsichtigte zu tun. Das folgende **Zitat aus den Hadithen** verdeutlicht dies:

Nach muslimischem Glauben werden am Tag des Gerichts alle Toten zum Leben erweckt.

„Wenn jemand beabsichtigt, etwas Falsches zu tun, und es aber nicht ausführt, dann ist das eine gute Tat.

Wenn jemand beabsichtigt, etwas Falsches zu tun, und es auch ausführt, dann ist das eine schlechte Tat.

Wenn jemand beabsichtigt, etwas Gutes zu tun, und es aber nicht ausführt, weil er nicht dazu in der Lage ist, dann ist das eine gute Tat.

Wenn jemand beabsichtigt, etwas Gutes zu tun, und es auch ausführt, dann wiegt das so schwer wie zehn gute Taten."
Hadith

3 Muslimische Bestattungsrituale

Wenn ein Muslim spürt, dass er sterben wird, dann versucht er, dem Beispiel des Propheten Mohammed zu folgen, indem er betet, dass Gott ihm bei der bevorstehenden Prüfung helfen möge. Muslime glauben fest an die **Auferstehung des Körpers** und an ein **Leben nach dem Tod**. Sie begegnen dem Tod also mit Zuversicht. Sie hoffen außerdem, vor ihrem Tod noch die Schahada beten zu können, damit ihnen ihre Sünden vergeben werden. Jeder Muslim vertraut sich auf dem Sterbebett Gott an.

Der Tod

In jeder Moschee befindet sich ein Raum, in dem die toten Körper auf die Bestattung vorbereitet werden. Unmittelbar nach dem Ableben wird der Körper in der Moschee drei Mal gewaschen, in drei weiße Tücher gewickelt und auf einer Trage zur Bestattungsstelle gebracht.

Der Imam leitet die **Totenfeier** mit den angemessenen Gebeten und fleht den Segen des Propheten Mohammed herab. Die Gebete enthalten die folgenden Worte:

„O Gott, vergib diesem toten Menschen; du, der du der Allerbarmherzigste, der Gnadenreichste bist ...“

Die Trauernden verbringen einige Zeit in stillem Gebet und Meditation und bitten um die **Vergebung der Sünden** des Toten. Die Vergebung ist entscheidend dafür, wo die Toten ihre Ewigkeit verbringen – im Himmel oder in der Hölle.

Die Bestattung

Der Leichnam wird im Grab direkt auf die Erde gelegt. Er ruht dabei auf der rechten Seite, das Gesicht in Richtung **der heiligen Stadt Mekka** gewandt. Männer und Frauen werden niemals in demselben Grab bestattet, außer es ist unvermeidlich. Aber auch dann wird eine Trennung zwischen beiden angebracht. Wenn das Grab mit Erde aufgefüllt ist, sprechen die Trauernden die **al-Fatihah** – die erste Sure des Korans.
Nach muslimischer Überlieferung besuchen zwei Engel das Grab und befragen den Toten nach seiner Eignung für das kommende Leben, um ihn auf den bevorstehenden Tag des Gerichts vorzubereiten. Die Schahada und die al-Fatihah werden deshalb über dem Grab des Verstorbenen gesprochen, um dem Toten dabei zu helfen, die Fragen der Engel richtig zu beantworten.

So lautet die al-Fatihah (die Öffnung):

„Im Namen Allahs, des Erbarmers, des Barmherzigen!
Lob sei Allah, dem Weltenherrn,
Dem Erbarmer, dem Barmherzigen,
Dem König am Tag des Gerichts!
Dir dienen wir, und zu Dir rufen um Hilfe wir;
Leite uns den rechten Pfad,
Den Pfad derer, denen Du gnädig bist,
Nicht derer, denen Du zürnst, und nicht der Irrenden.“

Sure 1, 1-7

Die Trauer

Der Prophet Mohammed weinte, als sein Sohn starb. Darum verspüren Muslime keine Scham, wenn sie um einen Toten weinen. Sie werden durch den Gedanken getröstet, dass die Seele des Verstorbenen zu Gott zurückgekehrt ist und am Tag des Gerichts wieder erweckt wird. Aus diesem Grund ist die Zeit der Trauer kurz. Einige Nächte besuchen Verwandte und Freunde die Hinterbliebenen und wiederholen die Worte, die sie am Grab gesprochen haben. Am Freitag nach der Bestattung besucht die Familie das Grab und legt ein Palmblatt – das Symbol des Friedens – nieder. Anschließend gibt die Familie des Verstorbenen den Armen zu essen. Die **Trauerzeit** erstreckt sich, nach dem Begräbnis, über **vierzig Tage**.

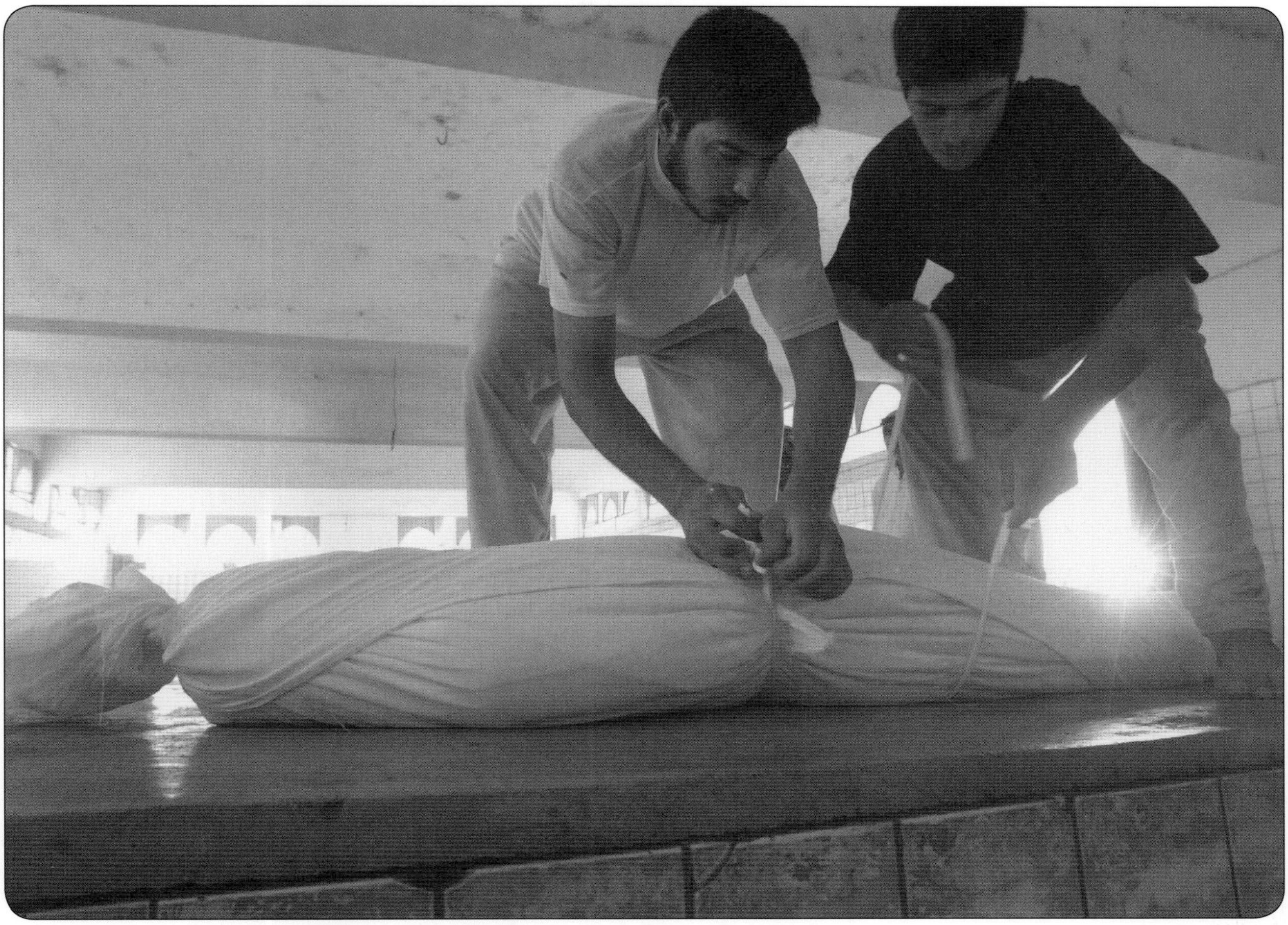

Vor der Bestattung werden die Toten gewaschen und in weiße Tücher gewickelt.

Nach muslimischer Tradition sollten keine Grabsteine, Gedenktafeln oder dergleichen für die Toten errichtet werden, auch wenn diese Vorschrift nicht in allen Teilen der Welt beachtet wird. Was ist der Grund für diese Vorschrift? Kannst du etwas darüber herausfinden, warum manche Muslime diese Vorschrift nicht beachten?

Beschreibe mit deinen eigenen Worten eine muslimische Bestattung. Wie betrauern Muslime einen Toten?

Zusammenfassung

- *Das moralische Verhalten eines Muslims entscheidet über das Urteil, das Gott am Tage des Gerichts über ihn fällen wird. Somit wird entschieden, ob man nach seinem Tod in den Himmel oder in die Hölle kommt.*
- *Muslime glauben fest an ein Leben nach dem Tod.*
- *Die muslimische Bestattung folgt bestimmten Ritualen, so wird der Leichnam in der Moschee drei Mal gewaschen, dann in drei weiße Leinentücher gewickelt und so zur Bestattungsstelle getragen.*
- *Die offizielle Trauer der Muslime über den Tod eines Menschen erstreckt sich über vierzig Tage nach dem Begräbnis.*

Judentum

Im folgenden Abschnitt erfährst du etwas über diese Themen:

1 Die Beziehung zwischen Körper und Seele
2 Der jüdische Glaube an ein Leben nach dem Tod
3 Moralisches Verhalten und Leben nach dem Tod
4 Jüdische Bestattungsrituale

Inschrift eines jüdischen Grabes: Nach jüdischer Auffassung verlässt die Seele beim Tod eines Menschen den Körper.

1 Die Beziehung zwischen Körper und Seele

Als Gott den ersten Mann und die erste Frau erschuf, war es seine Absicht, dass sie ewig leben. Doch durch den Sündenfall im Garten Eden kam auch der Tod in die Welt. Nach jüdischer Vorstellung ist der Mensch **eine Einheit aus Körper und Seele**; beide Teile dieser Einheit brauchen einander – das eine kann ohne das andere nicht leben. Beim Tod eines Menschen verlässt die Seele den Körper. Die Seele kehrt aber wieder in den Körper zurück, wenn dieser von Gott am Tag des Gerichts zum Leben erweckt wird. Juden glauben also an die **Auferstehung**, nicht an eine Reinkarnation (Seelenwanderung).

2 Der jüdische Glaube an ein Leben nach dem Tod

„In dieser Welt halten sich die Menschen an Gebote und sie kennen nicht den Wert dessen, was sie dadurch zu Stande gebracht haben. In der kommenden Welt werden sie erkennen, was sie wirklich erreicht haben."
Midrasch

Anders als andere Religionen hat das Judentum keine klare Vorstellung vom Leben nach dem Tod. Nach jüdischer Auffassung wurden Menschen in die Welt gestellt, um **Arbeiter Gottes** zu sein. Auch der Tod muss aus dieser Sichtweise heraus verstanden werden. Vielleicht ist dabei die Vorstellung hilfreich, dass jeder Mensch auf der Welt ein Schauspieler in einem Theaterstück ist. Die Schauspieler treten aus den Kulissen auf die Bühne (die Welt) und spielen für eine Weile ihre verschiedenen Rollen und ihre Charaktere. Sie erhalten allerdings keine Regieanweisungen, sondern entwickeln im Laufe des Stückes selbstständig ihre Rollen. Dabei wirken sie mit den anderen Akteuren zusammen. Wenn ein Schauspieler die Bühne betritt, bekommt er ein Drehbuch ausgehändigt. Nur wenn er in diesem Drehbuch nachschlägt, kann er herausfinden, warum er überhaupt auf der Bühne ist und was man dort von ihm erwartet. Zu seiner Zeit wird jeder Schauspieler von der Bühne gerufen und beurteilt. Je nach der Qualität seiner Darbietung auf der Bühne wird er belohnt oder bestraft.

So sehen die Juden das Leben nach dem Tod:

1. Der Tod ist die direkte **Folge des Sündenfalls** der ersten beiden Menschen im Garten Eden. Zuvor waren sie unsterblich. Nach ihrer Sünde aber kam der Tod in die Welt und wurde zum unausweichlichen Schicksal eines jeden Menschen.
2. In den jüdischen Schriften erwartet den Menschen nach dem Tod Scheol. Scheol ist die hebräische Bezeichnung für das Jenseits. **Scheol** ist nicht, wie die Hölle, ein Ort der Qual und der Verdammnis. Hier gehen die Seelen aller ein.
3. Spätere Vorstellungen des jüdischen Glaubens vom Tod laufen darauf hinaus, dass der Tote erwachen wird und sich vor dem Gottesgericht wiederfindet. Die Guten kommen ins Paradies, während die Schlechten in die **Gehenna**, die Hölle, kommen.

3 Moralisches Verhalten und Leben nach dem Tod

Die Vorstellung, dass jeder Mensch einst vor dem Gericht Gottes stehen wird, findet in den jüdischen Schriften nur ein einziges Mal Erwähnung (Dan 12,2). Gleichzeitig wird jedoch auch eine Vorstellung erwähnt, die eine gewisse Ähnlichkeit mit dem **hinduistischen Karma** hat. Danach häuft der Mensch während seines Lebens, je nach Verhalten, ein gutes oder schlechtes Karma an. Nach hinduistischer Vorstellung beeinflusst dieses Karma die zukünftige Wiedergeburt und die Erlösung.

Die Sünden der Väter

Im zweiten der Zehn Gebote (Ex 20, 5-6) befahl Gott den Israeliten, dass sie sich nicht vor anderen Göttern niederwerfen oder sie verehren sollten. Er sagte ihnen, dass er ein eifersüchtiger Gott sei:

> *„… Denn ich, der Herr, dein Gott, bin ein eifersüchtiger Gott: Bei denen, die mir Feind sind, verfolge ich die Schuld der Väter an den Söhnen, an der dritten und vierten Generation; bei denen, die mich lieben und auf meine Gebote achten, erweise ich Tausenden meine Huld."*
> *Ex 20, 5-6*

Kinder stehen damit in der Verantwortung für die Sünden ihrer Eltern und Großeltern – und werden danach bestraft. Später kam man zu der Überzeugung, dass es ungerecht sei, wenn die Kinder für die Sünden derer bestraft werden, die vor ihnen gelebt haben.

> Erst Jahrhunderte später schrieb einer der wichtigsten Propheten Israels:
> *„Alle Menschen sind mein Eigentum, das Leben des Vaters ebenso wie das Leben des Sohnes, sie gehören mir. Nur wer sündigt, soll sterben."*
> *Ez 18,4*

Diese Darstellung des Jüngsten Gerichts der Weltenrichter kann man am Fürstenportal des Bamberger Doms bewundern.

Judentum

Gottes Gericht

Die Juden glauben, dass die Menschen von Gott für ihr Leben, das sie geführt haben, gerichtet werden. Jeder ist vor Gott für seine Taten verantwortlich. Wenn die Menschen ein gutes Leben geführt und sich an die Gebote, die Gott ihnen gegeben hat, gehalten haben, dann werden sie in den Himmel kommen. Wenn sie aber Gott und seine Gebote missachtet haben, dann werden sie in der **Gehenna**, der Hölle, enden. Nach jüdischer Vorstellung ist das Wichtigste am Leben, auf welche Weise sie es hier auf Erden zugebracht haben. Eine Midrasch sagt:

„Der Rechtschaffende wird sich in den Strahlen von Gottes Sonnenschein aalen.“

Die Juden glauben nicht an eine Hölle als Ort ewiger Qualen. Niemand kann so schlecht sein, dass er ewige Qualen verdient. Die jüdische Hölle ist eher ein Ort der Reinigung, ein Vorgang, bei dem die Seele von ihren Sünden geläutert wird, sodass sie vor Gottes Gegenwart treten kann.

Im Talmud wird die Geschichte von **Elisha ben Abuya** erzählt, einem rechtschaffenen Mann, der seinen Glauben verlor und zu sündigen begann. Nachdem er gestorben war, war sich der himmlische Gerichtshof unsicher darüber, ob er für seine Rechtschaffenheit belohnt oder für seine Sünden bestraft werden sollte. Rabbi Meir, sein Schüler, erklärte, dass es das Beste für ihn sei, in der Hölle gereinigt zu werden, damit er dann in die Nähe Gottes gelassen werden könne.

Die Juden glauben auch an die **Auferstehung vom Tod**, wenn Körper und Seele sich wieder vereinigen. Die heiligen Schriften der Juden sagen darüber aber wenig aus. Sie handeln mehr davon, wie man in der hiesigen Welt ein gottgefälliges Leben führen kann.

Erläutere, wie der Vergleich, dass jeder ein Schauspieler in einem Theaterstück ist, den Menschen dabei hilft, ihr gegenwärtiges, aber auch ihr kommendes Leben zu begreifen.

Welche unterschiedlichen Vorstellungen von Tod gibt es im Judentum?

Beschreibe, wie Juden ihr diesseitiges Leben führen sollen, um sich auf das Leben nach dem Tod vorzubereiten.

4 Jüdische Bestattungsrituale

Die heiligen Schriften machen allen Juden Hoffnung, dass sie 70 Jahre leben werden (Ps 90,10) – und das ist auch die Hoffnung eines jeden Gläubigen. Moses hingegen lebte 120 Jahre. Zum Geburtstag wünschen sich Juden darum einander oft „bis 120“. Für die Juden ist das Leben ein Geschenk Gottes, das in Ehren gehalten und geachtet werden sollte. Der Tod ist ein tragisches, aber unvermeidliches Ereignis.

Anstelle von Blumen legt jeder Besucher des Grabes bei orthodoxen Bestattungen ein Steinchen auf den Grabstein.

Der Umgang mit dem Tod

Jede jüdische Gemeinde hat eine **Chewra Kadischa** (eine Beerdigungsbruderschaft), eine Gruppe von Männern und Frauen, die für ihre fromme Lebensweise bekannt sind. Sie stehen einem sterbenden Menschen bei und kümmern sich um den Körper des Verstorbenen. Es wird als eine große Ehre angesehen, Mitglied dieser Bruderschaft zu sein. Der freiwillige Akt der Nächstenliebe, den die Mitglieder einem Toten erweisen, ist eine echte **Mitzwa** (eine gute, gottgefällige Tat), da sie ohne einen Gedanken an eine Belohnung ausgeführt wird.

Wenn jemand stirbt

- Vom Augenblick des Tods bis zur Bestattung wird der Leichnam nicht alleine gelassen.
- Der Körper wird gewaschen und in einfaches weißes Leinen gekleidet. Im Tod wird jeder gleich behandelt.
- Der Kopf ruht auf Erde, die aus Israel stammt.
- Der Körper wird auf die Erde gelegt – er kam aus der Erde und wird bald dorthin zurückkehren.
- Der Körper wird in einen einfachen Sarg gelegt.
- Über den Sarg wird ein schweres, schwarzes Leichentuch gelegt.

Die Bestattung

Jüdische Bestattungen finden so schnell wie möglich nach dem Tod statt, gewöhnlich innerhalb von 24 Stunden. Orthodoxe Juden werden immer beerdigt, in Reformsynagogen ist aber auch eine Verbrennung erlaubt. Eine jüdische Bestattung ist immer sehr einfach. Der Rabbiner hält eine Gedenkrede auf den Verstorbenen. Psalmen aus den Schriften werden gesungen und das Kaddisch wird gebetet.

Der Leichnam wird von Sargträgern zur Bestattungsstelle gebracht. Diese Prozession hält sieben Mal unterwegs an, um an die sieben „Eitelkeiten" zu erinnern, die im Buch Kohelet erwähnt werden. Diese Eitelkeiten veranlassten den Verfasser, Kohelet, zu der Bemerkung:

„Windhauch, Windhauch, sagte Kohelet, Windhauch, Windhauch, das ist alles Windhauch. Welchen Vorteil hat der Mensch von all seinem Besitz, für den er sich anstrengt unter der Sonne?"
Koh 1, 2-3

Der Sarg wird in das Grab gesenkt, und die nächsten Angehörigen, gefolgt von anderen Verwandten, werfen etwas Erde darauf. Alle waschen sich die Hände, bevor sie den Friedhof verlassen. Damit soll angedeutet werden, dass jeder frei ist von Verantwortung für den Tod des Verstorbenen. Es ermutigt die Anwesenden auch, dem Tod den Rücken zu kehren und ihr Leben zu leben.

Jüdische Bestattungen sind immer sehr einfach gehalten.

Die Trauer

Der Talmud lehrt, dass der Verstorbene jetzt seine Reise in die Ewigkeit angetreten hat. Die Hinterbliebenen müssen unterdessen mit Gottes Hilfe ihr Leben weiterführen. Die Trauervorschriften dienen dazu, ihnen dabei zu helfen.
Die Trauer ist in vier Phasen untergliedert:

Judentum

1. Phase
In der kurzen Zeitspanne zwischen Tod und Bestattung sind die engen Familienangehörigen von allen religiösen Pflichten entbunden. Sie erfahren von ihrer Gemeinde volle Unterstützung, während die Beerdigungsbruderschaft alle notwendigen Vorkehrungen trifft.

2. Phase
Diese Phase dauert sieben Tage vom Zeitpunkt der Bestattung an.
In dieser Phase …

- benetzen die Trauernden eines ihrer Kleidungsstücke mit einer Träne, um ihren Kummer zu zeigen.
- ziehen sie zu Hause die Schuhe aus und setzen sich auf den Boden oder auf niedrige Stühle.
- rasieren sie sich nicht, baden nicht und schneiden sich nicht die Haare.
- verhüllen sie alle Spiegel, sodass niemand versucht ist, seinem äußeren Erscheinungsbild Beachtung zu schenken.

Darüber hinaus müssen die Trauernden in dieser Zeit nicht in der Tora lesen, sie brauchen nicht zur Arbeit zu gehen und sich nicht um die Geschäfte zu kümmern.

Dieses bemalte Fenster wurde zum Gedenken eines Toten in einer Synagoge errichtet.

3. Phase
Diese Phase dauert weitere 23 Tage, sodass sich eine Trauerzeit von insgesamt 30 Tagen ergibt.
In dieser Phase …

- rasieren sich die Trauernden nicht.
- schneiden sie sich nicht die Haare.
- hören sie keine Musik.
- besuchen sie keine Hochzeitsfeiern oder andere Feste.

In allen anderen Bereichen beginnt sich das Leben zu normalisieren. Nach der dritten Phase endet für alle die Trauerzeit – außer für diejenigen, die Mutter oder Vater verloren haben.

4. Phase
Die Trauerzeit für diejenigen, die Mutter oder Vater verloren haben, endet erst zwölf Monate nach dem Todstag. Danach wird ein alljährlicher Gedenktag begangen, an dem eine Kerze angezündet wird. Auch ein Grabstein darf jetzt aufgestellt werden.

Juden betrauern den Tod eines geliebten Menschen über einen festgelegten Zeitraum und mit bestimmten Bräuchen. Seid ihr der Meinung, dass es auch für Nichtjuden hilfreich wäre, diesem Beispiel zu folgen?

Beschreibe kurz mit eigenen Worten, wie eine jüdische Bestattung abläuft. Erkläre die Bedeutung der Rituale.

Das Leben ist für Juden ein großes Geschenk Gottes, das geachtet werden sollte.

Zusammenfassung

- *Juden glauben an eine Auferstehung nach dem Tod. Dabei haben sie allerdings keine besondere Vorstellung vom Leben nach dem Tod.*
- *Nach jüdischem Glauben besteht zwischen den Sünden eines Menschen und seinem Tod ein Zusammenhang. Vor Gottes Gericht ist man für seine eigenen Taten verantwortlich.*
- *Stirbt ein Mitglied einer jüdischen Gemeinde, so wird der Leichnam bis zur Bestattung nicht allein gelassen. Eine jüdische Bestattung findet gewöhnlich einen Tag nach dem Tod statt. Die Bestattung wird recht einfach gestaltet.*
- *Die Trauerzeit der nahen Familienangehörigen um einen verstorbenen Menschen gliedert sich in vier Phasen.*
- *Vor Ablauf der Trauerzeit, im Normalfall 30 Tage, darf kein Grabstein aufgestellt werden.*

Wie beschreiben alle drei Weltreligionen das Leben nach dem Tod? Welche Gemeinsamkeiten gibt es? Welche Unterschiede?

Vergleicht die unterschiedlichen Bestattungsrituale in den drei Weltreligionen. Welche Überzeugungen über den Tod und die Existenz nach dem Tod werden durch die unterschiedlichen Rituale zum Ausdruck gebracht?

Besprecht in Gruppen eure eigenen Überzeugungen von einem Leben nach dem Tod. Glaubt ihr an irgendeine Form des Weiterlebens nach dem Tod? Wenn ja, wie stellt ihr euch das Weiterleben vor?

Empfehlenswerte Literatur und Links

Literatur

Uta Brumann, Hans Joachim Knopff, Wilfried Stascheit:
**Projekt Tod.
Materialien und Projektideen.**
Verlag an der Ruhr 1998.
ISBN 978-3-86072-285-5

Peter Pohl, Kinna Gieth:
Du fehlst mir, du fehlst mir!
dtv 1999.
ISBN 978-3-423-62012-3

Raymond A. Moody:
**Leben nach dem Tod.
Die Erforschung einer
unerklärlichen Erfahrung.**
Rowohlt 2001.
ISBN 978-3-499-61349-4

Georg Schwikart:
**Tod und Trauer in
den Weltreligionen.**
Gütersloher Verlagshaus 1999.
ISBN 978-3-579-00731-1

Links

www.leben-tod.de/leben_nach_dem_tod.html
Informationen über die Hoffnungen und Annahmen der Weltreligionen zum Leben nach dem Tod.

www.leben-tod.de
Informationen zum Wesen des Tods, Sterbehilfe und dem Leben nach dem Tod aus religiöser und wissenschaftlicher Perspektive.

Kapitel 5

Das Gute und das Böse

Einführung

Das Böse ist eine menschliche Urerfahrung. In allen Weltreligionen spielt die Frage nach dem Ursprung des Bösen eine wichtige Rolle.

Das **Böse** hat es immer gegeben – es ist eine **Urerfahrung der Menschheit**. Ebenso sind die Fragen nach dem Ursprung des Bösen, seinen Ursachen, aber auch die Frage nach der Überwindung des Bösen Grundfragen der menschlichen Existenz. Viele Menschen fragen sich, wie Gott das Böse, das Übel in der Welt zulassen kann. Wie kann er das Böse rechtfertigen?
Das Böse existiert in jeder Glaubensrichtung, obwohl es jeweils unterschiedliche Gestalt annehmen kann. Im Christentum und im Islam wird das Böse als „Feind Gottes" personifiziert: als **Teufel oder Satan** im Christentum, als **Iblis** im Islam.
Das Böse als Ausdruck menschlicher Entscheidungen und Handlungen wird in den meisten religiösen Anschauungen von dem natürlichen, physischen Bösen, wie etwa Umweltkatastrophen, unterschieden.
Als Ursache des Bösen wird oftmals ein gestörtes Verhältnis der Menschen zu Gott angenommen. Aber auch der Zorn Gottes über menschliche Sünden kann die Ursache des Bösen sein.
Das **Leiden** wiederum gehört in vielen Religionen zum Wesen der menschlichen Existenz: Im Christentum ist es Folge des Sündenfalls der ersten Menschen; im Buddhismus ist das Leids eine menschliche Grunderfahrung, von der der Mensch erst im **Nirwana** endgültig erlöst wird.
Das 20. Jahrhundert war von vielen Erfahrungen des Leids und des Bösen gekennzeichnet: Weltkriege, Diktaturen, der Holocaust, aber auch das Ausbreiten von Epidemien. Durch Bildung, Erziehung zum Frieden und Sicherung der Menschenrechte versucht man, der Erfahrung des Bösen rational zu begegnen und das Böse zu überwinden. Trotz dieser Bemühungen, das Böse zu verstehen, entzieht es sich doch der letztgültigen Erkenntnis durch den Menschen. Wir können das Böse nicht verstehen und es nicht erklären.

Im folgenden Abschnitt erfährst du etwas über diese Themen:

1 Unterschiedliche Vorstellungen von Gott und Satan
2 Christliche Antworten auf das Problem des Bösen
3 Die richtige Verhaltensweise finden
4 Einen Moralkodex befolgen

Hunger und Armut entstehen durch den Egoismus der Menschen.

1 Unterschiedliche Vorstellungen von Gott und Satan

Was ist das Böse?

Das Leiden und das Böse stellen jeden Christen vor ein ernsthaftes Problem. Ihre Frage dazu lautet: Wie kann ein allmächtiger, liebender Gott zulassen, dass es Leiden und Übel auf der Erde gibt? Wenn Gott allmächtig ist, dann müsste er doch etwas gegen das Leid tun können. Wenn Gottes Liebe unendlich ist, dann muss er doch gegen das Leid etwas tun wollen. Doch das Leid existiert nach wie vor. Die Christen glauben, dass es zwei Arten von Übel gibt, die zum Leid auf der Welt führen:

▸ Das moralisch Böse
Das **moralisch Böse** ist das Böse, das Menschen über sich selbst oder über andere bringen – durch das eigene Verhalten, durch Gleichgültigkeit oder Egoismus. Das kann auf Grund von Grausamkeit oder Unehrlichkeit geschehen. Dieses moralisch Böse ereignet sich, weil Gott alle Menschen mit einem **freien Willen** ausgestattet hat. Gott hat allen Menschen deutlich gemacht, wie sie leben sollten. Es liegt nun an jedem Einzelnen, ob er das tut, was Gott sagt, oder nicht. Wer nicht nach dem Willen Gottes lebt, verursacht Leiden für sich selbst.

▸ Die natürlichen Übel
Natürliche Übel unterscheiden sich deutlich vom moralisch Bösen. Sie zeigen sich durch Naturkatastrophen, wie Erdbeben, Unwetter, Überschwemmungen und Seuchen. Ganz offensichtlich trägt niemand daran die Schuld. Das Problem bei den natürlichen Übeln liegt nicht unbedingt darin, dass es sie überhaupt gibt, sondern in ihrer **Ungerechtigkeit**. Sie treffen Menschen, die in bestimmten Erdregionen leben, häufiger, während andere Menschen überhaupt nie davon betroffen sind. Verschlimmernd kommt hinzu, dass meist die Ärmsten in Mitleidenschaft gezogen werden, diejenigen also, die am wenigsten dazu in der Lage sind, einem Unglück Widerstand zu leisten.

Die schlechten Menschen auf der Welt scheinen nicht mehr zu leiden als die guten. Ist das gerecht?

Satan

Einige Christen glauben, dass es das Übel auf der Welt nur wegen **Satan** gibt. Satan ist ein altes hebräisches Wort mit der Bedeutung „Widersacher". Nach christlichem Glauben war Satan, oder der Teufel, einst ein Erzengel, der sich gegen Gott auflehnte und seine Autorität herausforderte. Zur Strafe verstieß ihn Gott aus dem Himmel und verbannte ihn in die Hölle. Von diesem Zeitpunkt an erhob sich Satan zum Gegenspieler Gottes und machte es sich zur Aufgabe, jeden Menschen auf Abwege zu bringen.

An drei Stellen in der Bibel spielt Satan eine wichtige Rolle:

Gen 3
Die ersten beiden von Gott geschaffenen Menschen wurden von ihrem Schöpfer in den vollkommenen Garten Eden gesetzt. Die Frau wurde von einer Schlange in Versuchung geführt, von den Früchten des Baumes zu essen, den Gott als einzigen verboten hatte. Christen erklären die Schlange als den verkleideten Satan. Im weiteren Fortgang der biblischen Geschichte wurde Satan zum „Versucher", der die Menschen dazu bringen will, ungehorsam gegenüber Gott zu sein.

Ijob
In der alttestamentarischen Geschichte von Ijob bringt es Satan, der Teufel, zuwege, dass ein Mann von herausragender Güte seine Gesundheit, seine zehn Kinder und sein eigenes Vermögen verliert. Trotzdem weigerte er sich, dem Rat seiner Frau zu folgen und Gott zu verfluchen. Er glaubte auch drei Freunden nicht, die ihm sagten, alles sei seine eigene Schuld. Ijob wurde geheilt und gewann sein ganzes Vermögen zurück.

Mt 4
Hier wird von der Versuchung Jesu durch Satan zu Beginn seiner irdischen Sendung berichtet, wobei es sich um drei verschiedene Versuchungen handelte:
1. Jesus sollte Steine in Brot verwandeln, nachdem er 40 Tage in der Wüste gefastet hatte.
2. Jesus sollte sich selbst von der Spitze des Tempels hinabstürzen, denn als Gottes Sohn würde er unversehrt bleiben.
3. Jesus würde von Satan alle Länder der Welt erhalten, wenn er ihn anbeten würde.
Jesus widerstand allen Versuchungen, indem er auf jede mit Stellen aus den jüdischen Schriften antwortete.

„Darauf ließ der Teufel von ihm ab und es kamen Engel, um ihm zu dienen."
Mt 4,11

Heutzutage glauben die meisten Christen nicht an einen wirklichen Teufel. Sie meinen, dass er ein Symbol ist für all das, was an der menschlichen Natur schlecht und böse ist.

Die Folgen des Tsunami im Indischen Ozean von 2004. Bedingt durch die globale Erwärmung, häufen sich Naturkatastrophen. Am meisten leiden darunter die Armen.

2 Christliche Antworten auf das Problem des Bösen

Auf das Problem des Bösen und des Leids gibt es sechs verschiedene christliche Antworten:

1. Antwort

Das Leid ist ein notwendiger Bestandteil des Lebens. Das Leben, wie wir es kennen, ist ohne Leid nicht denkbar. Der christliche Schriftsteller C.S. Lewis verlor weniger als zwei Jahre nach der Hochzeit seine Frau, die an Krebs litt. Lewis schrieb nach dieser sehr traurigen Erfahrung:

„Versuche, die Möglichkeit des Leids, welche die natürliche Ordnung und die Existenz des freien Willens mit sich bringen, auszuschließen, und du wirst das Leben selbst ausschließen."

Naturkatastrophen, wie auch die Flut entlang der Elbe 2002, können von vielen Christen nicht verstanden werden.

Er sagte dies, weil er glaubte, dass das Leid eine Herausforderung für die Menschen darstellt, nach innerer Stärke zu suchen. In einer Welt ohne Leid gäbe es nichts, wogegen die Menschen kämpfen oder wonach sie streben könnten. Und genau das ist es, was uns zu den Menschen macht, die wir sind. Menschen, die ein Leid durchmachen oder eine solche Erfahrung hinter sich haben, sind viel stärker.

2. Antwort

Nach dem Tod wird alles Leid und alles Böse der Welt in der Freude eines neu erstandenen Lebens vergessen sein. Der Apostel Paulus schrieb:

„Ich bin überzeugt, dass die Leiden der gegenwärtigen Zeit nichts bedeuten im Vergleich zu der Herrlichkeit, die an uns offenbar werden soll."
Röm 8,18

Die Menschen, die in diesem Leben am meisten leiden, können sich am meisten **auf das Leben nach dem Tod freuen**. Dies war ein Hauptthema der afroamerikanischen Spirituals, die von Menschen gesungen wurden, die als Sklaven großes Leid erduldeten. Vom irdischen Dasein hatten sie kaum etwas zu erwarten – alle ihre Hoffnungen waren auf das kommende Leben gerichtet.

3. Antwort

Jesus Christus wurde von seinen Feinden in den Tod geschickt. Er ist das größte Vorbild für alle leidenden Christen. Außerdem glauben die Christen, dass Gott ihn vom Tod erweckte. Licht und Hoffnung erwuchsen aus seinem Leid und aus seinem Tod. Dasselbe wird auch mit uns geschehen. Die **Auferstehung Jesu** gibt uns die stärkste Sicherheit, dass auch wir vom Tod erweckt werden.

4. Antwort

Leid wird durch Sünde verursacht. Sünde ist ein Teil der menschlichen Natur und betrifft uns alle. Sünde bedeutet nicht einfach, etwas Falsches zu tun. Sünde ist eine Haltung des Herzens und des Verstandes, die uns von Gott wegführt. Das Leid ist die Folge davon. Vieles von dem Leid, das wir erfahren, kann direkt auf unvernünftiges, sündhaftes Handeln zurückgeführt werden, das wir entweder selbst begangen haben oder das von anderen begangen wurde.

5. Antwort

Die Menschen haben einen **freien Willen** – sie können sich frei zwischen Gut und Böse entscheiden. Wenn sich die Menschen ihrer selbst und der anderen um sie herum bewusster wären, wäre die Welt ein viel besserer Ort. Die Welt könnte frei sein von solchen Dingen wie Krieg, Krankheit, Gewalt, Grausamkeit und Unterdrückung. Die Menschen könnten so viel von dem Leid in der Welt beseitigen und verhindern, wenn sie ihre Verhaltensweisen ändern würden.

6. Antwort

Gott leidet mit den Menschen an den schrecklichen Ereignissen auf der Welt. Gott schaut nicht von außen darauf, sondern ist Teil des Kampfes, an dem wir alle beteiligt sind. Christen mit dieser Überzeugung sagen, dass **Gott** tatsächlich **selbst leidet**, wenn Menschen leiden. Sie behaupten, dass Gott litt, als er seinen Sohn Jesus am Kreuz sterben sah. Christen glauben nicht daran, dass es nur eine einzige Antwort auf das Problem des Bösen und des Leids gibt. Sie glauben aber, dass sich letztlich alles aufklärt – auch der Grund des Leidens. In der Zwischenzeit müssen sie akzeptieren, dass immer Gottes Wille geschieht. Das Leid muss angenommen werden. Sie können diese Akzeptanz durch das Gebet erreichen, das ihnen hilft, ihr Leben mehr und mehr nach dem Willen Gottes auszurichten.

Viele Christen glauben, dass Gott sich ihnen durch die Bibel offenbart.

3 Die richtige Verhaltensweise finden

Christen sind davon überzeugt, dass Gott von ihnen erwartet, ein frommes und gottesfürchtiges Leben zu führen. Das bedeutet, dass sie während des ganzen Lebens immer die richtigen Entscheidungen zu treffen und Gottes Willen zu folgen haben. **Es gibt drei Möglichkeiten, herauszufinden, was Gott von ihnen erwartet:**

Durch die Bibel

Die meisten Christen glauben, dass sich ihnen Gott und sein Wille auf irgendeine Weise durch die Bibel offenbart. Um herauszufinden, was dieser Wille für sie bedeutet, ist ein **genaues Studium der Bibel** und der darin enthaltenen Lehren nötig. Dazu studieren sie die Bibel entweder für sich allein und beten, dass Gott ihnen hilft, zu verstehen, was er ihnen sagen will, oder sie treffen sich mit anderen Gläubigen zu gemeinsamen Bibelstudien. Diese Treffen sind in den Wochen vor **Ostern**, also während der Fastenzeit, häufiger. Die Menschen möchten aus der Bibel mehr über den Tod Jesu erfahren. Ostern ist das wichtigste Fest im christlichen Kirchenkalender und zugleich eine Gelegenheit für die Gläubigen, ihren Glauben besser kennenzulernen. Das gemeinsame Bibelstudium mit anderen soll auch dazu dienen, dass erfahrene Christen denen helfen, die neu zum Glauben gefunden haben. Denn es ist nicht immer einfach, die Aussagen der Bibel in die heutige Zeit zu übertragen. Die einzelnen Bücher der Bibel wurden zu verschiedenen Zeiten und Epochen geschrieben. Manche Stellen haben für die moderne Zeit keine Bedeutung mehr. Andererseits finden sich in der Bibel universale Regeln, die für alle Zeiten und Umstände gültig scheinen. Viele Menschen sehen zum Beispiel in den Zehn Geboten eine gute Richtschnur für das tägliche Leben. Die Bergpredigt (Mt 5-7) enthält die berühmte goldene Regel (Mt 7,12), in der nach Meinung vieler die gesamte Lehre Jesu auf den Punkt gebracht ist.

Die goldene Regel findet sich in fast derselben Form im Christentum und im Judentum. Bei Matthäus lautet sie: „Alles, was ihr also von anderen erwartet, das tut auch ihnen! Darin besteht das Gesetz und die Propheten." Mt 7,12

Durch das Beispiel Jesu

Die meisten Christen halten das Beispiel Jesu, also das, was wir von ihm aus den **Evangelien** wissen, für ihr allerhöchstes Richtmaß. Nach ihrer Überzeugung ist er der Sohn Gottes, der kam, um das Königreich Gottes auf Erden zu errichten. In seinen letzten Tagen lebte er seinen Anhängern vor, dass man Gottes Willen akzeptieren muss, auch wenn dies schweres Leid einschließt. Er hinterließ viele Gleichnisse, durch die er andere lehrte, wie sie seinem Beispiel im Alltagsleben folgen könnten.

Durch das Gewissen

Jeder hat ein Gewissen, auch wenn es bei dem einen stärker ausgeprägt scheint als beim anderen. Unser Gewissen entsteht aus einer Kombination verschiedener Faktoren, einschließlich der Einflüsse unserer Erziehung, unserer Eltern, Lehrer, Freunde und unseres religiösen Glaubens. Fast immer erkennen wir durch unser Gewissen den **Unterschied zwischen Richtig und Falsch**. Unser Gewissen kann uns aber nicht dazu zwingen, die richtige Wahl zu treffen. Wir können uns auch immer gegen unser Gewissen entscheiden. Dann aber fühlen wir uns schuldig für das, was wir getan haben.

Jesus erzählte viele Gleichnisse, die den Menschen helfen können.

4 Einen Moralkodex befolgen

Die Christen glauben, dass Gott einen Plan für ihr Leben hat. Außerdem sind sie davon überzeugt, dass sie ein moralisches und frommes Leben führen sollen. Auch wenn die Bibel weit davon entfernt ist, ein einfacher Ratgeber für ein solches Leben zu sein, gibt sie den Christen dennoch eine Fülle von Richtlinien und Hilfestellungen an die Hand. In diesem Sinne ist es nützlich, beide Teile der Bibel zu Rate zu ziehen.

Das Alte Testament

Der erste Teil der Bibel entspricht den Schriften des Judentums, auch wenn sich die Anordnung der Bücher unterscheidet. Obwohl die Christen die meisten Gesetze und Regeln des Alten Testaments, die den gläubigen Juden so wichtig sind, nicht befolgen, so finden sie dort dennoch Hilfe für ihren Glauben. So sind die 150 Psalmen den Christen ebenso kostbar wie den Juden. Besonders wichtig sind die Zehn Gebote.

Das Neue Testament

Es enthält zwei wichtige Teile, die sich stark voneinander unterscheiden:

1. Die vier Evangelien berichten all das, was wir von der Lehre Jesu wissen. So wie das Vorbild Jesu die Christen inspiriert, so sagen ihnen seine Lehren, was wichtig ist, um in das Reich Gottes einzugehen. Viele dieser Lehren kommen in den zahlreichen Gleichnissen Jesu zum Ausdruck. Das Matthäusevangelium fasst die Lehren Jesu zu einem breiten Themenspektrum in der **Bergpredigt** zusammen (Kapitel 5–7). Die Kernaussage dieser Predigt ist eine Reihe von **Seligpreisungen** verschiedener Personen (Mt 5, 3-11). Dies ist die deutlichste Stellungnahme Jesu dazu, wie er sich seine Anhänger vorstellt. Die Bergpredigt enthält auch die Lehren Jesu zu Themen wie Mord, Ehebruch, Scheidung, Rache und Feindesliebe.
2. Außer den vier Evangelien enthält das Neue Testament auch viele Briefe, von denen die meisten **Paulus** verfasste. Diese Briefe legen viele Regeln zu den Problemen fest, mit denen sich die frühen Christen im römischen Imperium konfrontiert sahen. Paulus gab Ratschläge zu einigen der Themen, die bereits Jesus erwähnte – Ehebruch, Heirat und Scheidung, Zorn usw., aber er bezog sich dabei nicht auf die Lehren Jesu. Für viele Christen sind heutzutage die Briefe des Paulus und anderer ein sehr hilfreicher Ratgeber, um ein christliches Leben zu führen.

Wie erklären und begründen Christen das Leid und das Böse in der Welt?

Wodurch unterscheiden sich die zwei Arten des Übels?

Was meint man damit, wenn man von seinem Gewissen spricht?

Meinst du, man sollte immer das tun, wozu einem das Gewissen rät?

Wie glauben Christen, erfahren zu können, was Gottes Wille ist?

Wie stellen sich Christen Satan vor?

Zusammenfassung

- *Christen unterscheiden zwei Typen des Bösen: das moralisch Böse, das vom Menschen ausgeht, und das natürliche Übel, das sich etwa durch Naturkatastrophen äußert.*
- *Einige Christen glauben, dass das Unglück auf der Welt nur wegen Satan geschieht. Satan versucht, die Menschen auf Abwege zu führen, er wird auch an einigen Stellen in der Bibel erwähnt.*
- *Heute wird der Teufel häufig als ein Symbol für das Schlechte an der menschlichen Natur gesehen.*
- *Auf die Frage, warum die Menschen Leid ertragen müssen, finden die Christen mehrere Antwortmöglichkeiten. So sehen sie das Leid, das Böse, als notwendigen Bestandteil des Lebens, als durch Sünde verursacht oder aber auch als Gegenstück zum Guten, sodass der Mensch stets zwischen Gut und Böse frei wählen kann.*
- *Für die Christen gibt es drei Möglichkeiten, herauszufinden, was Gott von einem erwartet:*
  - *durch die Bibel, wobei deren Auslegung auf die heutige Zeit nicht immer einfach ist.*
  - *durch das Beispiel Jesu.*
  - *durch das Gewissen, das uns den Unterschied zwischen Richtig und Falsch erkennen lässt.*

Im folgenden Abschnitt erfährst du etwas über diese Themen:

1 Die Güte Gottes und das Wesen des Iblis

2 Muslimische Antworten auf das Böse

3 Muslimische Antworten auf das Leid

4 Die richtige Verhaltensweise finden

5 Einen Moralkodex befolgen

Muslimische Männer bei der Wudu vor einer Moschee in Istanbul.

1 Die Güte Gottes und das Wesen des Iblis

Der **wichtigste Glaubensgrundsatz** des Islam ist, dass es nur einen einzigen Gott gibt und dass dieser Gott allumfassend ist. Um seine ständige Hingabe an den Willen Gottes kundzutun, leitet ein Muslim jede wichtige Handlung mit den Worten ein:

„Bismillah-ir-Rahman-ir-Rahim."

(Im Namen Allahs, des Erbarmers, des Barmherzigen.)

Dies sind die **Schlüsselworte im Leben** eines jeden Muslim, die mehrmals am Tag wiederholt werden, nicht nur beim Gebet, sondern auch:

- beim Aufstehen und beim Zubettgehen,
- bevor eine neue Arbeit begonnen wird,
- wenn sich jemand setzt,
- vor jeder Mahlzeit.

Diese Worte sind eine ständige Erinnerung daran, dass Gott unermesslich gut ist.

Ein Muslim erfährt aus dem Koran, dass Allah 99 Namen hat, die seine Eigenschaften beschreiben. Es gibt eine schöne Legende, die erklärt, warum es 99 Namen sind und nicht 100. Danach gibt es noch einen Namen, den nur das Kamel kennt, aber das Kamel verrät ihn nicht! Der Koran erklärt den Gläubigen, dass sie zu jeder Zeit die Namen Gottes anrufen können und ihr Gebet dann erhört werden wird.

Im Islam sind weder in den Moscheen noch in den Privathäusern **Bildnisse oder Statuen von Gott** erlaubt, um die Gefahr des Götzendienstes zu vermeiden. Gott steht so weit über aller menschlichen Vorstellungskraft, dass er mit nichts und mit niemanden verglichen werden kann. Er kann durch keine Statue und durch kein Abbild dargestellt werden.

Gott ist ...

... transzendent (er steht über allem) und unermesslich groß.

... der Erhalter des Universums, der seine Existenz sichert.

... die alles durchdringende Macht des Universums.

... in der ganzen Natur zu erkennen.

... der Schöpfergott, der das Universum erschuf.

... der Eine und Einzige, der sich auch um die kleinste und unbedeutendste Kreatur kümmert.

... in allen Dingen des täglichen Lebens präsent.

... der Richter von allen.

Iblis

Gott hat eine Armee von Milliarden von Engeln – zumindest einen für jedes menschliche Wesen. Sie führen den Willen und die Absichten Gottes aus und gehorchen ihm uneingeschränkt. Nach der muslimischen Tradition war Iblis ein **Dschinn** (ein unsichtbares Wesen). Als Gott den ersten Menschen, Adam, erschuf, wurde Iblis eifersüchtig auf Adam. Er weigerte sich, dem Menschengeschlecht zu dienen, wie Allah es ihm befohlen hatte.
Nach dem Streit mit Allah wurde Iblis aus dem Himmel verbannt. Seine Stelle als Erzengel nahm fortan Jibril (Gabriel) ein. Daraufhin wurde Iblis sehr wütend. Er beschloss, das Menschengeschlecht zu zerstören, indem er es auf Abwege leitet und so der ewigen Verdammnis zuführt.
Dies will er bewerkstelligen,

- indem er den Menschen Lügen einflüstert und sie glauben macht, sie seien Gott gleich.
- indem er die Menschen glauben macht, sie könnten ihre Gedanken und Sünden vor Gott verbergen.
- indem er versucht, die Muslime auf heidnische Abwege zu führen und von den Lehren des Korans abzubringen.

Menschen, die auf Iblis eingehen und auf seine Lügen hören, sind eine große Gefahr im Islam. Sie zerstören den Glauben vieler Muslime. Aus diesem Grund werden sie am Tag des Gerichts zur Rechenschaft gezogen.
Gegen die Lügen und Täuschungen von Iblis gibt es nur einen wirklichen Schutz. Diejenigen, die Gott die Treue halten wollen, müssen immer ihn und die Worte des Korans im Sinn haben. Sie müssen versuchen, den Koran auswendig zu lernen, regelmäßig zu beten und großzügig zu den Notleidenden zu sein.

2 Muslimische Antworten auf das Böse

Aus dem Koran scheint hervorzugehen, dass das Leben eine **Abfolge von Prüfungen** ist. Allah hat den Menschen das große Geschenk eines freien Willens gemacht. Das bedeutet, dass jeder frei ist, seinen eigenen Weg durch das Leben zu wählen. Von Zeit zu Zeit wird sich ein Leid einstellen, aber diejenigen, die an ihrem Glauben an Allah festhalten, werden am Ende gesegnet sein.

„Und wahrlich, prüfen werden Wir euch mit Furcht und Hunger und Verlust an Gut und Seelen und Früchten; aber Heil verkünde den Standhaften: Ihnen, die da, so ein Unheil sie trifft, sprechen: ‚Siehe, wir sind Allahs, und siehe, zu ihm kehren wir heim.' Sie – Segnungen über sie von ihrem Herrn und Barmherzigkeit! Und sie, sie sind die Gelieteten."
Sure 2, 155-157

Die Muslime glauben, dass nach diesem Leben ein anderes kommen wird, das wesentlich wichtiger ist. Im gegenwärtigen Leben sind die Menschen auf Erden, um Gott zu dienen, anderen zu helfen und sich in ihr Leid zu fügen.

„Und dieses irdische Leben ist nichts als ein Zeitvertreib und ein Spiel, und siehe, die jenseitige Wohnung ist wahrlich das Leben. Wenn sie es doch wüßten!"
Sure 29,6

3 Muslimische Antworten auf das Leid

Das islamische Gesetz beruht auf dem Prinzip der Gerechtigkeit für alle. Gerechtigkeit sollte immer mit Mitleid verbunden sein. Leid wird durch Ungerechtigkeit und durch einen Mangel an Mitleid hervorgerufen. Der Prophet Mohammed sagte ganz deutlich, dass es die Pflicht eines jeden Muslims ist, ...

- Gutes zu tun.
- nach dem Gesetz Gottes zu leben.
- dem Unrecht entgegenzutreten.
- Leiden zu lindern.

Eine der fünf Säulen des Islams ist die Gabe von Almosen (**Zakat**), die Pflicht eines jeden Muslims, ein Vierzigstel (2,5 %) seines Einkommens für die Linderung von Leid zu geben. Die Muslime fasten im Monat **Ramadan**. Dies ist sowohl eine spirituelle Übung als auch ein symbolischer Akt, mit dem man am Leiden derer teilhat, die weniger glücklich sind. Durch diese Erfahrung erkennen die Muslime, was Leid bedeutet, und sie tun auch etwas, um Leid zu lindern. Ein Muslim sollte niemals die Einstellung haben, Leiden in irgendeinem Bereich des Lebens einfach nur zu akzeptieren. Aber letztendlich muss das Leid als der Wille Gottes hingenommen werden. Jeder Muslim muss das akzeptieren, auch wenn er es nicht verstehen kann. Gott weiß es immer ganz genau. Durch Gebete wird der Gläubige den Willen Gottes besser verstehen lernen und ihn akzeptieren können.

Jeder Muslim muss darauf bedacht sein, durch sein Verhalten das Leid in der Welt nicht zu vergrößern. Sie müssen anderen Menschen geben, was sie ihnen schuldig sind, ihre Güter nach gerechten Maßstäben abwägen, sie dürfen andere nicht um etwas betrügen, das ihnen rechtmäßig gehört, und sie dürfen das Land nicht durch Böses verderben. Leiden in jeder Form ist gegen den Willen Gottes und es muss bekämpft werden.

4 Die richtige Verhaltensweise finden

Das Wort Islam bedeutet „Unterwerfung, Hingabe" an den Willen Gottes. Für Muslime bedeutet dies, nach den fünf Säulen des Islams und den Lehren des Korans zu leben und dem Beispiel des Propheten Mohammed zu folgen. Die fünf Säulen stehen im Mittelpunkt des muslimischen Lebens.

Die Fünf Säulen

▶ Die erste Säule – Schahada (Glaubensbekenntnis)

Keine Religion hat ein kürzeres **Glaubensbekenntnis** als der Islam - *„Es gibt keinen Gott außer Allah und Mohammed ist sein Prophet."*

Dieses Bekenntnis

- wird einem jeden Neugeborenen ins Ohr geflüstert, bevor es etwas anderes hören kann.
- ist einer der ersten Sätze, die einem Kind beigebracht werden.
- wird von jedem gläubigen Muslim mehrmals jeden Tag von morgens bis abends wiederholt.
- Zudem hofft jeder Muslim, dass es die letzte Äußerung sein wird, die über seine Lippen kommt, wenn er stirbt.

Eine der wichtigsten Pflichten eines muslimischen Vaters besteht darin, dem Neugeborenen die Schahada ins Ohr zu flüstern.

Sechs Bedingungen müssen erfüllt sein, dass eine Person durch das damit Aussprechen der **Schahada** zu einem Muslim wird:

- Sie muss laut gesprochen werden.
- Die Worte müssen deutlich vernehmbar sein.
- Sie müssen von ganzem Herzen geglaubt werden.
- Zu dem Bekenntnis muss man bis zum Tod stehen.
- Es muss korrekt rezitiert werden.
- Man darf beim Aussprechen des Bekenntnisses keine Zweifel haben.

▶ Die zweite Säule – die Salat (das Gebet)

Nach dem Glaubensbekenntnis ist für jeden Muslim die wichtigste Pflicht das Gebet. Laut Koran muss das Gebet drei Mal am Tag verrichtet werden, nach muslimischer Tradition aber sind fünf Gebetszeiten einzuhalten: bei Sonnenaufgang, am Mittag, am Nachmittag, bei Sonnenuntergang und in der Nacht. Die Gebete können an jedem beliebigen Ort gesprochen werden, solange es sich um einen „reinen Ort" handelt. Dennoch bevorzugen viele Muslime, in einer Moschee unter Anleitung eines **Imam** zu beten. Dem Gebet muss eine rituelle Reinigung (**Wudu**) vorausgehen. Diese Reinigung beginnt mit der

„Erklärung der Absicht", womit der Gläubige deutlich macht, dass er mit reinem Herzen Gott näherkommen möchte. Von jedem Muslim wird erwartet, dass er zum **Freitagsgebet** in die Moschee geht, wo der Imam seine Predigt hält. An den anderen Tagen können Wudu und Salat in der Moschee oder an einem anderen reinen Ort verrichtet werden. Zum Gebet gehört für einen Muslim eine Folge von inneren und äußeren Handlungen. Jede Folge wird **Rakah** genannt, deren Anzahl bei einem Gebet zwischen zwei und vier variiert – abhängig von der Tageszeit. Jede Handlung wird begleitet von der **Rezitation bestimmter Verse aus dem Koran**. Die Durchführung des Wudu zeigt, dass der Gläubige körperlich rein ist, bevor er durch Gott geistige Reinheit erfährt.

▸ Die dritte Säule – Zakat (die Pflichtabgabe)

Auf Grund seiner frühen Lebenserfahrungen als Waise forderte Mohammed seine Anhänger auf, als Zeichen ihrer Gottesfürchtigkeit den Armen Geld zu spenden. Es gibt **zwei Arten des Almosengebens:**

1. Die Pflichtabgabe – Zakat, die sich jährlich auf 2,5 % des persönlichen Vermögens beläuft.
2. Freiwillige Spenden, die zu jeder Zeit gegeben werden können – und zwar am besten geheim.

Die Gabe von Almosen soll die Menschen davon abhalten, zu gierig zu werden und ihr ganzes Sinnen und Trachten nur noch aufs Geldverdienen zu richten. Es soll die Menschen auch daran erinnern, dass jeder Wohlstand ein Geschenk Gottes ist.

▸ Die vierte Säule – Saum (Fasten)

Die vierte Säule legt fest, dass ein Muslim während der Tagesstunden des Monats Ramadan alljährlich fasten muss.

Muslimische Männer beten oft in der Moschee, muslimische Frauen beten eher zu Hause.

In dieser Zeit empfing der Prophet Mohammed die erste Offenbarung von Gott durch den Engel Gabriel. Denjenigen werden ihre Sünden vergeben, die diese Fastenzeit im Geiste aufrichtiger Reue einhalten, was 30-mal wirkungsvoller ist als das Fasten zu irgendeinem anderen Zeitpunkt. Das Fasten ist eine religiöse Übung, welche die Muslime in der ganzen Welt miteinander verbindet. Es ist eine Mahnung für diejenigen, die niemals erfahren haben, was es bedeutet, hungrig und arm zu sein. Außerdem ist es eine Gelegenheit, durch Gebete und durch das Lesen des Korans Herz und Verstand auf Gott zu konzentrieren.

> *„O ihr, die ihr glaubt, vorgeschrieben ist euch das Fasten, wie es den Früheren vorgeschrieben ward; vielleicht werdet ihr gottesfürchtig. Gezählte Tage! Wenn aber einer unter euch krank ist oder auf Reisen, (der faste die gleiche) Anzahl von andern Tagen; …"*
> *Sure 2, 183-184*

▸ **Die fünfte Säule – der Haddsch (Pilgerfahrt nach Mekka)**
Die letzte Pflicht aller Muslime ist die Pilgerfahrt zum **Kaaba** genannten Heiligtum **in Mekka**. Diese Pflicht sollte jeder Muslim, der dazu in der Lage ist, mindestens ein Mal in seinem Leben erfüllen. Die Pilgerfahrt findet alljährlich nur zwischen dem 18. und 30. Tag des letzten Monats **Dhul-Hidscha** statt. Jeder Pilger muss dafür sorgen, dass die Bedürfnisse seiner Familie während seiner Abwesenheit gedeckt sind, und er muss die Kosten für die Reise selbst tragen.
Der **Haddsch**, eigentlich „zu einem bestimmten Zweck aufbrechen", verfolgt auch den Zweck, alle Pilger von ihrem Stolz zu reinigen. Sie sollen zu der Einsicht gelangen, dass jeder, ob reich oder arm, vor Gott am Tag des Gerichts gleich sein wird. Man hofft, dass dieser Geist der Einheit, den alle Pilger erfahren, in ihnen bleiben wird, wenn sie wieder die Heimreise antreten. Viele Muslime empfinden den Besuch der Orte, die eine enge Beziehung zum Propheten Mohammed aufweisen, als eine tiefe und bewegende spirituelle Erfahrung. Muslime wollen in Übereinstimmung mit dem Willen Gottes leben. Die Lehren des Korans und das Beispiel des Propheten Mohammed zeigen, dass Gott von ihnen erwartet, sich an die fünf Säulen zu halten. Dies hilft ihnen zu unterscheiden, was „richtig" und was „falsch" ist.

„Die (Zeit der) Pilgerfahrt (sind) die bekannten Monate. Wer sich in ihnen der Pilgerfahrt unterzieht, der enthalte sich des Beischlafs und des Unrechts und des Streites auf der Pilgerfahrt. Und was ihr Gutes tut, Allah weiß es …"
Sure 2,197

5 Einen Moralkodex befolgen

Einen Moralkodex zu befolgen, bedeutet für Muslime, die Lehren des Korans in die Praxis umzusetzen und dem Beispiel des Propheten Mohammed zu folgen. Daraus gewinnen sie eine klare Vorstellung davon, welche Lebensführung Gott von ihnen erwartet. Daraus gewinnen sie aber auch die Erkenntnisse, um zwischen „Richtig" und „Falsch" unterscheiden zu können. Das Wichtigste im Leben ist für einen Muslim, in Unterwerfung und Hingabe an Gott zu leben. Dadurch erweist jeder Muslim Gott seinen Respekt und findet den Schlüssel zum wahren Glück.

Zusammenfassung

- *Für die Muslime besteht das Leben aus einer Abfolge von Prüfungen. Jeder Mensch ist mit einem freien Willen ausgestattet.*
- *Für Muslime entsteht Leid durch Ungerechtigkeit oder durch Mangel an Mitleid. Nur wer mitleidig ist, kann auch gerecht sein.*
- *Man muss akzeptieren, dass es das Leid auf Erden gibt; durch Gebete zu Allah soll sein Wille für die Gläubigen besser zu verstehen sein.*
- *Jeder Muslim soll sich im Sinne des Glaubens so verhalten, dass er das Leid in der Welt nicht vergrößert.*
- *Die Lehren des Korans in die Praxis umzusetzen, hat für den Islam eine besonders große Bedeutung.*
- *Während des Fastenmonats Ramadan erfahren die Muslime durch ihr strenges Fasten am eigenen Leibe, was Leid bedeutet.*

Wie erklären Muslime das Leid und das Böse auf der Welt? Wie kann man sich davor schützen?

Warum ist deiner Meinung nach der Glaube an Gott wichtiger als die anderen Säulen des Islam?

Bei welchen Gelegenheiten spricht ein Muslim die Schahada und warum?

Warum ist die Einhaltung der Fastenzeit, warum die Pilgerreise in die Stadt Mekka für Muslime eine wichtige Pflicht?

Warum kleiden sich die Pilger beim Haddsch, ob arm oder reich, alle auf dieselbe Weise? Welche religiösen Lehren sollen sie daraus ziehen?

Wie können Muslime „richtiges" und „falsches" Handeln voneinander unterscheiden?

Judentum

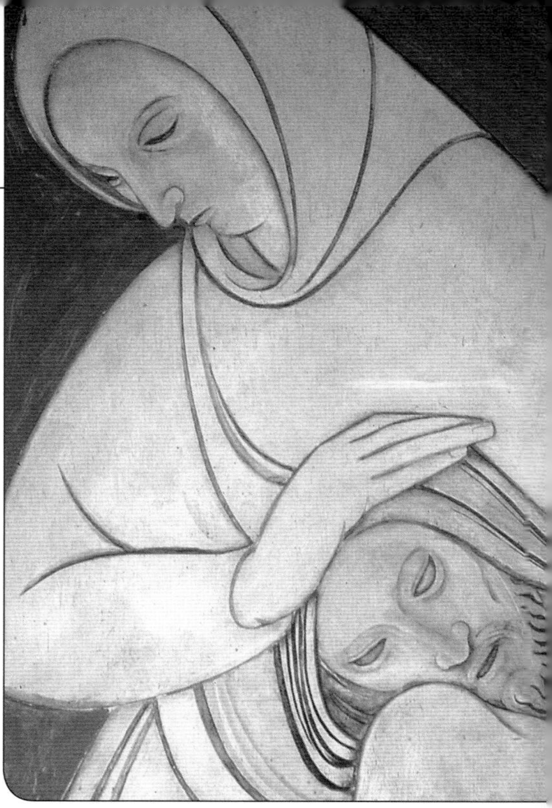

Über Jahrhunderte machten Christen die Juden für die Kreuzigung Jesu verantwortlich.

Im folgenden Abschnitt erfährst du etwas über diese Themen:

1 Die Güte Gottes und das Wesen Satans

2 Jüdische Antworten auf das Böse

3 Das Leid durch Hinnahme und Gebet ertragen

4 Einen Moralkodex befolgen

1 Die Güte Gottes und das Wesen Satans

Das Judentum lehrt, dass diejenigen, die Gott lieben und seine Gesetze befolgen, sich seiner Liebe und Gnade erfreuen werden. Gott ist gut, und er ist der Hüter des Universums und der Menschen, die er geschaffen hat. Gott zeigte seine Güte, indem er die Juden zu seinem **auserwählten Volk** machte. Er gab ihnen die Tora und die Zehn Gebote, sodass sie den Willen und die Absichten Gottes erkennen konnten. Darum wird die Tora oft als *„das größte Geschenk Gottes an die Juden"* bezeichnet. Ein Thema, das in den jüdischen Schriften immer wieder behandelt wird, ist **das Leiden des jüdischen Volkes**. Man glaubte, die Ursache des Leidens läge darin, dass die Juden nicht in dem Maße nach den hohen Erwartungen Gottes gelebt hätten, wie er es von ihnen verlangte.

Satan

Das erste Auftreten **Satans** in den jüdischen Schriften geschah in der Gestalt einer Schlange – er war der Verführer im Garten Eden. Satan erschien noch bei zwei anderen Gelegenheiten:

1. **Er führte Israels viel geliebten König David in Versuchung**. Er forderte König David auf, eine Zählung des Volkes Israel durchzuführen. Die Versuchung lag darin, dass der König mehr auf die Größe seines Heeres als auf Gott vertrauen würde, um in einer Schlacht siegreich zu sein (1 Chr 21).
2. Die Geschichte von Ijob. Ijob wird in den Schriften als ein Mann beschrieben, der

> *„ … untadelig und rechtschaffen (war); er fürchtete Gott und mied das Böse."*
> *Ijob 1,1*

Im Buch Ijob wird Satan als der Widersacher geschildert, als ein übernatürliches Wesen, das Zugang zu Gott hatte. Er forderte Gott heraus, indem er prüfen wollte, ob Ijob weiterhin an ihn glaube, auch wenn er alles verliert – sein Vermögen, sein Eigentum, sein Land, seine Familie, seine Gesundheit. Gott gab Satan die Erlaubnis, Ijob alles wegzunehmen. Drei Freunde berieten Ijob; sie waren überzeugt, dass Gott ihn verlassen hätte. Ijob hingegen hielt an seinem Glauben fest, und es wurde ihm alles zurückgegeben.

2 Jüdische Antworten auf das Böse

Als das Königreich Israel im Jahre 721 v.Chr. fiel und das Königreich Judäa im Jahre 586 v.Chr. zu Grunde ging, wurden die **Juden ins Exil** verschleppt. Viele von ihnen wurden über die anderen Völker zerstreut. Später, im Jahre 70 n.Chr., schlugen die Römer einen Aufstand der Juden nieder und zerstörten den Tempel in Jerusalem. In dieser Zeit wurden die Juden über die Völker in Nah und Fern zerstreut. Über Jahrhunderte konnten sie nicht nach Jerusalem zurückkehren, und der Tempel wurde nie mehr neu errichtet.

Die meisten der frühen Christen waren Juden. Und diese Christen begannen, die Juden für den Tod Jesu verantwortlich zu machen. Später verdächtigte man die Juden, neugeborene Christenkinder zu töten und ihr Blut zur Zubereitung ungesäuerten Brotes zu verwenden, das sie für ihr Passah-Fest brauchten.

Diese falschen Behauptungen, bekannt unter der Bezeichnung **„Blutverleumdung"**, waren ein Grund dafür, dass im 12. und 13. Jahrhundert viele Juden durch christlichen Mob ermordet wurden. Während der Pestseuchen im 14. und 15. Jahrhundert wurden die Juden beschuldigt, Brunnen zu vergiften und für die Ausbreitung der Seuche verantwortlich zu sein. Für diesen Hass gegen die Juden gibt es die Bezeichnung Antisemitismus, der sich über die folgenden Jahrhunderte in ganz Europa fortsetzte. In den dreißiger und vierziger Jahren des 20. Jahrhunderts nahm dieser Antisemitismus in Deutschland während des Nationalsozialismus seine schrecklichsten Ausmaße an.

Judenverfolgung in den 1930er-Jahren in Deutschland:

- Viele der Synagogen in Deutschland wurden niedergebrannt.
- Die Juden wurden in Gettos zusammengetrieben.
- Jüdische Kinder wurden an deutschen Schulen gedemütigt.
- Den Juden wurden die niedrigsten Arbeiten aufgebürdet.

Der Holocaust

Als die **Nationalsozialisten** in den 1930er-Jahren ihren Plan, alle Juden zu vernichten, in die Tat umzusetzen begannen, wurden sie dabei von den Christen zumindest anfangs unterstützt.

Während des Zweiten Weltkrieges (1939–1945) wurden über 6 Millionen Juden von den Nationalsozialisten ermordet. In der Welt ist dieses Verbrechen unter der Bezeichnung **Holocaust** (Brandopfer) bekannt. Die Juden ziehen die Bezeichnung **Schoah** vor, was „Untergang" oder „Vernichtung" bedeutet. In diesem Zeitabschnitt starben 30 % aller Juden der Welt in den Konzentrations- und Todslagern in Europa. In zwei Lagern, in Auschwitz und in Treblinka, wurden täglich über 5 000 Juden ermordet. Die Absicht der Nazis bestand darin, zuerst alle Juden in Deutschland auszulöschen und sie dann, nach gewonnenem Krieg, weltweit zu vernichten. Dieses nennt man **Genozid** bzw. **Völkermord**.

Als die Welt 1945 die ganze grausame Wahrheit über diese Ereignisse erfuhr, gab es zwei Reaktionen:

1. Die Nichtjuden in der Welt waren entschlossen, dass niemand je vergessen dürfe, was geschehen war, und dass dafür gesorgt werden müsse, dass Derartiges nie wieder geschehen kann. Trauer- und Gedenktage wurden eingeführt. Viele Konzentrationslager wurden der Öffentlichkeit zugänglich gemacht.
2. Viele Juden zweifelten damals an ihrem Glauben und meinten, Gott hätte sie fallen gelassen, denn er hätte zu ihrer Rettung direkt eingreifen müssen. Andere hingegen glaubten, dass der jüdische Glaube unter allen Umständen weiter bestehen müsse – ansonsten würde Hitler nachträglich einen Sieg davontragen. Einige Juden glaubten trotz allem, was passiert war, dass Gott auch in den Konzentrationslagern an ihrer Seite gewesen wäre und mit seinem Volk gelitten hätte.

Die Gedenkstätte Yad Vashem in Israel, errichtet zur Erinnerung an die Millionen Juden, die dem Holocaust zum Opfer fielen.

3 Das Leid durch Hinnahme und Gebet ertragen

Wie wir gesehen haben, ertrugen die Juden oftmals in ihrer Geschichte großes Leid. Die meisten Juden konnten es akzeptieren, dass dieses Leid ein Teil von Gottes allumfassendem Plan für sein Volk ist. Die Geschichte von Ijob in den jüdischen Schriften ist ein Beispiel dafür. Obwohl Ijob großes Leid widerfuhr, verlor er nicht seinen Glauben an Gott. Der **Versöhnungstag, Jom Kippur**, ist der wichtigste Tag des jüdischen Jahres. Diesen Tag verbringen die Juden zum größten Teil in der Synagoge, um die Vergebung Gottes und die Vergebung der anderen Juden für ihre Sünden und Verfehlungen des vergangenen Jahres zu erbitten.

In viele Synagogen gibt es eine Gedenkstelle, die an das Leiden des jüdischen Volkes erinnert.

4 Einen Moralkodex befolgen

Die Juden glauben, dass sie die Nachkommen ihrer Stammväter Abraham, Jakob und Isaak sind. So, wie diese Stammväter eine besondere Beziehung zu Gott hatten, so glauben auch die heutigen Juden, dass sie in einer besonderen Beziehung zu Gott stehen. Dieses Bündnis wurde zuerst von Gott mit Abraham geschlossen. Es hatte zwei Teile:

- Es legte fest, was Gott für die Juden zu tun versprach. Er verhieß ihnen ein eigenes Land.
- Es wurde auch festgehalten, was Gott von den Juden im Gegenzug erwartete. Sie sollten ihm treu bleiben und sich an seine Gesetze halten. Gott verkündete das, als er ihnen die **613 Gesetze (Mitzvot)** und insbesondere die **Zehn Gebote** gab. Die Mitzvot wurden in den fünf Büchern der Tora niedergeschrieben. Diese fünf Bücher sind der wertvollste Bestandteil der jüdischen Schriften.

Über Jahrhunderte erklärten die jüdischen Lehrer (**Rabbiner**) dem Volk, was die Mitzvot eigentlich bedeuten. Diese Kommentare wurden von Generation zu Generation weitergegeben; deshalb nennt man sie auch die „mündliche Tora". Im 2. und 3. Jahrhundert n. Chr. begann man damit, diese Kommentare zu sammeln, woraus schließlich der **Talmud** entstand. Er dient dazu, alle gesetzlichen Streitigkeiten zwischen Juden beizulegen. Er hilft den Juden auch bei der Entscheidung, wie sie ihr alltägliches Leben gestalten sollen. Die Juden können auch ihren Rabbiner befragen, wenn sie nicht genau wissen, wie sie sich verhalten sollen, oder wenn sie einen Rat in Gewissensfragen brauchen.

- Was meinen Juden damit, dass Gott sie zum auserwählten Volk machte?
- Wie erklären Juden das Leid und das Böse auf der Welt?
- Was sagen die Schriften der Juden über Satan?
- Was versteht man unter:
  a. Antisemitismus,
  b. Holocaust,
  c. Schoah?
- Wie erklären gläubige Juden den Holocaust?

Nach der Tradition studieren jüdische Männer die Schriften gemeinsam.

Zusammenfassung

- *Das Leiden der Juden wird in den jüdischen Schriften wiederholt aufgegriffen.*
- *Satan gilt im Judentum als der Widersacher Gottes.*
- *Während des Nationalsozialismus wurden die Juden verfolgt und ermordet. Das in dieser Zeit erfahrene Leid ließ im Nachhinein viele Juden an ihrem Glauben zu Gott zweifeln.*
- *Die jüdischen Schriften geben den Gläubigen eine Orientierung im Alltag. Wenn sie weiteren Rat brauchen, können sie sich auch an einen Rabbiner wenden.*

- **Wie wird in den drei Weltreligionen die Existenz des Bösen in der Welt erklärt? Warum gehört das Leiden zum Leben der Menschen dazu?**
- **„Es** [das Böse] **hat seinen Ursprung im schuldhaften Versagen der Freiheit.“ Was bedeutet dieses Zitat? Wie wäre demzufolge das Böse aufzuhalten oder zu bekämpfen?**
- **Woran können sich die Anhänger der Religionen orientieren, um Anleitungen für richtiges Handeln zu finden?**

Empfehlenswerte Literatur und Links

Literatur

Peter Hahne:
Leid. Warum lässt Gott das zu?
St. Johannis-Druckerei 2008.
ISBN 978-3-501-05130-6

Leo Kauter:
Vom Lügen, Betrügen und der Moral.
Materialien und Projekte.
Verlag an der Ruhr 2003.
ISBN 978-3-86073-773-7

Ernst Tugendhat, Celso López, Ana M. Vicuna:
Wie sollen wir handeln? Schülergespräche über Moral.
Reclam 2000.
ISBN 978-3-15-018089-1

Héctor Zagal, José Galindo:
Ethik für junge Menschen. Grundbegriffe, Positionen, Probleme.
Reclam 2000.
ISBN 978-3-15-018093-8

Werner Zager:
Ethik in den Weltreligionen.
Neukirchener 2002.
ISBN 978-3-7887-1910-4

Jean Ziegler:
Wie kommt der Hunger in die Welt? Ein Gespräch mit meinem Sohn.
Bertelsmann 2002.
ISBN 978-3-570-30059-6

Links

www.treffpunkt-ethik.de/themen.asp
Diskussionsforum für ethisch-moralische Fragestellungen.

www.hirzel.de/universitas/archiv/jeschke.pdf
Warum Menschen moralisch sind.

www.evangelium.de/737.0.html
Das Evangeliumsnetz informiert aus christlicher Perspektive über den Umgang mit Leid, Sorgen, Schmerz.

Kapitel 6

Religion und zwischenmenschliche Beziehungen

Einführung

Die Beziehungen zwischen den Menschen, insbesondere die **Beziehung zwischen Mann und Frau**, wird in allen Religionen hervorgehoben. Die Stellung des Mannes und der Frau in einer partnerschaftlichen Beziehung und ihre jeweiligen Rollen, die Frage, ob eine vor Gott geschlossene Ehe wieder geschieden werden darf und ob geschlechtliche Beziehungen vor oder außerhalb der Ehe stattfinden dürfen, beschäftigen die Anhänger sämtlicher Religionen. Die Antworten der heiligen Schriften auf diese Fragen scheinen allerdings heute für viele nicht mehr angemessen und gültig. Die Scheidungsquote in Deutschland war nie höher als heute, Jugendliche sammeln bereits in frühen Jahren sexuelle Erfahrungen, ohne sich ewig an diesen Partner binden zu wollen, und eine Lebensgemeinschaft gleichgeschlechtlicher Paare wurde in vielen europäischen Ländern gesetzlich ermöglicht. Manche Christen haben in den vergangenen Jahrzehnten ein toleranteres Verständnis zu all diesen Fragen entwickelt.

Die Emanzipationsbestrebungen der Frauen, die Entwicklung und Verbreitung von sicheren Verhütungsmitteln und die fortschreitende Gleichstellung homosexueller Paare haben zu einer **gesellschaftlichen und politischen Entwicklung geführt, die mit den Lehren der heiligen Schriften nicht mehr übereinstimmen**. Diese Feststellung gilt sicherlich nicht für alle Länder – im Gegenteil, es lassen sich auch rückläufige Entwicklungen feststellen. Allerdings erfordern die äußeren Umstände in vielen Ländern ein Umdenken, das auch von den Autoritäten der Religionen nicht ignoriert werden kann: Die Berufstätigkeit der Frau etwa ist nicht immer nur Ausdruck ihres Wunsches nach Unabhängigkeit; viele Familien sind finanziell auf ein zweites Einkommen angewiesen, sodass die Frau nicht mehr ausschließlich den Haushalt versorgen kann. In den folgenden Kapiteln kannst du dich informieren, welche Antworten in den drei Weltreligionen zu diesen Fragen vertreten werden.

Die gesellschaftlichen und politischen Antworten auf die Fragen nach Scheidung, geschlechtlichen Beziehungen vor der Ehe und Homosexualität stimmen oftmals mit den religiösen Lehren nicht überein.

Christentum

Im folgenden Abschnitt erfährst du etwas über diese Themen:

1 Die Rolle von Mann und Frau in der christlichen Familie
2 Die christliche Heiratszeremonie
3 Die christliche Einstellung zur Scheidung
4 Die christliche Einstellung zur Sexualität
5 Die christliche Einstellung zur Empfängnisverhütung

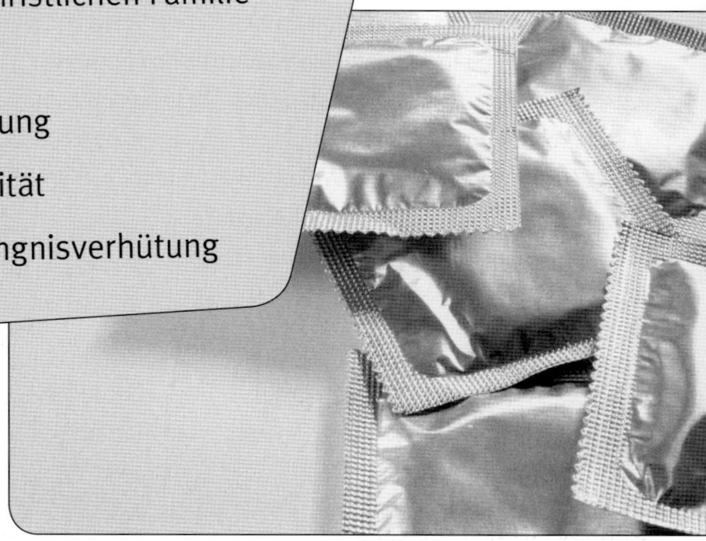

1 Die Rolle von Mann und Frau in der christlichen Familie

Im Christentum gibt es verschiedene Ansichten zur **Rolle von Mann und Frau** in einer modernen Familie, die sich folgendermaßen einteilen lassen:

Der traditionelle Standpunkt

Viele Christen glauben, dass Männern und Frauen **unterschiedliche Rollen in Ehe und Familie** zukommen:
Die **Rolle der Frau** besteht darin, Kinder zu bekommen, sie großzuziehen und einen christlichen Haushalt zu führen. Die Frauen sollen sich ihren Ehemännern zu Hause unterordnen und seine Autorität in allen Belangen akzeptieren. Die **Rolle des Mannes** besteht darin, durch ein regelmäßiges Einkommen für den Unterhalt der Familie zu sorgen. Er soll die Familie in religiösen Fragen anleiten, wozu auch die häusliche Frömmigkeit zählt. Der Mann soll seine Frau lieben wie sich selbst und die Führung im kirchlichen Leben übernehmen.

Diese Ansichten beruhen auf den Schriften des **Paulus** im Neuen Testament, wonach es Frauen nicht gestattet ist, in der Kirche zu sprechen oder zu lehren. Diese Lehre wiederum beruft sich auf die Schöpfungsgeschichte (Gen 2), in der Gott zuerst den Mann erschuf. Erst nachdem Adam Gottes Befehl befolgt und allen Tieren einen Namen gegeben hatte, unter ihnen aber keinen ihm entsprechenden Gefährten finden konnte, erschuf Gott die Frau. Gott erschuf Eva, damit sie Adam eine Hilfe und Unterstützung sei. Diese traditionellen Ansichten gehen auch auf Petrus zurück:
So auf 1 Petr 3, 1–7, wo er die Männer auffordert, ihre Frauen zu achten und zu ihnen rücksichtsvoll zu sein, da sie „der schwächere Teil" seien.

Heute akzeptieren nur noch wenige Christen in den westlichen Ländern diese Lehren in ihrem wörtlichen Sinn. In einigen afrikanischen Ländern hingegen werden sich noch weitgehend beachtet.

„Ihr Männer, liebt eure Frauen, wie Christus die Kirche geliebt und sich für sie hingegeben hat …"
Eph 5,25

„Darum sind die Männer verpflichtet, ihre Frauen so zu lieben wie ihren eigenen Leib. Wer seine Frau liebt, liebt sich selbst."
Eph 5,28

„Ihr Frauen, ordnet euch euren Männern unter, wie es sich im Herrn geziemt. Ihr Männer, liebt eure Frauen und seid nicht aufgebracht gegen sie!"
Kol 3, 18-19

„Eine Frau soll sich still und in aller Unterordnung belehren lassen. Dass eine Frau lehrt, erlaube ich nicht, auch nicht, dass sie über ihren Mann herrscht; sie soll sich still verhalten. Denn zuerst wurde Adam erschaffen, danach Eva. Und nicht Adam wurde verführt, sondern die Frau ließ sich verführen und übertrat das Gebot."
1 Tim 2, 11-14

Der moderne Standpunkt

Die meisten christlichen Kirchen akzeptieren heute, dass Mann und Frau gleich sind – sie haben weibliche Vikare, Seelsorger und Priester. Dazu gehören die anglikanische, die baptistische und die methodistische Kirche. Auch innerhalb der Familien halten die meisten christlichen Eheleute Gleichberechtigung für den besten Weg, ihr Leben im 21. Jahrhundert zu organisieren.
Sie begründen dies mit dem Wirken Jesu,

- der Männer und Frauen gleich behandelte.
- der im Frauenhof des Jerusalemer Tempels (Mt 21,23 – 22,14) predigte.
- der eine Samariterin als seinesgleichen behandelte (Joh 4).
- der weibliche Anhänger hatte, die bis zu seinem Tod am Kreuz bei ihm blieben (Mt 27,55) und ihm dienten. Auch wenn unter den zwölf Jüngern Jesu keine Frauen waren, so folgten ihm doch viele Frauen und unterstützten ihn.
- der nach seiner Auferstehung zuerst Frauen erschien, dann erst seinen Jüngern.

Diese moderne Einstellung vertreten die allermeisten Christen in den westlichen Ländern.

2 Die christliche Heiratszeremonie

Der Wortlaut des Ehegelübdes ist bei den meisten christlichen Konfessionen ähnlich. Zu Beginn der Heiratszeremonie werden die Brautleute daran erinnert, dass ihre Heirat *„vor dem Angesicht Gottes"* stattfindet. Obwohl zwei Zeugen anwesend sein müssen, ist bei einer christlichen Trauung Gott der wichtigste Zeuge. Die Brautleute werden dann auf den **dreifachen Sinn der Ehe** hingewiesen:

- In der Ehe sollen sie einander helfen und unterstützen, in guten wie in schlechten Zeiten.
- Die Ehe erlaubt eine sexuelle Beziehung in einer gesicherten Umgebung, in der Mann und Frau gleichermaßen Liebe erfahren.
- Die Ehe ist dazu da, Kinder zur Welt zu bringen und im christlichen Sinne zu erziehen.

Ein Ehegelöbnis, das während der Traufeier gesprochen wird:
Ich (Name) nehme dich (Name) zu meinem Mann/zu meiner Frau.
Ich verspreche vor Gott,
dich zu lieben, zu beschützen und zu trösten,
dich nicht zu verlassen,
weder in guten noch in schlechten Zeiten,
weder in Gesundheit noch in Krankheit,
und dir die Treue zu halten, bis der Tod uns scheidet.

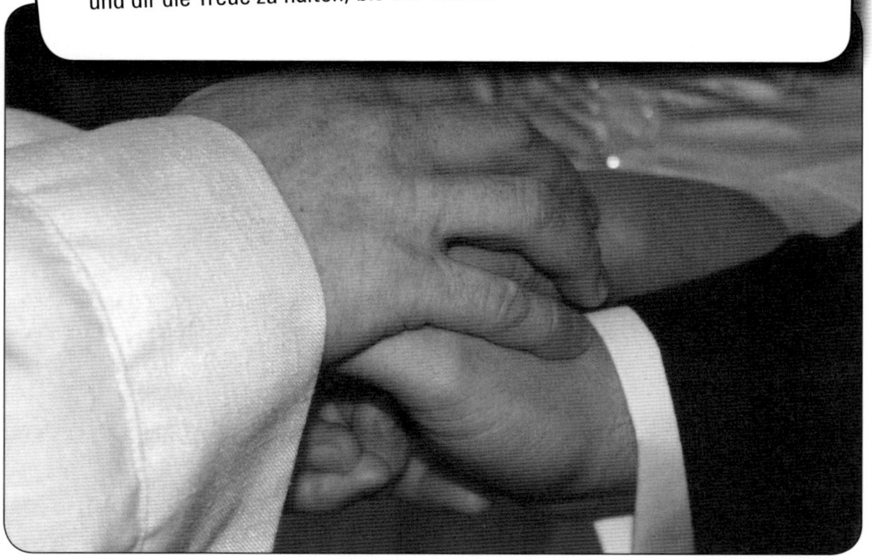

Eine christliche Ehe soll ein **lebenslanges Bündnis** zweier Menschen sein, das nur durch den Tod eines Partners gebrochen werden kann. Deshalb versprechen sich die Brautleute in den Traugottesdiensten aller Konfessionen, dass sie einander treu sein werden, *„bis dass der Tod uns scheidet"*. Das Gelöbnis, das sich die beiden geben, erstreckt sich auf alle möglichen Situationen des Lebens – Gesundheit und Krankheit, Armut und Wohlstand. Das Paar verspricht sich, einander bis zum Ende ihrer Tage zu lieben und zu achten. Sie tauschen Ringe aus als sichtbares Zeichen des Gelöbnisses, das sie sich gegeben haben. Der Ring, ein vollkommener Kreis ohne Anfang und Ende, symbolisiert die Liebe, die – so hofft man – ein Leben lang dauert und wächst bis in die Ewigkeit.

Varianten
Es gibt zwei wichtige, konfessionsbedingte Unterschiede bei der Eheschließung:

1. Die **römisch-katholische Kirche** und viele andere Christen betrachten die Ehe als ein **Sakrament**. Ein Sakrament ist eine symbolische kirchliche Handlung, durch welche die Gnade und der Segen Gottes vermittelt werden. Im Falle einer katholischen Eheschließung geben sich die Brautleute vor dem zuständigen Pfarrer und zwei Zeugen das Jawort und spenden sich selbst das Sakrament der Ehe. Eine katholische Trauung findet dann in der Brautmesse ihren Abschluss.

2. In den **orthodoxen Kirchen** wird die Trauung als **„Krönung"** bezeichnet; beiden Brautleuten wird eine Krone aufs Haupt gesetzt. Auf diese Weise empfangen die beiden die Kraft des Heiligen Geistes, um sich und ihre Kinder, die sie haben werden, zu lieben. Die Kronen symbolisieren sowohl Liebe als auch Selbsthingabe.

Christliche Lehren über die Ehe
Erwartungsgemäß unterstreichen die Traufeiern die wichtigsten christlichen Überzeugungen von der Ehe:
1. Die Ehe wurde von Gott eingesetzt.
2. Die Ehe ist ein feierliches Versprechen, das sich zwei Menschen vor Gott geben.
3. Die Ehe ist die einzige akzeptable Beziehung, in der Sexualität erlaubt ist.
4. Die Ehe ist die ideale Beziehung zur Zeugung und Erziehung von Kindern.
5. Die Ehe soll eine unauflösbare Beziehung sein.
6. In der Ehe sollen die Partner einander die Treue halten.

Über die Rolle von Mann und Frau in der Familie gibt es im Christentum zwei unterschiedliche Ansichten. Beschreibe diese Ansichten.

Worin liegt der dreifache Sinn einer Ehe, die bei einer christlichen Trauung hervorgehoben wird.

Beschreibe die wichtigsten Details einer christlichen Heiratszeremonie.

3 Die christliche Einstellung zur Scheidung

Heutzutage enden so viele Ehen wie nie zuvor mit einer Scheidung. In diesem Zusammenhang hört man immer wieder das Argument, dass die Vorstellung von einer Ehe, die ein Leben lang halten soll, immer unrealistischer werde. Tatsächlich stieg die Zahl der Scheidungen in Deutschland von 44 391 jährlich im Jahre 1960 auf 213 691 im Jahre 2004. Das entspricht bei 395 992 Eheschließungen im Jahr 2004 einer Scheidungsrate von etwa 53,9 %.

Was sagt die Bibel zur Scheidung
Im Alten Testament erlaubte Moses, der große jüdische Gesetzgeber, den Juden **die Scheidung**, weil die Menschen daran scheiterten, Gottes Ideal der Ehe gerecht zu werden. Allerdings war das ein Kompromiss und nicht Teil von Gottes ursprünglichem Plan.

Zu Zeiten Jesu war es für einen Mann sehr einfach, eine Scheidung durchzusetzen. Aber Jesus lehrte, dass sich ein Mann nur dann von seiner Frau scheiden dürfe, wenn sie ihm untreu war (Mt 5, 31-32). Laut Markusevangelium hingegen gibt es überhaupt keinen Grund für eine Scheidung (Mk 10, 11-12). Jesus sagte, dass jeder, der seine Frau verlässt und eine andere heiratet, Ehebruch begehe, der nach den Zehn Geboten (Ex 20,14) verboten war. Eine jüdische Frau konnte sich zu dieser Zeit unter keinen Umständen scheiden lassen. Auch Paulus hatte viel über die Ehe zu sagen. Er lehrte, dass sich ein Mann unter keinen Umständen von seiner Frau trennen dürfe. Eine Frau sollte ihren Ehemann nicht verlassen. Wenn sie es dennoch tut, dann müsse sie unverheiratet bleiben oder zu ihrem Mann zurückkehren (1 Kor 7, 10-11).

„Habt ihr nicht gelesen, dass der Schöpfer die Menschen am Anfang als Mann und Frau geschaffen hat und dass er gesagt hat: Darum wird der Mann Vater und Mutter verlassen und sich an seine Frau binden und die zwei werden ein Fleisch sein? Sie sind also nicht mehr zwei, sondern eins. Was aber Gott verbunden hat, darf der Mensch nicht wieder trennen."
Mt 19, 4-6

Scheidungsrecht

Nach dem deutschen Recht gilt die Ehe als lebenslange Institution, die durch das Gesetz geschützt wird. Sie kann aber durch ein richterliches Urteil aufgehoben oder geschieden werden. Die Geschichte des Scheidungsrechts in Deutschland kannst du in dem Kasten rechts nachlesen.

Die Kirchen und Scheidung

Die christlichen Kirchen vertreten zum Thema Scheidung unterschiedliche Meinungen:

▶ Die **evangelische Kirche** erlaubt die **Wiederheirat** nach einer staatlichen Scheidung. Gleiches gilt für die orthodoxe Kirche nach dem Prinzip der Ökonomie (pastorale Milde).

▶ Die **Freikirchen**, wie die Baptisten und Methodisten, erlauben geschiedenen Menschen, wieder kirchlich zu heiraten, auch wenn es einzelne Seelsorger auf Grund ihrer persönlichen Überzeugungen zu Ehe und Scheidung ablehnen können, die Eheschließung zu vollziehen.

▶ Die **römisch-katholische Kirche** vertritt den Glauben, dass die Ehe ein Sakrament ist und deshalb nicht aufgelöst werden kann. Stattdessen rät sie Paaren, deren Ehe gescheitert ist, sich zu trennen, aber verheiratet zu bleiben, oder aber eine **Annullierung** anzustreben. Nachdem eine Annullierung durch die römisch-katholische Kirche ausgesprochen wurde, ist es, als ob die Ehe niemals vollzogen worden wäre. Eine Annullierung kann erteilt werden,

- wenn bewiesen werden kann, dass das Paar nicht völlig verstanden hat, was es tat, als es heiratete.
- wenn einer der Partner nicht seine volle Einwilligung in die Ehe gegeben hat.
- wenn einer der Partner niemals die Absicht hatte, Kinder zu zeugen, und der andere Partner dies nicht erkennen konnte.

Kurze Geschichte des Scheidungsrechts in Deutschland

1.1.1900:
Ein einheitliches deutsches Scheidungsgesetz wird im Bürgerlichen Gesetzbuch (BGB) festgeschrieben. Als Gründe für die Scheidung wurden Ehebruch, böswilliges Verlassen, schuldhafte Zerrüttung der Ehe und Geisteskrankheiten anerkannt.

1938 wurden die Bestimmungen über das Scheidungsrecht aus dem Bürgerlichen Gesetzbuch herausgelöst und durch das Gesetz zur „Vereinheitlichung des Rechts der Eheschließung und Ehescheidung" ersetzt. Nach diesem Gesetz konnte eine Ehe nicht nur wegen schwerer Eheverfehlungen, sondern auch wegen Zerrüttung der Ehe geschieden werden. Als Eheverfehlungen galten Ehebruch und Verweigerung der Fortpflanzung, aber auch Unfruchtbarkeit. Eine Zerrüttung der Ehe wurde als Scheidungsgrund anerkannt, wenn die Ehepartner mindestens drei Jahre getrennt gelebt hatten und die Wiederherstellung der Ehe nicht zu erwarten war.
Nach dem Zweiten Weltkrieg wurden die Scheidungsgründe Fortpflanzungsverweigerung und Unfruchtbarkeit abgeschafft.

1.7.1977:
Ein neues Scheidungsrecht tritt in Kraft: Nach dem Zerrüttungsprinzip gilt eine Ehe als gescheitert, wenn die Lebensgemeinschaft nicht mehr besteht und nicht erwartet werden kann, dass sie von den Eheleuten wiederhergestellt wird. Die Scheidungsfolgen hängen davon ab, wer die Ehe zerrüttet und die Scheidungsgründe geliefert hat (Verschuldensprinzip).

Warum glauben einige Christen, dass eine Scheidung immer falsch ist?

Die Wiederverheiratung geschiedener Personen wird von manchen Kirchen erlaubt, von anderen nicht. Überlege dir Argumente für beide Seiten.

Wie hat sich das Scheidungsrecht seit dem Jahr 1900 geändert? Wie sind diese Änderungen zu erklären? Recherchiert weitere Informationen zu diesem Thema.

4 Die christliche Einstellung zur Sexualität

Wegen der Möglichkeit, anderen Menschen schweren Schaden zuzufügen, üben sowohl die Gesellschaft als auch die Kirchen eine strenge Kontrolle über das Sexualverhalten aus.

§ 182 Strafgesetzbuch

In Deutschland ist der sexuelle Verkehr von Erwachsenen ab 21 Jahren mit Minderjährigen unter 16 Jahren gesetzwidrig, wenn der Erwachsene dabei eine „fehlende Fähigkeit des Opfers zur sexuellen Selbstbestimmung" ausnutzt. Ebenfalls gesetzeswidrig sind sexuelle Handlungen von Erwachsenen ab 18 Jahren mit einem Jugendlichen unter 16 Jahren, wenn der Jugendliche durch Ausnutzung einer Zwangslage dazu gebracht wurde.
In Deutschland haben mehr als zwei Drittel aller Jugendlichen den ersten Geschlechtsverkehr vor ihrem 18. Geburtstag, in Großbritannien etwa die Hälfte.

Sexualität und Ehe

Obwohl Christen verschiedene Ansichten zu sexuellen Beziehungen vertreten, glauben viele, dass jede geschlechtliche Beziehung außerhalb der Ehe falsch ist. Dabei wird zwischen **vorehelichem** und **außerehelichem Geschlechtsverkehr** unterschieden.

1. Vorehelicher Geschlechtsverkehr
Damit sind sexuelle Beziehungen zwischen zwei Menschen gemeint, die nicht verheiratet sind. Vorehelicher Geschlechtsverkehr kann zwischen zwei Menschen stattfinden, die zusammen in einer dauerhaften Beziehung leben, oder aber zwischen zwei Menschen, die einander kaum kennen. Beide Situationen werfen eine Reihe verschiedener moralischer Fragen auf.

2. Außerehelicher Geschlechtsverkehr
Damit sind sexuelle Beziehungen zwischen zwei Menschen gemeint, von denen einer oder beide verheiratet sind, aber der Verkehr nicht mit dem Ehepartner vollzogen wird. Hierbei spricht man von **Ehebruch**. Sicher kann die Ehe bereits zerbrochen sein, aber die Kirche sieht da keinen Unterschied. Jede Form der Sexualität außerhalb der Ehe ist **Sünde**.

Es gibt viele Gründe dafür, warum Sexualität außerhalb der Ehe immer häufiger geworden ist:

- Immer weniger Menschen akzeptieren die Lehren der christlichen Kirchen, die Sexualität vor und außerhalb der Ehe immer strikt ablehnten.
- Wirksame Empfängnisverhütung steht heute sowohl verheirateten als auch unverheirateten Paaren frei zur Verfügung.
- Immer weniger Menschen erwarten von ihrem Partner Jungfräulichkeit bei der Eheschließung.

Christen glauben, dass außerehelicher Geschlechtsverkehr dem widerspricht, wofür Sexualität nach Gottes Absicht vorgesehen war – nämlich um eine eheliche Beziehung zu festigen und um die Menschen mit dem Geschenk von Kindern zu segnen. Jesus sprach sich oft gegen Unzucht (vorehelicher Geschlechtsverkehr) und Ehebruch (außerehelicher Geschlechtsverkehr) aus. Die Christen glauben, dass Sexualität der von Gott gegebene Weg für zwei Menschen ist, in der Ehe ihre Liebe auszudrücken. Geschlechtskrankheiten, wie Gonorrhö und Herpes, die Verbreitung von AIDS sowie die Geburt ungewollter und ungeplanter Kinder werden als Gefahren des Geschlechtsverkehrs außerhalb der Ehe angesehen.

Die Frage nach der Akzeptanz von **Homosexualität** ist ein wichtiger Streitpunkt der Christen. Es gibt viele homosexuelle Christen, darunter auch Priester. Die römisch-katholische Kirche verbietet strikt die Homosexualität. Obwohl auch viele Anglikaner homosexuell sind, lehrt die anglikanische Kirche in vielen Teilen der Welt, besonders in Afrika, dass Homosexualität eine Sünde sei. Seit dem Jahr 2001 dürfen gleichgeschlechtliche Paare in Deutschland eine Lebenspartnerschaft eingehen, die der Beziehung einen rechtlichen Rahmen ermöglicht. Die Kirchen – insbesondere die katholische Kirche – lehnen diese gesetzliche Regelung ab.

Der Zölibat

Unter **Zölibat** versteht man eine freiwillig gewählte Lebensweise, die Ehe und Sexualität ausschließt. Über Jahrhunderte wurde der Zölibat mit der römisch-katholischen Kirche in Verbindung gebracht. Paulus empfahl die zölibatäre Lebensweise denjenigen, die ihr Leben ganz dem Dienste Gottes widmen wollen. Im Jahre 1139 verordnete die katholische Kirche den Zölibat für ihre Priester – die einzige Kirche, die ein solches Gebot erließ. Vor allem in den letzten Jahren haben sich viele Gläubige für eine Änderung dieser Regelung ausgesprochen, da die Zahl der katholischen Priester dramatisch rückläufig ist. Doch der Zölibat bleibt weiterhin gültig. Papst Johannes Paul II. verfügte, dass die Pflicht zum Zölibat für Priester nicht geändert wird.

5 Die christliche Einstellung zur Empfängnisverhütung

Die **römisch-katholische Kirche** ist die einzige christliche Konfession, die strikt gegen Empfängnisverhütung und Geburtenkontrolle ist. Sie lehrt, dass die natürliche Folge der Liebe zwischen Ehemann und Ehefrau Kinder sind, denn Kinder sind das Herzstück einer solchen Verbindung. Nach den Worten von Papst Paul VI. muss „jeder eheliche Akt offen bleiben für die Weitergabe des Lebens".

1968 veröffentlichte er eine **Enzyklika** mit dem Titel „**Humanae Vitae**" („Über die rechte Ordnung der Weitergabe des menschlichen Lebens"), in welcher die Pille, Kondome wie auch Sterilisation als Methoden der Empfängnisverhütung für alle Katholiken verboten wurden. Natürliche Methoden der Verhütung hingegen wurden erlaubt und sogar empfohlen. Demnach ist es akzeptabel, wenn ein Paar die Tage im Menstruationszyklus, an denen die Frau nicht empfängnisfähig ist, für ihr Sexualleben ausnutzt. Nur „natürliche" Methoden der Empfängnisverhütung sollen mit dem vereinbar sein, was in **Gottes Plan für ein eheliches Leben** vorgesehen ist. Ansonsten muss das Paar enthaltsam sein, wenn es keine Kinder haben will.

Die Katholiken in aller Welt wurden von dieser Lehre zutiefst aufgewühlt. Umfragen ergaben, dass zu dieser Zeit viele von ihnen die Lehren der Kirche zur Empfängnisverhütung ignorierten – und daran hat sich bis heute nichts geändert. Wenn sie keine Kinder bekommen möchten, verwenden sie, entgegen den Lehren der Kirche, eine verlässliche Verhütungsmethode.

Die meisten Christen betrachten die Sexualität als eines der wertvollsten Geschenke Gottes, an dem man Freude haben sollte. Sexualität dient zur Zeugung neuen Lebens, aber sie ist auch Ausdruck der tiefen Liebe, die zwei Menschen füreinander empfinden.

Empfängnisverhütung ist dabei ein willkommener Weg, die Angst vor einer ungewollten Schwangerschaft zu nehmen. Die protestantischen Kirchen sind überzeugt, dass alle Formen der Empfängnisverhütung richtig sind, solange sie für beide Partner akzeptabel sind. Dadurch kann sich ein Paar frei entscheiden, zu welchem Zeitpunkt es Kinder haben will.

Was ist der Unterschied zwischen vorehelichem und außerehelichem Geschlechtsverkehr?

Warum wenden sich viele Christen gegen jede Sexualität außerhalb der Ehe? Aus welchen Gründen gibt es immer mehr außereheliche Sexualität und was sind die möglichen Folgen?

Erkläre die verschiedenen Haltungen, die christliche Kirchen zur Empfängnisverhütung vertreten. Glaubst du, dass Kinder in irgendeiner Weise ein „Geschenk Gottes" sind? Begründe deine Antwort.

Zusammenfassung

- *Heute wird der traditionelle Standpunkt bezüglich der Rollenverteilung von Mann und Frau in der Ehe und der Familie, deren Ursprung in den biblischen Texten zu finden ist, nur noch von wenigen Christen vertreten.*
- *Die meisten Christen sind für die Gleichberechtigung von Mann und Frau.*
- *Eine in einer Kirche geschlossene Ehe soll das Paar ewig binden. Die kirchliche Trauung folgt einem bestimmten Ablauf.*
- *Die römisch-katholische Kirche ist strikt gegen Empfängnisverhütung und Geburtenkontrolle.*
- *Von allen römisch-katholischen Priestern wird das Ablegen des Zölibates verlangt, das eine besondere Lebensweise nach sich zieht.*

Islam

Im folgenden Abschnitt erfährst du etwas über diese Themen:

1 Die Rolle von Mann und Frau in der muslimischen Familie
2 Die muslimische Heiratszeremonie
3 Die muslimische Einstellung zur Scheidung
4 Die muslimische Einstellung zur Sexualität
5 Die muslimische Einstellung zur Empfängnisverhütung

1 Die Rolle von Mann und Frau in der muslimischen Familie

Gemäß den Lehren des Korans besteht der Hauptzweck des ehelichen Lebens darin, dass Mann und Frau Kinder zeugen und sie zu guten Menschen erziehen. Zu Hause haben Mann und Frau ihre eigenen, klar abgegrenzten Verantwortungsbereiche. Die Eltern müssen den Kindern gute Vorbilder sein, indem sie etwa die Gebote der muslimischen Speisevorschriften beachten **(halal)**. In der Familie haben die Eltern verschiedene Pflichten gegenüber ihren Kindern. Sie sollen ihnen beibringen,

- zu beten **(Salat)**.
- den **Koran zu lesen**; dazu gehört, nach Möglichkeit, Arabisch zu lernen.
- die **wichtigsten Glaubensgrundsätze** zu kennen.
- den Fastenmonat **Ramadan** einzuhalten.

Kinder in einer Koranschule (Madrasa)

Die Kinder werden schrittweise in diese religiösen Inhalte eingeführt, während sie aufwachsen. Muslimische Kinder besuchen auch eine Religionsschule (Madrasa), in der die Unterweisungen der Eltern ergänzt und vertieft werden. Für die meisten Kinder findet dieser Unterricht außerhalb der regulären Schulstunden statt.

Mann und Frau haben klare Rollen in der Familie. Die Männer sollen durch ihre Arbeit für den Lebensunterhalt sorgen, während die Frauen die Kinder zur Welt bringen und großziehen. Muslimische Frauen haben das Recht, zu studieren, das Recht auf eigenen Besitz, und sie können Geschäfte auf ihren eigenen Namen machen, egal, ob sie verheiratet sind oder nicht. Wenn sie wollen, können sie sich auch weigern, zu heiraten. In einer muslimischen Ehe ergänzen sich Mann und Frau – sie sind keine Konkurrenten. Sie sollen für das Wohl ihrer Kinder zusammenarbeiten. Gemäß dem Koran sollte der Ehemann aber das letzte Wort bei familiären Entscheidungen haben.

Wie in allen Religionen sollen auch muslimische Eltern die wichtigen Entscheidungen für ihre Kinder treffen, bis sie alt genug sind, dies alleine zu tun.

2 Die muslimische Heiratszeremonie

Gemäß dem Koran sollten Muslime eine Ehe als eine **lebenslange Partnerschaft** betrachten. Deswegen wird von der muslimischen Gemeinschaft stark betont, wie wichtig es ist, den richtigen Partner zu wählen. Häufig werden deshalb die engsten Familienangehörigen in die Entscheidungsfindung miteinbezogen. Obwohl viele muslimische Ehen „arrangiert" werden, können sie ohne das volle Einverständnis der beiden Partner nicht geschlossen werden. Der Koran macht deutlich, dass die einzige vor Gott gültige Ehe diejenige ist, die Mann und Frau willentlich und freiwillig geschlossen haben.

„Keine Institution im Islam findet bei Gott so großen Gefallen wie die Ehe."

„Eine Frau wird aus drei Gründen geheiratet: wegen ihrer Schönheit, wegen ihrer familiären Verbindungen oder wegen der Verlockung ihres Reichtums. Wähle diejenige, die gläubig ist, und du wirst das Richtige tun."
Hadith

Die Morgengabe

Ein wesentlicher Bestandteil der Ehevereinbarung ist die so genannte Morgengabe, ein Art **Mitgift**, welche die Braut von ihrem Bräutigam erhält. Die Höhe der Morgengabe hängt üblicherweise vom Stand der Braut und von den Bräuchen der jeweiligen Gemeinde ab. Geld und Sachwerte werden vom Bräutigam oder seinem Vater im Gegenzug für die ehelichen Rechte übergeben. Dies wird als eine sehr wichtige Absicherung für die Frauen verstanden, da viele von ihnen nach der Heirat Hausfrauen werden und so kein eigenes Geld mehr verdienen. Gewöhnlich wird nur ein Teil der Morgengabe bei der Hochzeit „ausgezahlt", die dann in den persönlichen Besitz der Braut übergeht. Der übrige Teil wird nur übergeben, wenn sich das Paar scheiden lässt.

Die Hochzeitszeremonie

Eine muslimische Eheschließung ist eher eine zivile als eine religiöse Angelegenheit. Der wichtigste Teil der Zeremonie besteht in der **Unterzeichnung eines Vertrages** zwischen Braut und Bräutigam in Anwesenheit zweier männlicher Zeugen. Da es sich um eine zivile Zeremonie handelt, kann sie

Ein muslimischer Mann unterzeichnet den Ehevertrag. Damit soll sichergestellt werden, dass die Braut im Fall einer Scheidung finanziell versorgt ist.

überall vorgenommen werden. Der Imam eröffnet die Zeremonie mit einer Lesung aus dem Koran, üblicherweise eine Passage aus der 4. Sure, die den Titel „Die Frauen" trägt. Der Imam weist die Brautleute auf ihre Pflichten hin, die sie gegenüber Gott haben, und stellt ihnen drei Mal die Frage, ob sie aus freien Stücken in die Heirat einwilligen. Dann tauschen sie die Ringe aus. Der Ring, der dem Mann über den Finger gestreift wird, darf nicht aus Gold sein. Die Gäste gratulieren dem Paar mit den Worten: „Möge Gott euch segnen und seine Gnade über euch kommen." Die Muslime messen der Ehe eine sehr große Bedeutung bei.

3 Die muslimische Einstellung zur Scheidung

Muslime dürfen sich zwar scheiden lassen, aber sie glauben auch, dass Gott von den erlaubten Dingen nichts so zuwider ist wie die Scheidung. Der Koran erlaubt einem muslimischen Mann unter bestimmten Umständen, bis zu vier Frauen zu heiraten, unter der Voraussetzung, dass er sie gleich behandeln kann. Wenn sich ein Paar scheiden lässt, ist der Mann dazu verpflichtet, seiner Frau den Teil der Morgengabe auszuzahlen, der bei der Hochzeit zurückgelegt wurde. Er muss damit einverstanden sein, für sie aufzukommen, bis sie wieder von einem anderen Mann versorgt wird – entweder von einem Mitglied ihrer Familien oder durch Wiederverheiratung. Er muss auch für alle Kinder aufkommen, die unter der Obhut ihrer Mütter bleiben. Sie dürfen aber zu ihrem Vater zurückkehren, wenn die Frau erneut heiratet.

In einer muslimischen Gesellschaft kann sich auch eine Frau von ihrem Mann scheiden lassen. Aber sie hat dann keinen Anspruch mehr auf die Mitgift, es sei denn, das Scheitern der Ehe ist auf Verfehlungen ihres Mannes zurückzuführen. Wenn von einer Frau die Scheidung ausgeht, muss der Mann nicht für ihren Unterhalt aufkommen, aber für den der Kinder.

Vor der Scheidung

Bevor eine Scheidung erlaubt wird, muss jedes muslimische Paar drei Phasen durchlaufen:

- **Phase 1:** Das Paar muss einen Versuch unternehmen, die Ehe zu retten.
- **Phase 2:** Wenn dies fehlschlägt, muss das Paar zwei Freunde oder Verwandte hinzuziehen, die bei der Beilegung der Differenzen mithelfen sollen.
- **Phase 3:** Wenn das Paar danach immer noch zur Scheidung entschlossen ist, muss es noch drei Monate warten. In dieser Zeit leben die beiden unter demselben Dach, sie schlafen aber getrennt. So kann herausgefunden werden, ob die Frau schwanger ist, damit das Kind in die Scheidungsvereinbarungen miteinbezogen werden kann. Außerdem sind diese drei Monate die letzte Gelegenheit, herauszufinden, ob ein gemeinsames Leben doch noch möglich ist.

Wenn einer der beiden Partner während der Ehe vom muslimischen Glauben abfällt, dann wird die Ehe als gescheitert angesehen. Eine „Mischehe" ist nur zur Zeit der Eheschließung erlaubt; es darf also nicht nachträglich zu einer „Mischehe" kommen.

Mann und Frau übernehmen in der muslimischen Familie unterschiedliche Rollen. Bist du der Meinung, dass es im alltäglichen Leben Bereiche gibt, denen Frauen besser gewachsen sind als Männer – und umgekehrt? Wenn ja, welche Bereiche sind das?

Beschreibe die unterschiedlichen und gemeinsamen Pflichten muslimischer Eheleute und Eltern.

Wie verläuft eine muslimische Hochzeitszeremonie? Wie unterscheidet sie sich von einer christlichen?

Beschreibe die muslimische Haltung zur Scheidung.

4 Die muslimische Einstellung zur Sexualität

Sexualität wird von Muslimen als naturgegeben und positiv gesehen, solange sie sich in einem richtigen Rahmen abspielt. Menschen, die unerlaubten Geschlechtsverkehr haben, werden von Gott zu Recht bestraft. Diejenigen, die in Bezug auf Sexualität richtig handeln, werden am Tag des Gerichts von Gott belohnt.
Von Muslimen wird erwartet, dass sie heiraten, da sie das Recht haben, sich ihrer Sexualität zu erfreuen. Die Voraussetzung dafür allerdings ist die Ehe. Der Islam hat niemals die Einstellung vertreten, dass durch die Unterdrückung der eigenen Sexualität irgendeine Belohnung zu erwarten sei. Dementsprechend gibt es im Islam **kein Zölibat**, keine Mönche oder Nonnen. Die Ehe aber ist der einzig mögliche Rahmen, in dem Sexualität Freude bereitet. Geschlechtsverkehr außerhalb der Ehe wird hart bestraft. **Ehebruch** kann Schmerz und Kummer bereiten und richtet sich deshalb gegen ein friedliches Zusammenleben und gegen die Einheit der Umma Glaubensgemeinschaft. **Homosexualität** wird dagegen als naturwidrig betrachtet und ist in muslimischen Ländern verboten. Muslime sollen in der Öffentlichkeit bestimmte Körperteile bedecken, damit sie andere nicht sexuell erregen.

5 Die muslimische Einstellung zur Empfängnisverhütung

Empfängnisverhütung wurde von Mohammed gebilligt und wird in muslimischen Gesellschaften auch häufig praktiziert. Einige Muslime aber argumentieren, dass sie nur in drei Situationen erlaubt sein sollte:

- wenn eine Frau durch eine Schwangerschaft Schaden nehmen oder in Lebensgefahr geraten würde.
- wenn ein weiteres Kind dazu führen würde, dass die Familie in Armut leben muss.
- wenn es sehr wahrscheinlich ist, dass ein Kind geistig oder körperlich behindert zur Welt kommt.

Andere halten Empfängnisverhütung immer für falsch, da sie den natürlichen Gesetzen des Lebens widerspreche.

Viele muslimische Paare hoffen auf einen Sohn und verwenden keine Verhütungsmittel, solange sie nur Töchter haben. Diese Einstellung aber hat mehr mit der **Tradition**, weniger aber mit der Religion zu tun. Mohammed verurteilte zu seiner Zeit diejenigen, die ihre weiblichen Säuglinge töteten, weil sie auf die ökonomischen Vorteile aus waren, die nur männliche Nachkommen garantieren konnten.

Beschreibe, wie Muslime über sexuelle Beziehungen innerhalb und außerhalb der Ehe denken. Wie vermeiden sie sexuelle Versuchungen?

Was halten Muslime von Empfängnisverhütung? Wie unterscheiden sie sich dabei von den Christen?

Wie wird die Ehescheidung im Islam bewertet?

Nach islamischem Verständnis liegt es in der Natur von Mann und Frau, auch Vater und Mutter zu sein. Muslime glauben, dass Eltern Anteil an der Schöpfung Gottes nehmen.

Zusammenfassung

- *In der muslimischen Familie und Ehe haben Frau und Mann klar voneinander abgegrenzte Verantwortungsbereiche und fest zugeteilte Rollen. Dabei ergänzen sie sich gegenseitig und arbeiten gemeinsam für das Wohl der Kinder.*
- *Eine muslimische Eheschließung ist eher eine zivile als eine religiöse Angelegenheit. Die Muslime messen ihr eine sehr große Bedeutung bei.*
- *Laut Koran ist es dem muslimischen Mann erlaubt, bis zu vier Frauen zu heiraten, allerdings unter der Bedingung, sie alle gleich zu behandeln.*
- *Bei einer Scheidung muss der Mann so lange für seine Exfrau aufkommen, bis diese wieder von einem anderen Mann versorgt wird. Wenn die Scheidung allerdings von ihrer Seite aus gewünscht wird, muss er nur für den Unterhalt der Kinder zahlen.*
- *Bevor eine Scheidung durchgesetzt wird, muss ein muslimisches Paar drei Phasen durchlaufen, in denen sie ihre Scheidungsabsicht noch einmal überdenken sollen.*
- *Homosexualität ist in muslimischen Ländern strikt verboten.*

Judentum

Im folgenden Abschnitt erfährst du etwas über diese Themen:

1 Die Rolle von Mann und Frau in der jüdischen Familie
2 Die jüdische Heiratszeremonie
3 Die jüdische Einstellung zur Scheidung
4 Die jüdische Einstellung zur Sexualität
5 Die jüdische Einstellung zur Empfängnisverhütung

1 Die Rolle von Mann und Frau in der jüdischen Familie

Das **Familienleben** steht ganz im Mittelpunkt der jüdischen Religion. Zu Hause finden mehr religiöse Aktivitäten statt als in der Synagoge. **Orthodoxe und reformierte Juden** aber vertreten sehr unterschiedliche Ansichten zur Rolle von Mann und Frau im religiösen und familiären Leben.

Die orthodoxe Sichtweise

Nach Ansicht der orthodoxen Juden betreffen die jüdischen Gesetze (Mitzvot) hauptsächlich die Männer. Vom allergrößten Teil waren die Frauen immer befreit, denn ihre höchste Pflicht ist es, für die Familie zu sorgen. Bis in die jüngste Zeit heirateten orthodoxe Frauen früh, sie bekamen viele Kinder und verbrachten die meiste Zeit damit, sie großzuziehen. Es wurde von ihnen nicht einmal erwartet, in die Synagoge zu gehen. Im orthodoxen Judentum werden Frauen beim **Minyan** (die notwendige Anzahl von Juden zum Gottesdienst) nicht mitgezählt. Frauen dürfen auch zu Hause und in der Synagoge keine Gebete sprechen, es sei denn, ein Mann ist anwesend. Denn die Rolle der Frau besteht nach Ansicht der Orthodoxen darin, den Haushalt zu führen und ihre Familie zu versorgen. Die Rolle des orthodoxen Mannes erstreckt sich darauf, den Lebensunterhalt für die Familie zu verdienen und auf die Einhaltung der gottgegebenen Gesetze zu achten. Die orthodoxen Juden halten diese Lebensführung für die beste, weil sie von Gott gewollt sei.

Die Sichtweise der Reformjuden

Die Einstellung des reformierten und progressiven Judentums zur Rolle der Frau unterscheidet sich davon sehr stark. **Frauen und Männer sind gleich:**

- Frauen können mit den Männern beten.
- Frauen werden beim Minyan mitgezählt.
- Frauen können Rabbiner werden.
- Frauen können die Scheidung verlangen.
- Frauen können vor Gericht Zeugen sein.

Diese Unterschiede zum orthodoxen Judentum kommen daher, dass die Reformjuden die Tora und den Talmud nicht wörtlich nehmen. Sie glauben, dass einige der Gesetze in den heiligen Büchern nicht mehr für das heutige Leben passen.

Welche Unterschiede gibt es zwischen orthodoxen und reformierten Familien in Bezug auf die Rolle der Frau?

Wie werden diese unterschiedlichen Sichtweisen jeweils begründet?

Im Gegensatz zum orthodoxen Judentum gibt es bei den Reformjuden weibliche Rabbiner.

2 Die jüdische Heiratszeremonie

Obwohl der Hauptzweck einer Ehe im Judentum darin besteht, Kindern ein Zuhause zu geben, soll die Ehe auch *„Freude und Fröhlichkeit, Heiterkeit und Vergnügen, Liebe, Friede und Freundschaft"* geben, wie es in einem der Segenssprüche bei der Heirat heißt.

Entsprechend dem jüdischen Gesetz gehören zur **Hochzeitszeremonie**, die in der Synagoge abgehalten wird, ein jüdischer Mann und eine jüdische Frau. Eine jüdische Hochzeit kann nicht an einem Sabbat oder einem Feiertag stattfinden. Die Zeremonie beginnt mit der Unterzeichnung des **Ehevertrages (Kettubah)** durch den Bräutigam in Anwesenheit von zwei Zeugen. Dieses Dokument beschreibt die Pflichten des Ehemannes gegenüber seiner Frau. Es enthält aber kein Versprechen, das die Ehefrau geben müsste. Dieses Dokument dient vor allem dazu, der Frau eine Sicherheit für die Zukunft zu geben.

Nach der Unterzeichnung der Kettubah werden die Brautleute von beiden Elternpaaren zur **Huppah** geführt – einer Art Baldachin, der das Zuhause symbolisiert, welches das Paar gründen wird. Danach wird ein Segensspruch über ein Glas Wein gesprochen, und während die beiden daraus trinken, streift der Bräutigam der Braut einen einfachen Ring über einen Finger ihrer rechten Hand. Dabei spricht er die Worte:

> *„Siehe, du bist für mich bestimmt durch diesen Ring gemäß dem Gesetz Mose und Israels."*

Dann wird die Kettubah laut verlesen. Ein weiterer Segensspruch wird gesprochen, danach werden folgende **sieben Segenssprüche** vorgelesen:

Die jüdische Hochzeit wird in der Synagoge abgehalten. Sie enthält viele symbolische Handlungen.

1. Gelobt seiest du, unser Gott, König der Welt, der alles erschaffen hat zu seiner Ehre.
2. Gelobt seiest du, unser Gott, König der Welt, der die Menschen erschuf.
3. Gelobt seiest du, unser Gott, König der Welt, der die Menschen nach seinem Abbild erschuf, in Gestalt und Form seines Vorbilds.
4. Gelobt seiest du, unser Gott, König der Welt, der Zion (Jerusalem) erfreute durch seine Kinder.
5. Gelobt seiest du, unser Gott, König der Welt, der erschaffen hat Freude und Fröhlichkeit, Bräutigam und Braut, Heiterkeit, fröhlichen Gesang, Vergnügen, Liebe, Gemeinsamkeit, Friede und Freundschaft.
6. Gelobt seiest du, unser Gott, König der Welt, der erfreut Bräutigam und Braut.
7. Gelobt seiest du, unser Gott, König der Welt, der die Frucht des Weines erschuf.

Danach trinken Braut und Bräutigam wieder ein Glas Wein, und der Bräutigam zertritt dann das Glas mit seinen Füßen. Der Sinn dieses Brauches liegt darin, das Brautpaar auch an seinem Glückstag an die Zerstörung des Tempels in Jerusalem zu erinnern. Ebenso gemahnt der Brauch daran, dass es in ihrem gemeinsamen Eheleben schwierige und verdrießliche Tage ebenso geben wird wie glückliche.

Welchen Zweck hat die Ehe im Judentum?

Beschreibe eine jüdische Hochzeitszeremonie. Achte dabei besonders auf die symbolischen Handlungen bei einer Zeremonie.

3 Die jüdische Einstellung zur Scheidung

Auch wenn die Ehe das ganze Leben halten soll, akzeptieren die Juden, dass manche Ehen scheitern. Die jüdische Tradition legt ein bestimmtes Verfahren für die **Scheidung** fest, ohne dass dabei der eine die „Schuld" des anderen nachweisen muss. Nachdem eine Ehe zivilrechtlich geschieden wurde, erscheint das Paar vor einem rabbinischen Gerichtshof **(Beth Din)**, der sich aus drei Rabbinern zusammensetzt. Nur dieser Gerichtshof kann eine religiöse und damit endgültige Scheidung aussprechen. Wie im Islam, wird vor der Scheidung eine dreimonatige Frist angesetzt, um sicherzustellen, dass die Frau nicht schwanger ist.

In orthodoxen Gemeinden muss der Mann seiner Frau eine **Scheidungsurkunde (Get)** ausstellen, bevor die Scheidung gültig ist. Ohne diese Urkunde kann die Frau nicht wieder heiraten. Selbst wenn ein Mann seine Frau verlassen hat, kann er sich weigern, ihr die Scheidungsurkunde auszustellen – und das geschieht ziemlich häufig. Die Reformjuden hingegen halten dies für ungerecht und eine Frau bekommt diese Scheidungsurkunde, auch wenn der Mann sich weigert, diese zu unterschreiben.

4 Die jüdische Einstellung zur Sexualität

Sexualität in der Ehe wird von den Juden als eine gute und natürliche Angelegenheit betrachtet. Es ist die **Pflicht** eines jeden jüdischen Mannes, zu heiraten und eine Familie zu gründen. Im Schöpfungsmythos der Genesis erhalten Mann und Frau den Auftrag, fruchtbar zu sein und sich zu vermehren. Derselbe Mythos sagt auch, dass es für einen Mann nicht gut sei, alleine zu bleiben, und führt dies auch als Grund dafür an, warum Gott Eva erschuf. Ein Spruch aus dem Talmud besagt: *„… ohne Frau ist der Mann unvollständig"*. Sexualität außerhalb der Ehe wird streng verurteilt, ebenso wie Ehebruch, da er durch das siebte Gebot und durch andere Stellen der Tora verboten ist. Dieses wie auch alle anderen Gebote sind für gläubige Juden sehr wichtig.

Es gibt viele Regeln, um die Menschen vor sexuellen Versuchungen zu schützen. Unverheiratete Männer und Frauen sollen sich nicht zusammen in einem geschlossenen Raum oder einem Haus aufhalten. Männer sollen einer Frau nicht zu nahe kommen und sie sollen keine autoritäre Stellung ihnen gegenüber einnehmen, auf Grund derer sie ihnen nahe kommen könnten.

Ein Mikwe-Bad, wo sich Frauen traditionell wuschen, um nach ihrer Periode wieder rein zu werden.

Männer sollen Frauen nicht wegen ihrer Schönheit anstarren, ihr Parfüm riechen oder hinter ihnen hergehen. Obwohl nur wenige Juden alle diese Regeln befolgen, werden Jungen und Mädchen in streng orthodoxen Gemeinden getrennt erzogen. In orthodoxen Synagogen sitzen Männer und Frauen beim Gottesdienst getrennt. Mit all diesen Regeln sollen Situationen vermieden werden, in denen Menschen sexuell versucht werden könnten.
In den jüdischen Schriften gibt es strikte **Regeln zur Reinheit**. Während der monatlichen Periode und eine Woche danach darf eine Frau keinen Geschlechtsverkehr haben. Danach soll sie ein **rituelles Bad (Mikwe)** nehmen, erst dann kann sie wieder normale sexuelle Beziehungen mit ihrem Mann haben.

> *„Einer Frau, die wegen ihrer Regel unrein ist, darfst du dich nicht nähern, um ihre Scham zu entblößen."*
> *Lev 18,19*

Alle **homosexuellen Beziehungen** werden in der Tora verboten.

5 Die jüdische Einstellung zur Empfängnisverhütung

Innerhalb der jüdischen Gemeinschaft gibt es unterschiedliche Meinungen zur **Empfängnisverhütung**. Einige orthodoxe Juden glauben, dass die einzig akzeptable Methode die natürliche Verhütung sei. Denn die Absicht Gottes bei der Sexualität des Menschen sei die Zeugung von Kindern. Es gibt eine starke jüdische Tradition, wonach eine große Familie eine glückliche Familie ist. Reformjuden allerdings glauben, dass alle Formen der Verhütung erlaubt seien, da Gott wissenschaftliche Fortschritte vorgesehen habe, um das Glück des Menschen zu mehren. **Im Allgemeinen akzeptieren Juden Empfängnisverhütung in den folgenden Fällen:**

- Das Ehepaar hat bereits mindestens zwei Kinder.
- Es besteht ein Risiko für die körperliche oder geistige Gesundheit der Mutter, wenn sie erneut schwanger wird.
- Die Familie kann kein weiteres Kind ernähren.
- Es besteht das Risiko einer Erbkrankheit für das Kind.
- Wenn sich ein Paar darauf einigt, dass die Verwendung eines Verhütungsmittels wünschenswert und notwendig ist, dann sollte sich ihre Wahl der richtigen Methode an zwei Prinzipien orientieren:

1. Die Methode sollte die Freude an ihrem Sexualleben nicht beeinträchtigen.
2. Die Methode sollte nichts mit einer Abtreibung zu tun haben.

Welche Einstellung gegenüber Empfängnisverhütung wird im Judentum allgemein akzeptiert? Nenne die Gründe, auf denen diese Einstellung beruht. Warum stimmen einige Juden mit dieser Einstellung nicht überein?

An welchen Richtlinien sollen sich Juden in Bezug auf ihre sexuellen Beziehungen und den damit verbunden Gefahren orientieren?

„Empfängnisverhütung ist ein Geschenk Gottes, um das Leben schöner zu machen." Kannst du diesem Satz zustimmen? Begründe deine Meinung und zeige dabei, dass du sowohl den jüdischen als auch einen anderen Standpunkt in Erwägung gezogen hast.

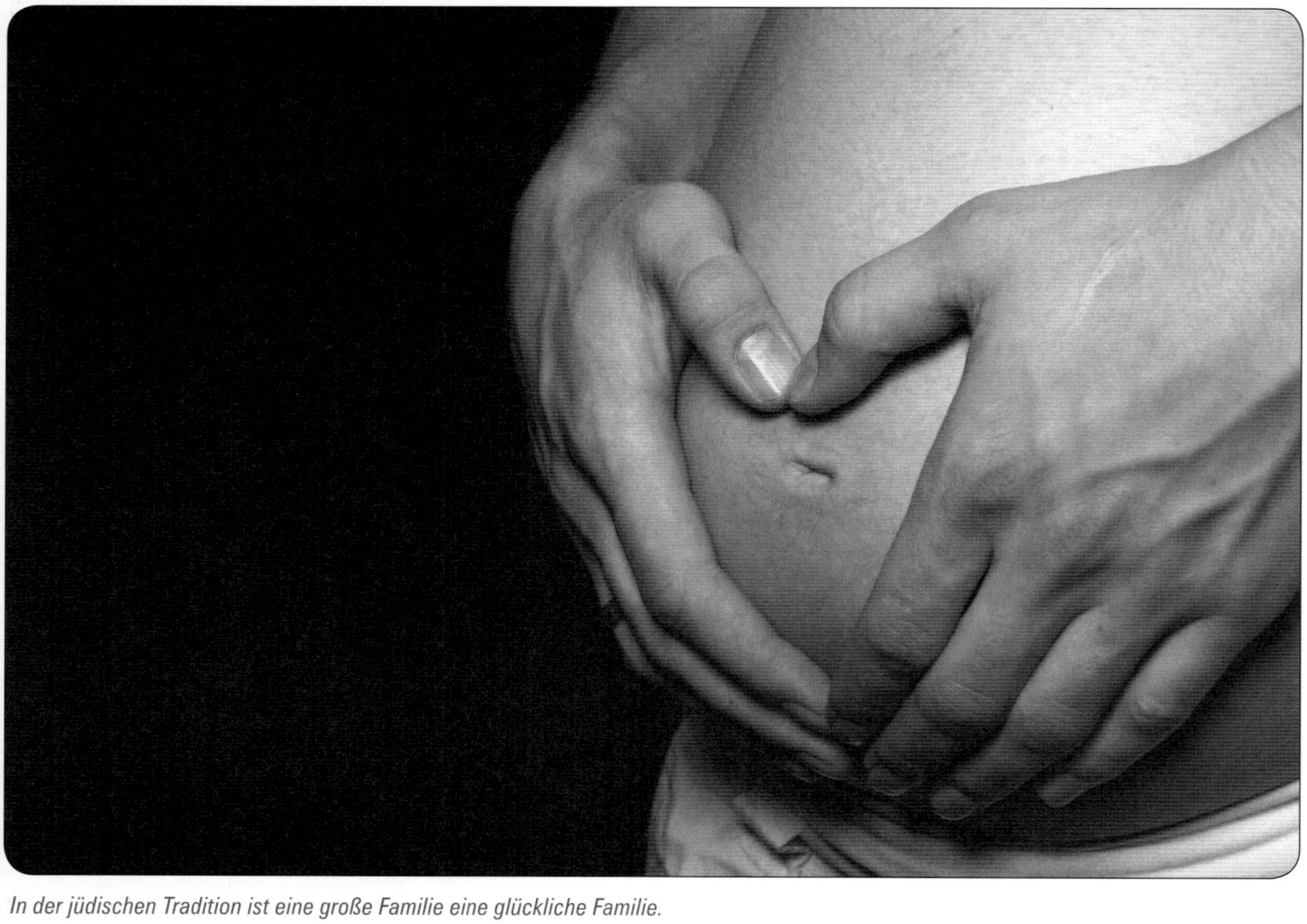

In der jüdischen Tradition ist eine große Familie eine glückliche Familie.

Zusammenfassung

- *Das Familienleben steht im Mittelpunkt des jüdischen Glaubens, sodass auch viele religiöse Feiern zu Hause stattfinden.*
- *Die orthodoxe Sichtweise zur Rolle von Mann und Frau unterscheidet sich recht deutlich von der der reformierten Juden.*
- *Der Hauptzweck einer Ehe besteht darin, den Kindern ein Zuhause zu geben.*
- *Eine jüdische Hochzeit darf nicht an einem Sabbat oder Feiertag stattfinden. Die Zeremonie findet in der Synagoge statt.*
- *Obwohl die Ehe auch im jüdischen Glauben ewig halten soll, dennoch werden Scheidungen akzeptiert. Allerdings müssen sie nach einem bestimmten Ablauf erfolgen. Besonders wichtig ist das Einhalten einer dreimonatigen Frist vor der Durchführung der Scheidung.*

Wie bestimmen die drei Religionen die Rolle von Mann und Frau? Vergleiche die Auffassungen miteinander.

Welchen Stellenwert hat die Ehe innerhalb der Religionen?

In Deutschland werden immer mehr Ehen geschieden. Diskutiert in Gruppen darüber, welche Gründe es dafür gibt, dass die Scheidungsraten jährlich steigen. Hat die Ehe ihren Stellenwert verloren?

**Außer- und voreheliche sexuelle Kontakte sind in allen Glaubensrichtungen untersagt.
Wie wird dieses Verbot begründet? Glaubst du, dass dieses Verbot heute noch angemessen ist?**

Gleichgeschlechtliche Partnerschaften sind in einigen europäischen Ländern, wie Dänemark, Belgien, den Niederlanden und auch in Deutschland, gesetzlich gestattet. Die Vertreter aller Religionen lehnen diese allerdings strikt ab. Wie begründen sie ihre Haltung? Was denkst du darüber?

Empfehlenswerte Literatur und Links

Literatur

Pet Balscheit von Sauberzweig u.a.:
Scheidung. Meine Eltern trennen sich!
Atlantis, Orell Füssli 2003.
ISBN 978-3-71521-001-8

Barbara Dietrich:
Ich brauche euch doch beide. Scheidung tut weh.
Smaragd 2004.
ISBN 978-3-934254-68-8

Lutz van Dijk:
Homosexuelle. Zwischen Todsstrafe und Emanzipation.
Elefanten Press 2001.
ISBN 978-3-570-14612-5

Katrin Panier:
Sex gehört dazu. Geschichten vom Erwachsenwerden – zwanzig Jugendliche erzählen.
Schwarzkopf & Schwarzkopf 2003.
ISBN 978-3-89602-428-2

Links

www.schader-stiftung.de/gesellschaft_wandel/435.php
Artikel über den gesellschaftlichen Wandel, neue Familienmodelle usw.

www.univie.ac.at/Voelkerkunde/cometh/glossar/heirat/d-l.htm
Infos zum Thema Ehe, Heirat, Eheformen.

www.bzga.de
Infomaterial der Bundeszentrale für gesundheitliche Aufklärung zum Thema Verhütung.

www.onmeda.de/sexualitaet_und_partnerschaft/lexikon_der_sexualitaet
Sexualkunde von A bis Z zur kurzen und schnellen Information und Orientierung.

www.scheidung-online.de
Infos zu Scheidung, Unterhalt, Vermögensfragen.

www.trennung-und-scheidung.de
Informationen, Hilfen, Beratungsstellen.

www.profamila.de
Infos und Adressen deutschlandweit zu Fragen über Sexualität, Ehe, Familie und Schwangerschaft.

www.judentum.net/religion/homosexualitaet.htm
Berichte über Homosexualität im Judentum.

Kapitel 7

Religion und medizinische Ethik

Einführung

Die Anhänger aller drei in diesem Buch behandelten Religionen glauben an einen Gott, der zu Anbeginn alles erschuf. Derselbe Gott setzt sein schöpferisches Werk in der heutigen Welt fort. Die drei Religionen stimmen auch darin überein, dass jedes Leben ein Geschenk Gottes ist. Das Leben ist also heilig. Religiöse Menschen glauben, dass jedes menschliche Leben durch Gott geheiligt ist, und verwenden oft die Ausdrücke **„Heiligkeit des Lebens"** und **„Unverletzlichkeit des Lebens"**: Gott schafft jedes neue Leben und setzt jedem Leben ein Ende – und zwar dann, wenn er den Zeitpunkt für richtig hält. Es ist gegen Gottes Willen, in diesen Prozess einzugreifen, es sei denn aus einem sehr triftigen Grund.

Alle Religionen lehren, dass der Mensch die freie Entscheidung darüber hat, ob er an Gott glaubt oder nicht. Gott hat allen Menschen einen freien Willen geschenkt. Ohne dieses Geschenk wären die Menschen nicht viel mehr als Marionetten oder Roboter. Der **freie Wille** unterscheidet den Menschen von allen anderen Lebewesen. Diese Freiheit bringt aber auch große Verantwortung mit sich. Manchmal ist die Wahl, welche die Menschen zu treffen haben, wortwörtlich eine Entscheidung zwischen Leben und Tod. Diese Entscheidungen sind so ernst, dass die Menschen sie nicht leichtfertig treffen dürfen. Dies betrifft besonders die Entscheidungen, die mit Schwangerschaftsabbruch oder Euthanasie zu tun haben. Mit diesem Kapitel über die medizinische Ethik werfen wir einen Blick auf Lebensbereiche, in denen die Umstände einen Menschen in einen schweren Konflikt mit seinen moralisch-religiösen Überzeugungen bringen können.

> *„Denn du hast mein Inneres geschaffen, mich gewoben im Schoß meiner Mutter."*
> *Ps 139,13*

Schwangerschaftsabbruch

Unter **Schwangerschaftsabbruch**, umgangssprachlich auch Abtreibung genannt, versteht man die Tötung eines Fötus im Mutterleib. Mit dem Indikationenmodell vom Juni 1976 wurden Schwangerschaftsabbrüche in Deutschland für rechtmäßig und straffrei erklärt, wenn zuvor eine unabhängige Beratung erfolgt war und eine von vier Indikationen vorlag. Damit konnten Frauen aus **medizinischen Gründen** (bei Gefährdung der Gesundheit des Kindes oder der Mutter), **kriminologischen Gründen** (bei einer Schwangerschaft infolge einer Straftat), aber auch bei **schwierigen sozialen und persönlichen Lebensumständen** eine Schwangerschaft in den ersten zwölf Wochen legal abbrechen. Gegenüber dem Versuch, Schwangerschaftsabbrüche durch eine rigorose Strafandrohung zu unterbinden, stellte das Indikationenmodell einen erheblichen Fortschritt dar, auch wenn es den Anliegen der betroffenen Frauen nicht genügte. Die seit dem 1. Oktober 1995 gültige Rechtslage hat eine Fristenregelung mit Beratungspflicht geschaffen, nach der Abbrüche nach Beratung zwar straffrei, aber rechtswidrig sind. Heute ist ein Schwangerschaftsabbruch legal, wenn er innerhalb der ersten zwölf Wochen der Schwangerschaft vorgenommen wird und wenn vor dem Eingriff eine Schwangerschaftskonfliktberatung stattgefunden hat (§ 218, Strafgesetzbuch). Ein späterer Abbruch ist nur möglich, wenn das Leben der Mutter in Gefahr ist.

Ein legaler Schwangerschaftsabbruch ist in Deutschland unter den Voraussetzungen möglich,

... wenn das Leben der Frau in Gefahr ist.

... wenn das Risiko besteht, dass ein weiteres Kind in der Familie die körperliche oder geistige Gesundheit bereits vorhandener Kinder bedrohen würde.

... wenn Ärzte zu dem Schluss kommen, dass ein Abbruch notwendig ist.

... wenn ein Risiko für die körperliche oder geistige Gesundheit der Frau besteht.

... wenn ein ernst zu nehmendes Risiko besteht, dass das Kind mit einer körperlichen oder geistigen Behinderung zur Welt kommt.

Die Schlüsselfrage bei allen Diskussionen über Schwangerschaftsabbruch lautet: „Wann beginnt eigentlich das Leben?" Auf diese Frage gibt es drei mögliche Antworten. Die Einstellung des Einzelnen zur Abtreibung hängt entscheidend davon ab, für welche Antwort er sich entscheidet:

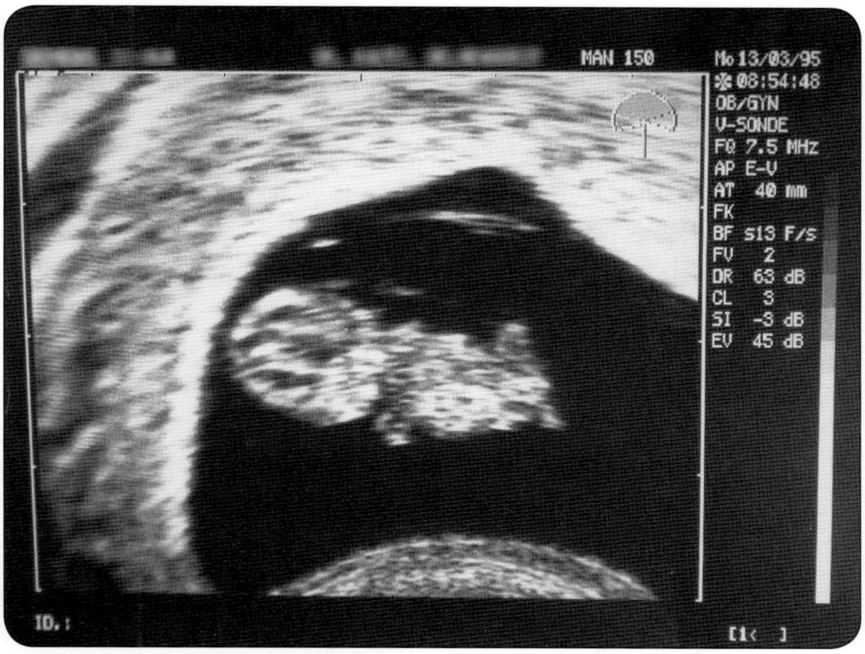

Ultraschallbild eines zehn Wochen alten Embryos. Viele Menschen glauben, dass das Leben bereits mit der Empfängnis beginnt.

1. **Das Leben beginnt mit der Empfängnis.** Nach der Überzeugung vieler Religionen und Gruppierungen, die gegen den Schwangerschaftsabbruch kämpfen, beginnt das Leben, wenn im weiblichen Eileiter eine Samenzelle in eine Eizelle eindringt.

2. **Das Leben beginnt zu einem bestimmten Zeitpunkt während der Schwangerschaft,** den aber niemand genau kennt. Manche glauben, das Leben beginnt, wenn sich das Kind im Mutterleib zu bewegen beginnt. In vielen Religionen wird auch die Ansicht vertreten, dass Gott zu einem ganz bestimmten Zeitpunkt dem Fötus die Seele einhaucht, wodurch der Fötus ein geheiligtes, spirituelles Leben empfängt.

3. **Das Leben beginnt, wenn ein Säugling außerhalb des Mutterleibes lebensfähig ist.** Bis zu seiner Geburt ist das Kind demnach ein Teil der Mutter, von der sein Leben abhängt. Ein Fötus hat nur dann Anspruch auf seine Mutter, wenn sie willentlich schwanger wird.

Es gibt keine klare medizinische Antwort auf die Frage, wann das Leben beginnt, wodurch die Diskussion um die Ethik eines Schwangerschaftsabbruchs erschwert wird.

Künstliche Befruchtung

Zehn Prozent aller Paare haben Schwierigkeiten damit, ein Kind zu bekommen. Ohne Unterstützung können sie keine Eltern werden. Deshalb hoffen viele von ihnen, dass die Medizin ihnen helfen kann. Es gibt verschiedene Möglichkeiten, eine Schwangerschaft herbeizuführen:

In-vitro-Fertilisation

„In vitro" bedeutet „im Glas"; manchmal wird ein Kind, das mit dieser Methode gezeugt wird, als „Retortenbaby" bezeichnet. Diese Methode der künstlichen Befruchtung wurde für Frauen entwickelt, deren Eileiter blockiert oder gestört ist, sodass ihre Eier nicht die Gebärmutter erreichen können. Zur Lösung des Problems bekommen die Frauen Medikamente, die die Produktion von Eizellen fördern, die dann entnommen, außerhalb des Körpers mit dem Sperma des Mannes befruchtet und wieder in den Körper eingesetzt werden. Das Sperma des Mannes und die Eizelle der Frau werden zur Zeugung benutzt.

Künstliche Befruchtung durch Samenspende

Diese Methode wird eingesetzt, wenn der Mann unfruchtbar ist. Spermien eines anonymen Spenders werden in den Gebärmutterhals eingebracht, von wo aus sie sich auf den Weg zu den Eizellen machen. Daraufhin findet die Befruchtung statt, allerdings stammen die Spermien nicht vom Ehemann. Viele religiöse Menschen lehnen diese Art der künstlichen Befruchtung strikt ab, weil sie nach ihrer Meinung eine Art Ehebruch darstellt.

Einführung

Künstliche Befruchtung durch den zukünftigen Vater
Auf diese Methode wird zurückgegriffen, wenn das Paar aus medizinischen Gründen keine Kinder bekommen kann, obwohl sowohl die Ei- als auch die Samenzellen in Ordnung sind. Das Sperma des Ehemannes wird gesammelt und in den Körper der Frau eingebracht. Dabei handelt es sich eindeutig nicht um Ehebruch – und die meisten Menschen sehen diese Methode nicht im Gegensatz zu ihren religiösen Überzeugungen.

Die Aufbewahrung von Ei- oder Samenzellen
Heutzutage ist es möglich, die Samenzellen eines Mannes oder die Eizellen einer Frau aufzubewahren, bis sie irgendwann in der Zukunft benötigt werden. Der Mann oder die Frau könnten früh sterben oder unfruchtbar werden. Sollte das passieren, können die Ei- oder Samenzellen verwendet werden. 2002 erwartete die Engländerin Diane Blood ihr zweites Kind, nachdem sie mit dem Sperma ihres toten Mannes befruchtet worden war. Bevor sie ihr erstes Kind zeugte, musste sie vor Gericht nachweisen, dass ihr verstorbener Ehemann einverstanden gewesen wäre, wenn sein Sperma für diesen Zweck verwendet werde.

Sterbehilfe (Euthanasie)

Das Wort Euthanasie kommt aus dem Griechischen und bezeichnet einen „guten" bzw. „leichten" Tod. Heute meint man damit, dem Leben eines im Sterben Liegenden ein vorzeitiges Ende zu bereiten. In Deutschland spricht man heute meist von Sterbehilfe; dabei unterscheidet man zwischen passiver und aktiver Sterbehilfe.

Die Mehrheit der Menschen in Deutschland meint, dass es Ärzten erlaubt sein sollte, Schwerkranken auf deren Wunsch hin ein tödliches Mittel zu verabreichen.

▸ Passive Sterbehilfe
Von **passiver Sterbehilfe** spricht man, wenn eine Person zu krank ist, um ihre Wünsche zu äußern, und die letzten Entscheidungen von den nächsten Verwandten getroffen werden. Die passive Sterbehilfe kann zum Beispiel darin bestehen, dass man die lebenserhaltenden Maßnahmen nach einem schweren Hirnschlag einstellt, dass man bei einem Todkranken auftretende Komplikationen, wie eine Lungenentzündung, nicht mehr behandelt oder dass man bei einem Hirntoten die künstliche Ernährung einstellt. Manche Menschen verfassen heute **„Verfügungen"**, in denen sie bestimmen, dass auf lebenserhaltende Maßnahmen verzichtet werden soll, wenn sie im Sterben liegen oder und wenn keine Aussicht auf Genesung mehr besteht.

▸ Aktive Sterbehilfe
Die **aktive Sterbehilfe** erfolgt auf Verlangen eines schwerkranken Patienten, der seinem Leben ein Ende bereiten möchte. Der Unterschied zum Selbstmord liegt darin, dass die Hilfe einer zweiten Person – eines Arztes, Verwandten oder Freundes – in Anspruch genommen wird. Manchmal ist der Leidende nicht mehr dazu in der Lage, selbst seinem Leben ein Ende zu bereiten. Die aktive Sterbehilfe ist in Deutschland verboten. Es ist also ungesetzlich, jemanden aktiv dabei zu unterstützen, seinem Leben ein Ende zu bereiten.

Obwohl sich alle Religionen gegen Euthanasie bzw. Sterbehilfe wenden, so deckt sich diese Einstellung nicht mit der mehrheitlichen Meinung der Menschen.

Eine Umfrage des Meinungsforschungsinstituts Forsa aus dem Jahr 2003 ergab,

... dass 74 % der Deutschen meinen, es solle Ärzten erlaubt sein, Schwerstkranken auf deren Wunsch hin ein tödliches Mittel zu verabreichen.

... dass 20 % der Befragten aktive Sterbehilfe ablehnen.

... dass 15 % meinen, aktive direkte Sterbehilfe sollte grundsätzlich verboten bleiben, „weil es dazu immer bessere Alternativen gibt." Als eine dieser Alternativen sehen diese 15 % auch die Beihilfe zur Selbsttötung an.

Selbstmord

Selbstmord ist in Deutschland straffrei, zumal eine Bestrafung wegen vollendeter Selbsttötung nie möglich wäre. Somit sind auch der Versuch und die Teilnahme (Beihilfe, Anstiftung) straffrei.

In einigen Ländern, zum Beispiel in Japan, ist es illegal, einen Selbstmordversuch zu unternehmen. In Deutschland gilt ein solches Gesetz nicht. Es ist allerdings illegal, jemanden bei einem Selbstmordversuch zu unterstützen.

Tierversuche

Gegen Ende des 19. Jahrhunderts kam erstmals die Vorstellung vom **„Recht der Tiere"** auf. Seitdem wurden viele Organisationen gegründet, um diese Rechte zu schützen. Sie versuchen sicherzustellen, dass

- Tiere artgerecht leben können, also in einer Weise, die ihrer Natur entspricht.
- Tiere ohne Leid und unnötige Gefahr leben können.
- Tiere vor Missbrauch und Grausamkeit geschützt werden.
- Tiere nicht von Menschen ausgebeutet werden.

Tiere sind durch viele Rechte geschützt, die auch Menschen betreffen. Darüber hinaus sollen Tiere vor verschiedensten Formen des Missbrauchs geschützt werden. Dazu gehören **Massentierhaltung, Vivisektion** (operative Eingriffe bei lebenden Tieren) und die Verwendung von **Tieren bei Versuchen für die Kosmetikindustrie**. Die meisten Mediziner bestehen darauf, dass medizinische Tierversuche unverzichtbar seien, wenn neue, wirkungsvollere Medikamente und Impfstoffe entwickelt werden sollen. Andere hingegen, die für die Rechte der Tiere eintreten, argumentieren, dass dafür längst keine Tierversuche mehr nötig seien.

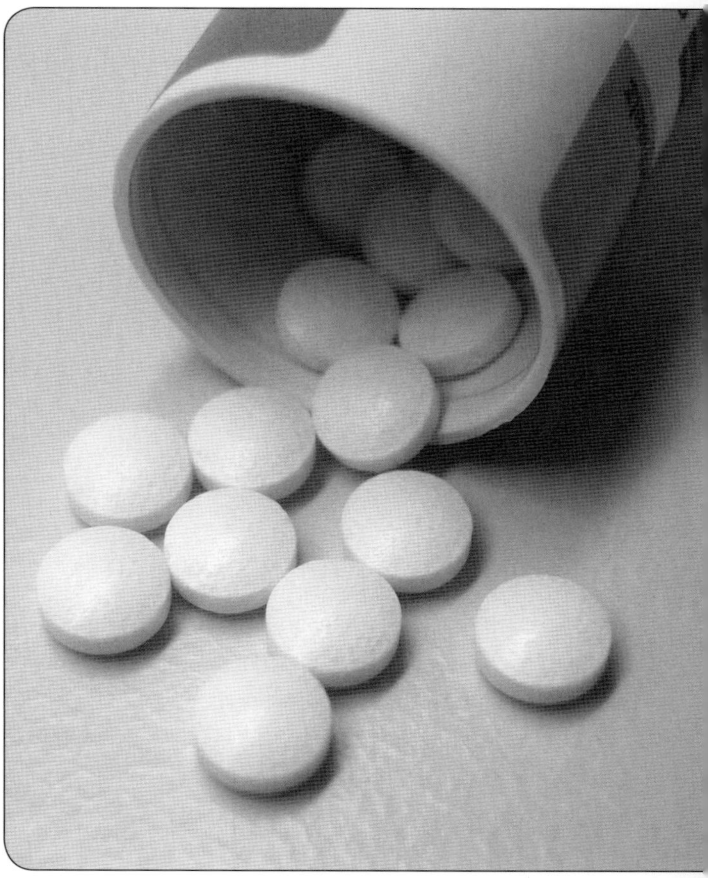

Christentum

Im folgenden Abschnitt erfährst du etwas über diese Themen:

1. Die christliche Einstellung zum Schwangerschaftsabbruch
2. Die christliche Einstellung zu künstlicher Befruchtung
3. Die christliche Einstellung zur Sterbehilfe
4. Die christliche Einstellung zum Selbstmord
5. Die Meinung der Christen zu Tierversuchen für medizinische Zwecke

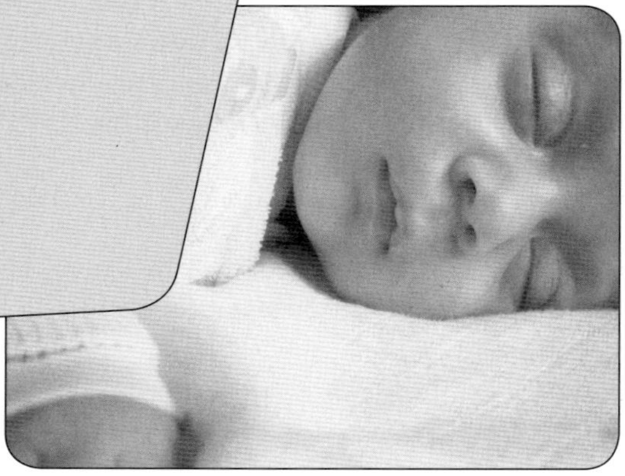

1 Die christliche Einstellung zum Schwangerschaftsabbruch

Die Einstellung der römisch-katholischen Kirche

Die meisten Christen sind über Schwangerschaftsabbrüche sehr unglücklich. Die **Didache**, die älteste uns bekannte urchristliche Gemeindeordnung (ungefähr 70 n. Chr.), bestimmt:

> *„Du sollst die Frucht des Mutterleibes nicht durch Abtreibung töten und du sollst kein neugeborenes Kind töten."*

Von allen christlichen Kirchen wendet sich die römisch-katholische Kirche am deutlichsten gegen Abtreibungen. Das zweite Vatikanische Konzil sagt dazu:

> *„Gott, der Herr, hat dem Menschen*
> *die ehrenvolle Aufgabe anvertraut,*
> *das Leben zu bewahren …*
> *Das Leben muss mit äußerster Sorgfalt vom*
> *Augenblick der Zeugung an geschützt werden:*
> *Abtreibung und Kindestötung*
> *sind abscheuliche Verbrechen."*

Es wird argumentiert, dass durch Schwangerschaftsabbruch einem Kind das fundamentalste Menschenrecht verweigert wird, nämlich das Recht auf Leben. Und dieses Leben beginnt nach Ansicht der Kirche im Augenblick der Zeugung. Die Abtötung eines Fötus im Mutterleib wird als **Mord** angesehen. Das Leben eines ungeborenen Kindes gilt als so wichtig, dass ihm im Notfall **Vorrang vor dem Leben der Mutter** eingeräumt wird. Die katholische Kirche unterstützt Organisationen, die sich bedingungslos gegen Schwangerschaftsabbruch, gleichgültig aus welchen Gründen, einsetzen.

Die Einstellung der protestantischen Kirchen zum Schwangerschaftsabbruch

Protestantische Kirchen sind der Überzeugung, dass Abtreibung ein Übel ist, das es unter allen Umständen zu vermeiden gilt. **Dennoch kann ein Schwangerschaftsabbruch gerechtfertigt sein,**

- wenn eine Gefahr für die körperliche Gesundheit der Mutter besteht.
- wenn eine Gefahr für die geistige Gesundheit der Mutter besteht.
- wenn abzusehen ist, dass eine behindertes Kind zur Welt kommt.
- wenn die Schwangerschaft auf Grund einer Vergewaltigung zu Stande kam.

Die Frage der Abtreibung ist allen christlichen Konfessionen sehr wichtig. Im Folgenden sind die Argumente angeführt, die von Gegnern und Befürwortern vorgebracht werden:

Argumente der Abtreibungsbefürworter
Die Hauptargumente derer, die der Frau die Entscheidungsfreiheit in Bezug auf einen Schwangerschaftsabbruch zubilligen wollen, lauten:
1. Jede Frau hat das Recht, sich selbst für oder gegen ein Kind zu entscheiden.
2. Jedes Kind hat das Recht, in eine Familie hineingeboren zu werden, die dazu in der Lage ist, seine Grundbedürfnisse an Ernährung, Schutz und Zuneigung zu befriedigen.
3. Ein behindertes Kind bürdet denen, die für es sorgen müssen, eine enorme Last an Verpflichtungen auf. Nicht jeder kann damit fertig werden.
4. Gegenwärtig gibt es zu viele ungewollte Kinder auf der Welt. Es wäre schlicht falsch, diese Zahl noch zu erhöhen.
5. Andere Familienangehörige haben auch ihre Rechte, die man respektieren muss.
6. Eine Frau, die auf Grund einer Vergewaltigung schwanger wird, sollte unter keinen Umständen dazu gezwungen werden, dieses Kind zur Welt zu bringen.

Ein Schwangerschaftsabbruch ist für niemanden eine leichte Entscheidung. Es ist vielmehr eine überaus schwierige Wahl zu treffen, und zwar zu einem Zeitpunkt, zu dem die Frau sich in einem emotional aufgewühlten Zustand befindet. Die Entscheidung setzt eine sehr sensible und gründliche Überlegung voraus. Deswegen brauchen Frauen in dieser Situation Hilfe, ohne dass Druck von außen auf sie ausgeübt wird.

Argumente der Abtreibungsgegner
Die Hauptargumente gegen Abtreibung sind:
1. Jedes Kind ist ein Geschenk Gottes, das geliebt und behütet werden muss. Für jeden sollte es undenkbar sein, ein solches Geschenk zu zerstören.
2. Abtreibung ist Mord – die Tötung eines menschlichen Lebewesens.
3. Jeder, aber besonders die am meisten Verletzlichen, braucht einen besonderen Schutz und hat ein Recht darauf.
4. Ein Fötus ist vom Augenblick der Zeugung an ein menschliches Wesen. Er genießt das volle Recht auf Leben. Ist ein Fötus auf irgendeine Weise geschädigt, hat er dennoch dasselbe Recht auf Leben wie jedes andere Kind auch.

Die Abtötung eines Fötus zerstört oft über eine lange Zeit hinweg den Seelenfrieden einer Frau und belastet ihr Gewissen sehr schwer. Manche behaupten, es wäre wesentlich besser, das Neugeborene zur **Adoption** freizugeben. Es gibt viele Paare, die keine eigenen Kinder bekommen können und die auf die Möglichkeit einer Adoption warten.

Aussagen der Bibel zur Abtreibung

In der Bibel finden sich nur wenige Stellen, die einem Gläubigen dabei helfen könnten, sich eine Meinung zur Abtreibung zu bilden. Zwei Stellen aber könnten dafür aufschlussreich sein:
1. Die Bibel lehrt, dass Gott den Menschen nach seinem Abbild schuf (Gen 1,26) und eines der Zehn Gebote besagt, dass Mord immer falsch ist (Ex 20,13). Für viele Christen ist Abtreibung gleich Mord – und zwar ohne Ausnahme. Für andere wiederum hängt es davon ab, wann das Leben eigentlich beginnt, und das ist, wie wir gesehen haben, sehr umstritten.
2. Jeremia wurde von Gott mit folgenden Worten zum Propheten berufen:

> *„Noch ehe ich dich im Mutterleib formte, habe ich dich ausersehen, noch ehe du aus dem Mutterschoß hervorkamst, habe ich dich geheiligt, zum Propheten für die Völker habe ich dich bestimmt."*
> *Jer 1,5*

Daraus ist zu schließen, dass Gott jeden Menschen vom Augenblick der Zeugung an kennt. Viele folgern daraus weiter, dass Gott einen Menschen für sein Lebenswerk bereits bestimmt hat, bevor er geboren wurde, weshalb Abtreibung nicht akzeptiert werden kann.

Viele Christen aber beharren darauf, dass eine Abtreibung eine sehr persönliche Entscheidung ist und dass es eine Regel gibt, die für jeden Aspekt christlichen Verhaltens zutreffend ist:

> *„Alles, was ihr von anderen erwartet, das tut auch ihnen! Darin besteht das Gesetz und die Propheten."*
> *Mt 7,12*

Das heißt, man sollte auch den Entscheidungen eines anderen mit großem Respekt begegnen – auch wenn sie mit den eigenen Überzeugungen nicht übereinstimmen.

Wie unterscheiden sich die römisch-katholische Kirche und viele protestantische Kirchen in ihren Ansichten zum Schwangerschaftsabbruch?

Aus welchen Gründen sind Christen gegen Abtreibung?

Ist diese Haltung gegenüber Schwangerschaftsabbrüchen deiner Meinung nach überraschend? Begründe deine Antwort.

2 Die christliche Einstellung zu künstlicher Befruchtung

Das Thema Unfruchtbarkeit in der Bibel

Zur **künstlichen Befruchtung** finden sich in der Bibel keine direkten Aussagen. Wenn ein Paar in jenen Zeiten kinderlos blieb, dann musste das als der Wille Gottes akzeptiert werden, gegen den nichts getan werden konnte. Dennoch galt Kinderlosigkeit bei den Juden als Unglück. Rechts auf der Seite findest du drei Zitate aus dem Alten Testament.

Hier finden sich zwei Hinweise darauf, wie die Menschen damals Kinderlosigkeit empfanden. Zum einen wurde es als Unglück betrachtet, wenn ein Paar keine Kinder bekam. Zum anderen aber wird Kinderlosigkeit auf den Willen Gottes zurückgeführt.

1. Abraham sagte zu Gott: „... Herr, mein Herr, was willst du mir schon geben? Ich gehe doch kinderlos dahin ..."
Gen 15,2

2. Rachel forderte ihren Gatten Jakob auf: „Verschaff mir Söhne! Wenn nicht, sterbe ich."
Gen 30,1

3. „Hanna aber hatte keine Kinder ... denn der Herr hatte ihren Schoß verschlossen."
1 Sam 1, 2-5

Die Ansichten der christlichen Kirchen zur Unfruchtbarkeit

Heute gibt es sehr unterschiedliche Ansichten zur Kinderlosigkeit. Man versteht heute die Ursachen, und nur wenige Menschen würden in der Unfruchtbarkeit den Willen Gottes sehen. Bei den gläubigen Christen gibt es zwei verschiedene Ansichten.

1. Eine künstliche Befruchtung ist akzeptabel, solange die Samenzellen des Ehemannes und die Eizellen der Ehefrau verwendet werden. Dies ist die Ansicht fast aller christlichen Kirchen. **Die Samenspende des Ehemannes sowie die In-vitro-Fertilisation werden akzeptiert.** Wissenschaftliche Erkenntnisse tragen also dazu bei, im Leben sehr vieler Menschen etwas Positives zu bewirken. Die nicht benötigten Embryonen sind noch keine Föten, also noch keine menschlichen Wesen.

2. **Jede Form der künstlichen Befruchtung ist abzulehnen.** Diese Ansicht vertritt die **römisch-katholische Kirche**. Bei der In-vitro-Fertilisation werden einige Eizellen befruchtet, die für die Behandlung nicht benötigt werden. Diese Eizellen werden dann vernichtet oder für wissenschaftliche Zwecke verwendet – und beides ist falsch. Bei allen Arten der künstlichen Befruchtung kann außerdem männliche Masturbation erforderlich sein. Der Katechismus der katholischen Kirche bezeichnet Masturbation als eine „in sich schwer ordnungswidrige Handlung".

Die Erwartung eines neuen Lebens erfüllt gläubige Christen mit Freude; es wird als ein Geschenk Gottes betrachtet.

Die katholische Kirche verurteilt zudem jede Form der Zeugung, bei der kein Geschlechtsverkehr stattfindet. Unfruchtbarkeit wird als ein Kreuz betrachtet, das viele Paare nach dem Willen Gottes auf sich nehmen müssen. Diese Paare haben **„kein Recht" auf eigene Kinder**. Ein kinderloses Paar kann stattdessen Kinder adoptieren oder sich für wohltätige Zwecke engagieren.

Wie wird Kinderlosigkeit in der Bibel erklärt?

Welche Formen der künstlichen Befruchtung werden von christlichen Kirchen, mit Ausnahme der römisch-katholischen Kirche, akzeptiert? Warum?

Aus welchen Gründen ist die römisch-katholische Kirche gegen alle Formen der künstlichen Befruchtung?

3 Die christliche Einstellung zur Sterbehilfe

Sterbehilfe ist, wie auch die Abtreibung, ein unter Christen sehr kontrovers diskutiertes Thema. Es gibt dazu zwar keinen einheitlichen Standpunkt, aber es herrscht weitgehende Übereinstimmung darüber,

1. dass das Leben das größte Geschenk Gottes ist und einen Wert an sich darstellt.
2. dass es jedem Menschen möglich sein soll, in Würde zu leben und zu sterben.

Die Sichtweise der Kirchen

Obwohl alle christlichen Kirchen gegen Sterbehilfe sind, haben sie dafür dennoch unterschiedliche Gründe:

Die Haltung der nonkonformistischen Kirchen

Die Kirchen der Baptisten und Methodisten stimmen darin überein, dass sich das Thema Sterbehilfe um eine entscheidende Frage dreht: **Wer hat das Recht, menschliches Leben zu beenden?** Die Älteren haben das Recht auf alle erdenkliche Unterstützung und Hilfe, die sie am Ende ihres Lebens benötigen. Wenn diese Hilfe geleistet wird, dann wird Sterbehilfe überflüssig. Wenn ein Mensch aber hirntot ist, dann besteht keine Pflicht mehr, ihn künstlich am Leben zu erhalten. Die Konferenz der Methodisten stellte dazu 1974 fest: „Die Frage nach der Euthanasie wird beantwortet sein, wenn bessere Methoden zur Versorgung eines Sterbenden zur Verfügung stehen werden. Die medizinischen Möglichkeiten der Sterbebegleitung müssen verbessert werden, die Einsamkeit vor dem Tod muss gelindert werden, die Patienten und ihre Familien müssen durch gesetzliche Bestimmungen und durch die Gemeinde unterstützt werden. Die Gesamtheit der Bedürfnisse des Patienten, einschließlich der spirituellen, muss befriedigt werden."

Die Haltung der anglikanischen Kirche

Nach Ansicht der Kirche von England ist jedes Leben heilig. Ärzte aber brauchen einen Menschen nicht am Leben zu erhalten, wenn es für ihn keinerlei Lebensqualität mehr gibt. Wenn Entscheidungen über Leben oder Tod getroffen werden müssen, dann müssen alle Beteiligten miteinbezogen werden, auch Ärzte und Verwandte. **Ältere Menschen sollen mit größtem Respekt behandelt werden.** Es soll ihnen bewusst sein, dass sie noch einen wichtigen Beitrag zum Leben leisten können.

Die Haltung der römisch-katholischen Kirche

Die römisch-katholische Kirche lehrt, dass Sterbehilfe in jeder Form falsch ist. Nur Gott darf einem Menschen das Leben wegnehmen – nicht ein anderer Mensch.

Alle Kirchen sind sich jedoch darin einig, dass Medikamente zur Linderung der Schmerzen verabreicht werden dürfen, wodurch das Leben letztendlich auch verkürzt werden kann. Auf diesen „Doppeleffekt" wird oft zurückgegriffen.

In den vergangenen Jahren wurden viele Hospize auf Grund der Überzeugung errichtet, dass die letzten Monate und Tage des Lebens einem Menschen viel leichter gemacht werden können, wenn Medikamente sorgfältig zur Bekämpfung der Schmerzen eingesetzt werden. Viele dieser Hospize wurden von christlichen Organisationen gegründet und werden von ihnen finanziert.

Aus christlicher Sicht ist das Leben das größte Geschenk Gottes.

- **Was bedeutet Euthanasie bzw. Sterbehilfe?**
- **Aus welchen Gründen sind die meisten christlichen Kirchen gegen Sterbehilfe? Fasse die Aussagen der christlichen Kirchen zur Sterbehilfe zusammen.**
- **Die christlichen Kirchen betonen, dass den älteren Menschen das Gefühl vermittelt werden soll, ein wichtiger Teil der Gesellschaft zu sein. Welche praktischen Schritte können in diese Richtung unternommen werden?**
- ***„Wir haben das Recht, den Zeitpunkt unseres Todes selbst zu bestimmen."* Wie könnte deiner Meinung nach ein Christ auf diese Stellungnahme antworten? Was denkst du über diese Aussage?**

4 Die christliche Einstellung zum Selbstmord

In der Vergangenheit verfolgten die christlichen Kirchen eine sehr harte Linie gegen Selbstmord. Man betrachtete auch den Selbstmord als Mord, und Mord ist falsch. Da jedes Leben, insbesondere das menschliche Leben, ein Geschenk Gottes ist, **ist Selbstmord eine schwere Sünde**. Die römisch-katholische Kirche betrachtete Selbstmord als eine **Todsünde**, also als eine so schwere Sünde, dass der betreffende Mensch nicht in den Himmel kommen kann. Ein Selbstmörder durfte nicht kirchlich bestattet und nicht in geweihter Erde begraben werden. Er wurde abseits von den anderen Gräbern beigesetzt. Heute erkennen die Kirchen an, dass viele Menschen unter großem Druck leben und sterben. Wenn jemand Selbstmord begeht, dann deshalb, weil er zutiefst unglücklich ist, nicht weil er ein schlechter Mensch ist. Er ist einfach nicht dazu in der Lage, mit den Zwängen des Lebens zurechtzukommen. Viele Christen arbeiten in Organisationen mit, die Selbstmordgefährdeten oder gescheiterten Selbstmördern dabei helfen, wieder einen Sinn im Leben zu finden, und sie davon überzeugen wollen, dass das Leben trotz allem lebenswert ist.

5 Die Meinung der Christen zu Tierversuchen

Christen glauben, dass es zwischen Mensch und Tier Unterschiede gibt. Nur der Mensch wurde nach dem Bilde Gottes erschaffen. Die Tiere hingegen soll sich der Mensch nutzbar machen. Im Gegensatz zu den Tieren haben Menschen eine Seele. Die christlichen Schriften erwarten eine vollkommene Welt, in der Mensch und Tier friedlich nebeneinander leben werden. In dieser Welt werden die Tiere nicht ausgebeutet. Jesus sagte im Neuen Testament, dass auch der Tod eines einzigen Sperlings von Gott nicht unbemerkt bleibt.

Christen und Vivisektion

Die meisten Christen essen gerne Fleisch, nur wenige sind Vegetarier. Sie glauben, dass alle Tiere respektiert werden sollen, da sie ein Teil von Gottes Schöpfung sind. Gott mag den Menschen die Macht über die Tiere verliehen haben, aber diese Macht sollte nur sehr umsichtig und rücksichtsvoll ausgeübt werden.

Die **Vivisektion** (die Verwendung von Tieren in wissenschaftlichen Versuchen) verursacht vielen Gläubigen Probleme. Alle Kirchen glauben, dass Versuche für wesentliche wissenschaftliche Forschungen akzeptabel sind. **Der Wert eines tierischen Lebens ist geringer als der eines menschlichen Lebens.** Manchmal sind solche Experimente notwendig. Das heißt aber nicht, dass solche Experimente zur Verbesserung von Kosmetika oder aus anderen banalen Gründen durchgeführt werden sollten.
Die römisch-katholische Kirche warnt ihre Gläubigen davor, den Tieren zu große Bedeutung beizumessen. Noch leiden sehr viele Menschen in der ganzen Welt. Unsere Sorge sollte in erster Linie ihnen und ihren Bedürfnissen gelten. Unser Umgang mit Tieren und Haustieren sollte sensibel sein. Viele Christen sind gegen blutige Wettkämpfe mit Tieren, gegen Massentierhaltung und den Transport lebendiger Tiere über große Entfernungen. All dies ist zwangsläufig mit Grausamkeit gegen Tiere verbunden.

Christen glauben, dass Menschen sehr viel wichtiger sind als Tiere. Wie beurteilst du diese Einstellung?

Zusammenfassung

- *Die römisch-katholische Kirche sieht in einem Schwangerschaftsabbruch eine Verletzung des wichtigsten Menschenrechtes: dem Recht auf Leben.*
- *Die protestantische Kirche vertritt die Meinung, dass eine Abtreibung ein Übel, aber unter bestimmten Bedingungen gerechtfertigt ist.*
- *Die Bibel sagt, dass Kinderlosigkeit der Wille Gottes ist.*
- *Das Thema Sterbehilfe ist ebenso umstritten wie das Thema Abtreibung, wobei sich die Sichtweisen der verschiedenen christlichen Kirchen voneinander unterscheiden.*
- *Selbstmord wird aus Sicht der römisch-katholischen Kirche als Todsünde bezeichnet.*
- *Wenn auch die Tiere dem Menschen untergeordnet sind, so sollten sie aber dennoch nur dann zu medizinischen Tierversuchen herangezogen werden, wenn sich daraus ein notwendiger Fortschritt für die Menschheit ergibt.*

Im folgenden Abschnitt erfährst du etwas über diese Themen:

1 Die muslimische Einstellung zum Schwangerschaftsabbruch

2 Die muslimische Einstellung zu künstlicher Befruchtung

3 Die muslimische Einstellung zu Sterbehilfe und Selbstmord

4 Die Meinung der Muslime zu Tierversuchen für medizinische Zwecke

1 Die muslimische Einstellung zum Schwangerschaftsabbruch

Der Koran lehrt, dass Abtreibung verboten ist, weil es eine **Sünde gegen Gott** ist. Viele Muslime aber glauben, dass ein Schwangerschaftsabbruch dann zu rechtfertigen ist, wenn das Leben der Mutter in Gefahr ist. Denn die Mutter lebt und hat eine größere Verantwortung für die ganze Familie als das ungeborene Kind. Der Fötus hat bis jetzt noch keine menschliche Persönlichkeit entwickelt. In dieser Situation ist ein Abbruch der Schwangerschaft zwar alles andere als wünschenswert, aber zulässig. Er muss innerhalb der ersten vier Monate der Schwangerschaft vorgenommen werden. Bis zu dieser Zeit hat die Mutter mehr Rechte als der Fötus, aber danach haben beide das gleiche Recht, zu leben. Muslime sehen alles Leben als ein Geschenk Gottes. **Niemand hat ein Recht auf das Leben, es ist wie ein Darlehen.** Wie jedes Darlehen muss auch das Leben an denjenigen zurückgegeben werden, der es gewährt hat. Gott kann das Darlehen zurückfordern, wann immer er will. Der Koran erinnert Frauen daran, dass am Tag des Gerichts die abgetriebenen Kinder von ihren Müttern wissen wollen, warum sie getötet wurden.

„Tötet nicht eure Kinder aus Furcht vor Verarmung; Wir wollen sie und euch versorgen. Siehe, ihr Töten ist eine große Sünde.“
Sure 17,31

2 Die muslimische Einstellung zu künstlicher Befruchtung

In-vitro-Fertilisation und künstliche Befruchtung durch den Ehemann

Die meisten Muslime akzeptieren diese beiden Verfahren der künstlichen Befruchtung, wenn ein Ehepaar damit Probleme hat, Kinder zu bekommen. Denn …

- die Eizelle und die Samenzelle stammen von der Ehefrau und vom Ehemann. Es kann kein Verdacht aufkommen, dass ein Ehebruch vorliegt, was gemäß dem Koran eine schwere Sünde darstellen würde.
- das Paar greift auf die Fortschritte der Medizin zurück, um sich ein Familienleben zu ermöglichen – und alle Muslime sollen sich dessen erfreuen. Die Muslime stehen der Medizin positiv gegenüber, wenn sie für die Menschen Verbesserungen bringt.
- die überzähligen Embryonen bei einer In-vitro-Fertilisation sind keine Föten und ihre Zerstörung kann durch den „Doppeleffekt“ gerechtfertigt werden, denn die Absicht besteht darin, einem kinderlosen Paar zu Kindern zu verhelfen, und nicht darin, Embryonen zu zerstören. Die überzähligen Embryonen dürfen auch zur Stammzellenforschung verwendet werden, die von Muslimen unterstützt wird.

Nach dem bisher Gesagten ist es nicht verwunderlich, dass Muslime zwischen künstlicher Befruchtung durch Samenspende und Ehebruch keinen großen Unterschied sehen. Auch eine Leihmutterschaft ist ausgeschlossen, denn der Koran lehrt, dass nur diejenige die Mutter des Kindes sein kann, die es empfangen hat. Muslimischen Männern ist es gestattet, bis zu vier Ehefrauen zu haben. Dies kann dann der Fall sein, wenn eine Frau ihrem Mann keine Kinder schenken kann.

3 Die muslimische Einstellung zu Sterbehilfe und Selbstmord

Sterbehilfe aus islamischer Sicht

Der Islam lehrt, dass Gott das Leben erschuf. Deshalb entscheidet auch er allein, wann ein Mensch sterben muss.

> *„Aber Allahs ist das Letzte und das Erste."*
> *Sure 53,25*

Zu entscheiden, wann ein Mensch sterben soll, bedeutet so viel wie „Gott spielen". **Das Leben ist ein heiliges Geschenk Gottes**, und nur Gott entscheidet, wann es enden soll. Auch das Leid erfüllt einen Zweck, und deshalb liegt kein Anlass für Sterbehilfe vor, wenn ein Mensch große Schmerzen hat. Wenn ein Mensch leidet, dann ist es der Wille Gottes. Da Gott auch der **„Barmherzige"** ist, einer der 99 Namen, wird das Leid belohnt werden. Er kennt alle Situationen, die ein Gläubiger durchleben muss. Muslime müssen dies akzeptieren und sollen nicht versuchen, einen leichteren Ausweg zu finden, was Sterbehilfe letztendlich wäre.

Selbstmord aus islamischer Sicht

Der Prophet Mohammed lehrte, dass es für jeden falsch ist, sich das Leben zu nehmen. In den Hadithe ist zu lesen, dass derjenige, der sich mit dem Schwert, mit Gift oder durch einen Sturz von einem Berg selbst tötet, am Tag des Gerichts zu Qualen verurteilt wird.

Die Ereignisse des 11. September 2001 zeigten, dass manche extremistische Muslime den freiwilligen Tod als Teil des **Heiligen Krieges (Dschihad)** nicht als Selbstmord betrachten. Aber sie gehören zu einer sehr kleinen Minderheit, und die meisten Muslime halten sich an die Worte des Propheten Mohammed. Er sagte, dass kein Selbstmörder am Tag des Gerichts irgendeine Gnade zu erwarten hätte.

Die Mehrheit der Muslime ist davon überzeugt, dass es falsch ist, Selbstmord zu begehen. Dennoch betrachten einige muslimische Extremisten den freiwilligen Tod nicht als Selbstmord, wenn er Teil des „Dschihad" ist, wie sie ihn verstehen.

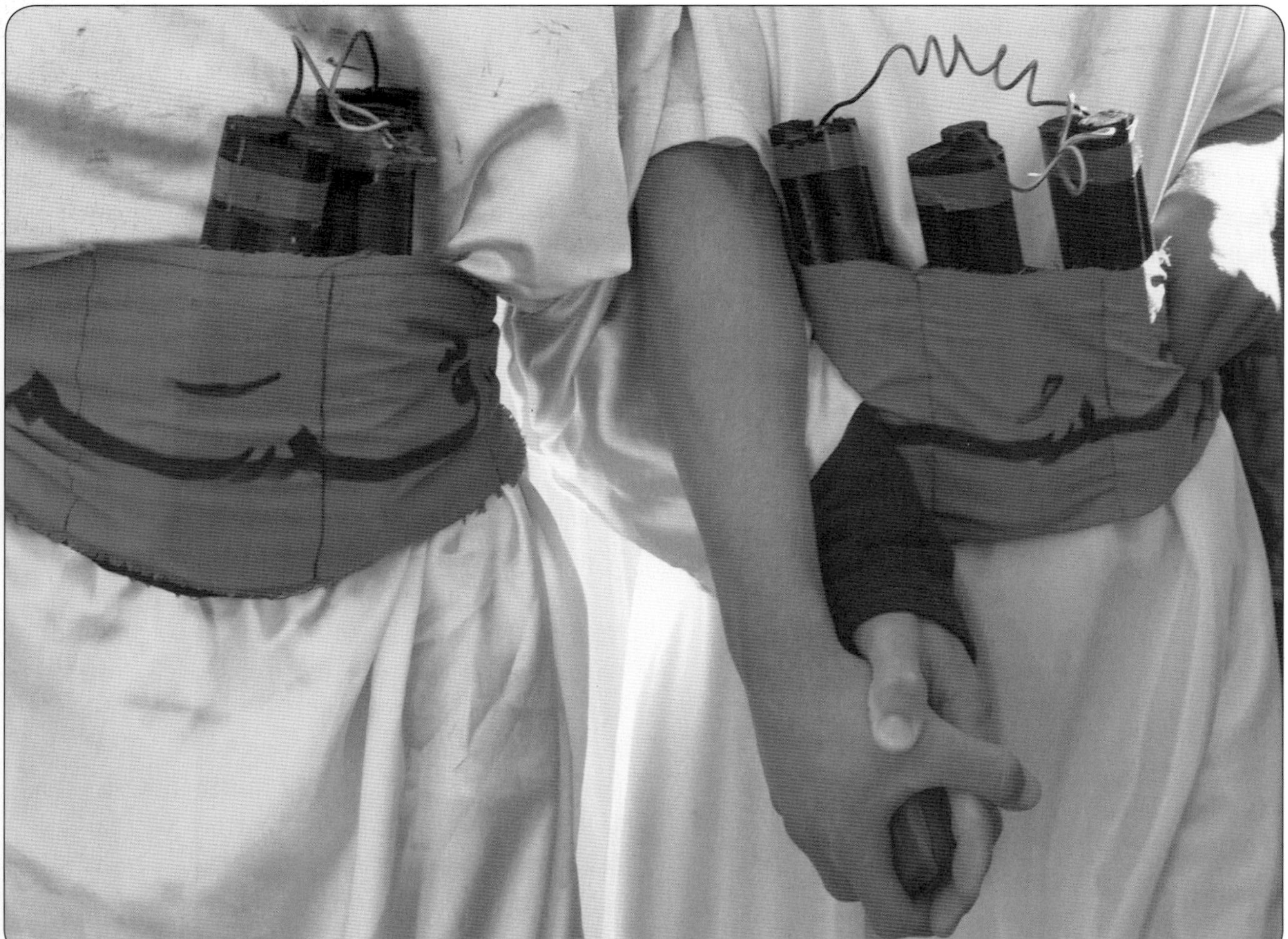

4 Die Meinung der Muslime zu Tierversuchen für medizinische Zwecke

„Eine gute Tat, die einem Tier getan wird, ist so viel wie eine gute Tat, die einem Menschen getan wird. Eine Grausamkeit, die einem Tier getan wird, ist so viel wie eine Grausamkeit, die einem Menschen getan wird."
Hadith

Muslime und Tierrechte

Muslime glauben, dass Gott jedes Leben erschuf und dass jedes Lebewesen von den Menschen mit großem **Respekt und Fürsorge** behandelt werden soll. Muslime dürfen Tiere jagen, aber nur zum Zweck der Nahrungsbeschaffung, nicht zum Vergnügen. Wenn jemand ein Tier unnötigerweise getötet hat, dann wird dieses Tier am Tag des Gerichts als Zeuge gegen diese Person auftreten, der der Zutritt zum Himmel verwehrt werden wird.

Tierversuche sind erlaubt, solange sie wichtig sind im Kampf gegen menschliche Krankheiten. Ist das der Fall, dann müssen die Leiden der Tiere auf ein Minimum reduziert werden. Tierversuche für die Kosmetikindustrie oder für andere banale Zwecke sind streng verboten.

Ihram

Ihram bezeichnet den Zustand der kultischen Reinheit bei den Gebeten und bei der Pilgerfahrt nach Mekka, die zu den fünf Säulen des Islam gehört. Die Pilgerreise endet mit der Feier des Festes **Eid-ul-Adha**, bei dem Tiere geschlachtet und das Fleisch verteilt wird. Für die Schlachtung von Tieren gibt es **zwei Vorschriften:**

1. Ein Tier darf nicht vor anderen Tieren geschlachtet werden.
2. Niemand darf ein Tier schlachten, das er selbst großgezogen hat.

Tiere sollen im Islam mit größtem Respekt behandelt werden.

Beschreibe die Einstellung der Muslime zum Schwangerschaftsabbruch.

Welche Formen der künstlichen Befruchtung werden von Muslimen akzeptiert und warum?

Warum sind Muslime gegen Sterbehilfe?

Fasse die Einstellung der Muslime zu Tierversuchen für medizinische Zwecke zusammen.

Zusammenfassung

- *Der Koran lehrt, dass Abtreibung eine Sünde ist. Wenn jedoch durch die Schwangerschaft das Leben der Mutter gefährdet wird, ist eine Abtreibung gerechtfertigt.*
- *Sterbehilfe ist aus muslimischer Sicht nicht gestattet, da es auch Gottes Wille ist, wenn ein Mensch leidet. Der Mensch wird jedoch später für sein Leiden belohnt werden.*
- *Tierversuche sind dann erlaubt, wenn sie zu Forschungszwecken genutzt werden, die der Menschheit von Nutzen sind.*

Judentum

Im folgenden Abschnitt erfährst du etwas über diese Themen:

1 Die jüdische Einstellung zum Schwangerschaftsabbruch

2 Die jüdische Einstellung zu künstlicher Befruchtung

3 Die jüdische Einstellung zu Sterbehilfe und Selbstmord

4 Die Meinung der Juden zu Tierversuchen für medizinische Zwecke

1 Die jüdische Einstellung zum Schwangerschaftsabbruch

„Jetzt seht: Ich bin es, nur ich, und kein Gott tritt mir entgegen. Ich bin es, der tötet und der lebendig macht."
Dtn 32,39

Schwangerschaftsabbruch aus jüdischer Sicht

Nach Ansicht der meisten Juden finden sich in der Tora genügend Aussagen wie die oben zitierte, die auf eine **Ablehnung des Schwangerschaftsabbruchs** hinweisen. Für die Juden ist Abtreibung sehr viel anstößiger als Empfängnisverhütung. Es steht dem Willen Gottes entgegen, ein werdendes menschliches Leben zu zerstören. Andererseits wird dem Fötus im jüdischen Glauben nicht derselbe Status zuerkannt wie der Mutter. Nach Ansicht der meisten Rabbiner beginnt das Leben erst dann, wenn der Fötus außerhalb des Mutterleibes leben kann. Diese Ansicht wird mit einer Stelle aus der heiligen Schrift begründet:

„Wenn Männer miteinander raufen und dabei eine schwangere Frau treffen, sodass sie eine Fehlgeburt hat, ohne dass ein weiterer Schaden entsteht, dann soll der Täter eine Buße zahlen, die ihm der Ehemann der Frau auferlegt; er kann die Zahlung nach dem Urteil von Schiedsrichtern leisten. Ist weiterer Schaden entstanden, dann musst du geben: Leben für Leben, Auge für Auge, Zahn für Zahn …"
Ex 21, 22-23

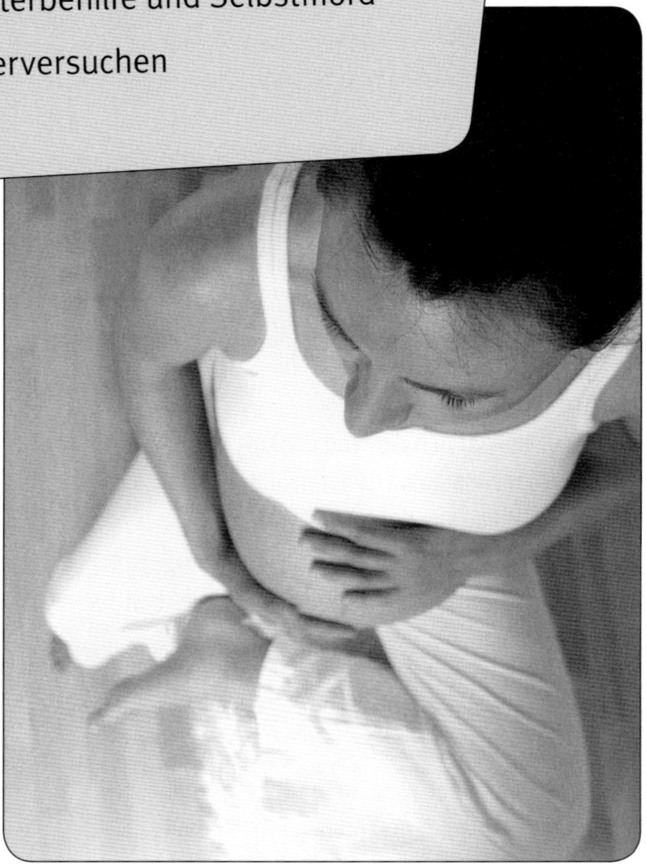

Nach Ansicht der Juden ist es gegen den Willen Gottes, ein menschliches Leben zu zerstören.

Schwangerschaftsabbruch ist für eine jüdische Frau **akzeptabel**, wenn …

- die Schwangerschaft für sie zu einer Gefahr geworden ist oder diese wahrscheinlich wird.
- sie einen ernsthaften psychologischen Schaden erleiden würde, falls die Schwangerschaft fortgesetzt wird.

Manche Rabbiner stimmen auch einem Schwangerschaftsabbruch zu, wenn das Kind höchstwahrscheinlich mit einer schweren geistigen oder körperlichen Behinderung zur Welt kommt. Je früher der Abbruch erfolgt, desto besser. Im Talmud steht geschrieben, dass der Fötus vor dem 42. Tag der Schwangerschaft noch kein menschliches Wesen ist, und erst dann die Seele von Gott in den Körper eingehaucht wird.

2 Die jüdische Einstellung zu künstlicher Befruchtung

In-vitro-Fertilisation und künstliche Befruchtung durch den zukünftigen Vater sind von allen Juden akzeptierte Methoden, viele haben auch keine Einwände gegen gespendete Eizellen. Allerdings werden manchmal die Eizellen einer jüdischen Frau bevorzugt, damit auch das Kind jüdisch wird – denn die jüdische Identität einer Person kommt durch die Mutter. Andere hingegen sind überzeugt, dass eine jüdische Erziehung des Kindes ausreichend ist. **Für die jüdische Sicht zur künstlichen Befruchtung gibt es verschiedene Gründe:**

1. Kinder zu haben, ist im jüdischen Glauben von höchster Wichtigkeit.
2. Rabbiner sind sehr verständnisvoll mit Paaren, die auf eine künstliche Befruchtung zurückgreifen.
3. Die Juden glauben, dass es in Gottes Absicht liegt, wenn die Menschen sich den medizinischen Fortschritt zu Nutze machen.
4. Die überzähligen Embryonen sind keine Föten. Ihre Zerstörung kann mit dem „Doppeleffekt" gerechtfertigt werden – die Absicht besteht darin, einem Paar seinen Kinderwunsch zu erfüllen, und nicht darin, Embryonen zu töten.

Die meisten Juden können sich mit dem Gedanken einer künstlichen Befruchtung durch Samenspende nicht anfreunden, da dies als eine Form des Ehebruchs angesehen werden kann und somit dem siebten Gebot zuwiderläuft. Sie machen sich auch Sorgen um den Status eines Kindes, das nicht wissen wird, wer sein biologischer Vater ist. Andere Juden hingegen akzeptieren auch dieses Verfahren der künstlichen Befruchtung. Sie argumentieren, dass keine Sünde begangen wird, auch wenn der Samenspender nach jüdischem Gesetz der biologische Vater bleibt.

In der jüdischen Haltung zur künstlichen Befruchtung lässt sich ein deutlicher Unterschied zu den Aussagen der Bibel über Kinderlosigkeit erkennen. **In der Bibel ist es für verheiratete Paare ein Stigma, keine Kinder zu haben** – ein Zustand, der auf den Willen Gottes zurückgeführt wird.

„Hanna aber gab er einen doppelten Anteil; denn er hatte Hanna lieb, obwohl der Herr ihren Schoß verschlossen hatte. Ihre Rivalin aber kränkte und demütigte sie sehr, weil der Herr ihren Schoß verschlossen hatte."
1 Sam 1, 5-6

Erkläre die jüdische Haltung zum Schwangerschaftsabbruch. Welche Unterschiede kannst du zu den christlichen Kirchen erkennen?

Welche Haltung nimmt der jüdische Glaube gegenüber der künstlichen Befruchtung ein? Aus welchen Gründen?

Glaubst du, dass jede Frau ein Recht darauf hat, ein Kind zu bekommen – und dafür alle notwendigen Schritte unternehmen darf?

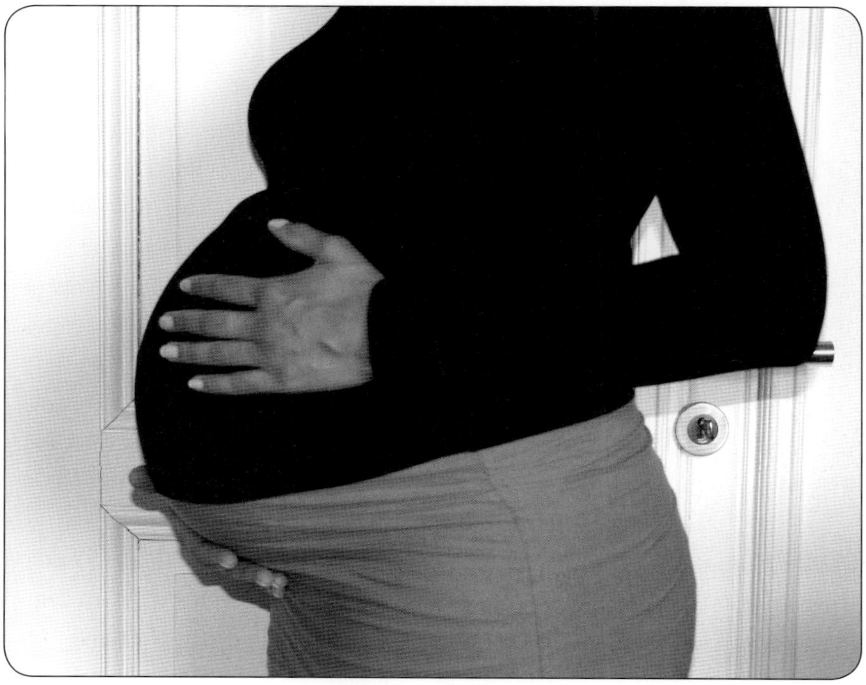

Im jüdischen Glauben ist es von größter Wichtigkeit, Kinder zu haben.

3 Die jüdische Einstellung zu Sterbehilfe und Selbstmord

Sterbehilfe

Dieselben biblischen Texte, die gegen Abtreibung sprechen, können auch gegen Sterbehilfe angeführt werden. Das Judentum ist gegen Sterbehilfe. Das Leben wird als eine so große Gnade Gottes betrachtet, dass alles getan werden muss, um es zu erhalten. In der Tora gibt es **613 Gesetze (Mitzvot)**, an die sich die Juden halten sollen. **Aber nur auf den Bruch dreier Gesetze steht die Todsstrafe:** Das sind die Gesetze gegen Mord, Inzucht und Götzendienst. Das zeigt, wie hoch die Juden das menschliche Leben schätzen. Die jüdischen Schriften lassen keinen Zweifel – bei Gott allein liegt die Entscheidung, wann wir geboren werden und wann wir sterben.

„Nackt kam ich hervor aus dem Schoß meiner Mutter; nackt kehre ich dahin zurück. Der Herr hat gegeben, der Herr hat genommen; gelobt sei der Name des Herrn."
Ijob 1,21

Es gibt ein altes jüdisches Sprichwort, das besagt, dass drei Personen mit der Geburt eines Kindes zu tun haben: der Vater, die Mutter und Gott. Am Ende des Lebens aber sind es nur noch zwei: der Sterbende und Gott. Sterbehilfe würde bedeuten, Gott zu spielen, und das kann nicht akzeptiert werden. Das Judentum erlaubt aber, dass eine lebenserhaltende Maschine abgeschaltet wird, wenn keinerlei Hoffnung mehr besteht. Menschen künstlich am Leben zu erhalten, ist auch gegen den Willen Gottes.

Selbstmord

Im Mittelpunkt der jüdischen Religion steht der Glaube an einen Gott als den Schöpfer allen Lebens. Zum Glauben gehört auch die Überzeugung, dass Gott den Menschen das Recht gegeben hat, eigene Entscheidungen für sich zu treffen. Dieser Glaube erstreckt sich auch auf den Selbstmord. Auch wenn der jüdische Glaube dem Selbstmord nicht zustimmt, so haben Juden gewöhnlich Verständnis dafür. Allerdings bekommen Selbstmörder kein normales jüdisches Begräbnis, und sie werden abseits von den anderen Verstorbenen beerdigt.

Jüdischer Friedhof in Worms: Das Leben ist für Juden eine große Gnade Gottes.

4 Die Meinung der Juden zu Tierversuchen für medizinische Zwecke

Die Erlaubnis, Fleisch zu essen

In den jüdischen Schriften erhält der Mensch von Gott die Erlaubnis, Fleisch zu essen. Dies ist Teil der **„Herrschaft" über die Tiere**, die den Menschen in der Schöpfung (Gen 1, 26-29) verliehen wurde. Später bekamen sie Vorschriften, welche Tiere sie essen dürfen und welche nicht. Tiere durften nur gegessen werden, wenn sie auf eine bestimmte Weise getötet wurden und der Körper vollständig ausgeblutet war. Außerdem mussten die Tiere mit einen schnellen Schnitt durch die Halsschlagader mit einem sehr scharfen Messer getötet werden. Diese Methode wird als **„schechita" (Schächten)** bezeichnet. Obwohl einige Juden Vegetarier sind, essen die meisten Juden Fleisch, das **„koscher"** (rein) ist, also Fleisch von Tieren, die nach dieser Methode getötet wurden. In den Zeiten, als der jüdische Tempel noch in Jerusalem stand (bis 70 n. Chr.), wurden dort regelmäßig Tieropfer dargebracht. Die Opfertiere waren das Wertvollste, was die Menschen geben konnten, sodass es für sie ein wirkliches Opfer war. Auf diese Weise zeigten die Menschen ihre Hingabe an Gott. Der Talmud legt **strikte Vorschriften** für eine „menschliche" Behandlung der Tiere fest, wozu auch die Vorschrift gehört, dass ein Bauer nicht mehr Tiere kaufen sollte, als er ernähren kann. In den Zehn Geboten wird erwähnt, dass Tiere wie auch Menschen Zeiten der Erholung brauchen. Die Juden akzeptieren zwar, wenn Tiere in der medizinischen Forschung verwendet werden. Aber es darf keine unnötigen Grausamkeiten geben und die Forschungen müssen zudem konkrete Aussichten haben, den Menschen einen Nutzen zu bringen.

Was lehrt das Judentum über den Wert des menschlichen Lebens?

Wie zeigt das Judentum, dass es dem menschlichen Leben einen hohen Wert beimisst?

Wie sollen Juden gemäß ihrem Glauben Tiere behandeln, und wie ist ihre Einstellung gegenüber Tierversuchen in der medizinischen Forschung?

Zusammenfassung

- *Es widerspricht Gottes Willen ein werdendes menschliches Leben zu zerstören, so die Tora. Eine Abtreibung ist deshalb nur dann erlaubt, wenn das Leben der Mutter gefährdet ist.*
- *Nach jüdischem Glauben ist es nicht erlaubt, Sterbehilfe zu leisten.*
- *Die Juden akzeptieren zwar Tierversuche zu Forschungszwecken, aber nur, wenn diese wirklich für den Menschen von Nutzen sind.*

Welche Haltungen vertreten die Glaubensrichtungen zum Schwangerschaftsabbruch? Unter welchen Umständen wird dieser akzeptiert? Ist dieser Umgang mit Abtreibung für dich vertretbar?

Unter welchen Bedingungen akzeptieren die Gläubigen der drei Weltreligionen künstliche Befruchtung?

Glaubst du, dass jeder das Recht haben sollte, sein Leben zu beenden?

In den Niederlanden und Belgien wurde unter strengen Auflagen aktive Sterbehilfe legalisiert. Informiere dich über den Stand der Diskussion zu diesem Thema in Deutschland.

Welche Rechte haben Tiere in den drei Religionen? Glaubst du, dass Tiere für Menschen leiden sollten? Und wenn ja, aus welchen Gründen?

Empfehlenswerte Literatur und Links

Literatur

Ida Lamp:
Hospiz-Arbeit konkret.
Gütersloher Verlagshaus 2001.
ISBN 978-3-579-00939-1

Wolfgang Schell:
Sterbebegleitung und Sterbehilfe.
Schlütersche 2002.
ISBN 978-3-87706-729-1

Annette Weber:
Aber ich bin doch selbst noch ein Kind.
Verlag an der Ruhr 2005.
ISBN 978-3-86072-976-2

Links

www.onmeda.de/schwangerschaft_geburt/familienplanung/ungewollt_kinderlos.html
Informationen zum Thema Schwangerschaft, Geburt, Familienplanung und künstliche Befruchtung aus medizinischer Sicht.

www.profamilia.de/article/show/933.html
Profamila mit Informationen zu Schwangerschaftsbruch; Beratung, Tipps und Hilfen bei ungewollter Schwangerschaft.

www.familienhandbuch.de/cmain/f_Aktuelles/a_Gesundheit/s_888.html
Das Online-Familienhandbuch informiert und berät in allen familiären Fragen zu Schwangerschaft, künstlicher Befruchtung, Abtreibung etc.

www.enfal.de/famplan.htm
Artikel zum Thema Schwangerschaftsabbruch aus muslimischer Sicht.

www.islam.de/1641.php
Informationen, Berichte, Literaturtipps zum Thema Schwangerschaftsabbruch.

http://bundesrecht.juris.de/bundesrecht/eschg/
Informationen zum Embryonenschutzgesetz.

www.hospiz.net/
Bundesweite Interessenvertretung der Hospizbewegung.

www.dghs.de
Informationen der Deutschen Gesellschaft für Humanes Sterben.

www.ruhen-und-tun.de/tod-sterbehilfe.htm
Infos und Links zum Thema Sterbehilfe.

www.selbstmord.de
Adressen, Telefonnummern, Literaturübersicht, Foren, Chat.

www.nur-ruhe.de
Portal über Selbstmord, Suizid aus Sicht der Wissenschaft, Infos, Links, Adressen, Diskussionsforum, Erfahrungsberichte.

www.telefonseelsorge.de
Beratungsangebote, Informationen und Adressen der deutschen Telefonseelsorge.

www.kinderundjugendtelefon.de
„Nummer gegen Kummer"; Beratungsangebot für Kinder und Jugendliche in Notlagen.

www.aerzte-gegen-tierversuche.tierrechte.de
Die Organisation Ärzte gegen Tierversuche setzt sich für Medizin ohne Tierversuche ein; Infos, Nachrichten, FAQ, Literaturtipps etc.

www.datenbank-tierversuche.de
Diese Datenbank macht die aktuelle Praxis von Tierversuchen in Deutschland transparent.

Kapitel 8

Religion und Gleichberechtigung

Einführung

Alle drei in diesem Buch behandelten Religionen glauben an die Gleichheit aller Menschen – und zwar aus gutem Grund. **Denn Gott erschuf alle Menschen gleich**. Und da Gott alle Menschen gleich erschuf, sollten wir auch alle Menschen gleich behandeln – egal ob Mann oder Frau, schwarz oder weiß, Christ oder Muslim. Sowohl das Judentum als auch das Christentum betonen, dass wir andere so behandeln sollten, wie wir von anderen behandelt werden wollen.

Alle drei Religionen unterstreichen, dass wir in **Frieden und Harmonie** zusammen leben könnten, wenn jeder gleich und gerecht behandelt würde. Die jüdischen Schriften hoffen auf die Zeit, in der Gott sein Reich auf Erden errichten wird. Dann werden alle Tiere friedlich nebeneinander leben und ein kleines Kind wird sie hüten. Dieses eindrucksvolle Gleichnis strahlt Unschuld und Schlichtheit aus. Die Harmonie wird verstärkt durch den Gedanken, dass alle Menschen der Welt zusammen eine einzige Nation oder Gemeinschaft bilden, da sie alle Teil der göttlichen Schöpfung sind. Auch wenn es zu Meinungsverschiedenheiten zwischen den Nationen der Welt kommt, so sollten doch Toleranz und Harmonie gewahrt bleiben.

Christen, Muslime und Juden glauben an die Gleichheit aller Menschen, denn Gott erschuf alle Menschen gleich.

Christentum

Im folgenden Abschnitt erfährst du etwas über diese Themen:

1 Die Lehre der Bibel zur Gleichheit
2 Die christliche Einstellung zum Rassismus
3 Die Rolle der Frau in der christlichen Gesellschaft
4 Das Verhältnis der Christen zu anderen Religionen
5 Der christliche Glaube von Vergebung und Versöhnung

1 Die Lehre der Bibel zur Gleichheit

Die Bibel lehrt, dass alle Menschen vor Gott gleich sind, denn so hat er sie erschaffen. Für die ersten Christen war dieser Glaubensgrundsatz eine schwierige Lektion. Denn sie waren Juden, die immer davon überzeugt waren, das auserwählte Volk zu sein – auserwählt, sich einer ganz besonderen Beziehung zum Allmächtigen zu erfreuen. Gott aber verlangte von ihnen, zu begreifen, dass er kein Volk mehr bevorzuge als die anderen:

> *„Da begann Petrus zu reden und sagte: Wahrhaftig, jetzt begreife ich, dass Gott nicht auf die Person sieht, sondern dass ihm in jedem Volk willkommen ist, wer ihn fürchtet und tut, was recht ist."*
> *Apg 10, 34-35*

Dies zeigt, dass es keine Rolle spielt, ob ein Mensch ein Jude oder ein Christ, ein Sklave oder ein Freier, eine Frau oder ein Mann ist. **Jeder Mensch ist für Gott gleich viel wert.**

… „Es gibt nicht mehr Juden und Griechen, nicht Sklaven und Freie, nicht Mann und Frau; denn ihr alle seid einer in Christus."
Gal 3,28

… „Liebt einander!" Joh 13,34

… „Alles, was ihr also von anderen erwartet, das tut auch ihnen! Darin besteht das Gesetz und die Propheten."
Mt 7,12

… „Er hat aus einem einzigen Menschen das ganze Menschengeschlecht erschaffen, damit es die ganze Erde bewohne."
Apg 17,26

… „Gott schuf also den Menschen als sein Abbild; als Abbild Gottes schuf er ihn. Als Mann und Frau schuf er sie."
Gen 1,27

2 Die christliche Einstellung zum Rassismus

Menschen mit rassistischen Vorurteilen sind überzeugt, dass manche Rassen höher stehen als andere. Daraus folgern sie, dass manche Rassen weniger wert sind als andere. Wer eine solche Meinung vertritt, wird als **Rassist** bezeichnet. Wer auf Menschen einer anderen Rasse herabschaut und sie für minderwertig hält, hat rassistische Vorurteile. Rassendiskriminierung findet statt, wenn die Vorurteile die Art und Weise bestimmen, wie jemand andere behandelt. Anders gesagt: **Rassendiskriminierung heißt, rassistische Vorurteile in die Tat umsetzen.**

Die Christen glauben an einen Gott, der der Schöpfer und Vater von allen ist. Alle Menschen sind nach Gottes Abbild erschaffen, also werden alle gleich geboren. Jesus bezeugte diese Wahrheit durch sein ganzes Leben und durch seine Lehre. Hier sind **drei Beispiele aus den Evangelien:**

1. Als er gefragt wurde: „Wer ist mein Nächster?", antwortete Jesus mit dem Gleichnis vom barmherzigen Samariter (Lk 10, 30-37). Zwischen Juden und Samaritern gab es über Jahrhunderte keinen Kontakt. Im Gleichnis, das Jesus erzählte, war es aber ein Samariter, der einem Juden half, als er in großer Not war. Der Samariter erkannte die verzweifelte Lage des Juden und dachte nicht an die alte Feindschaft zwischen ihnen. Die Botschaft dieses Gleichnisses besteht darin, dass jeder dem anderen der Nächste sein soll, der um seinetwillen zu ehren und zu respektieren ist.
2. Jesus heilte den Diener eines römischen Zenturios, obwohl die Römer Besatzungsmacht in Palästina waren und von den Juden gehasst wurden (Lk 7, 1-10).
3. Er freundete sich mit dem Zollpächter Zachäus an, obwohl diese Leute bei den Juden verhasst waren, weil sie für die römische Besatzungsmacht arbeiteten (Lk 19, 1-10).

Alle Unterschiede zwischen den Menschen – ob Rasse oder Hautfarbe – sind für Gott völlig gleichgültig. Kein Mensch wird mehr begünstigt als ein anderer. Jakobus verdeutlicht in seinem Brief, dass Vorurteile Sünde sind.

„Wenn ihr dagegen nach dem Wort der Schrift: Du sollst deinen Nächsten lieben wie dich selbst! das königliche Gesetz erfüllt, dann handelt ihr recht. Wenn ihr aber nach dem Ansehen der Person urteilt, begeht ihr eine Sünde …"
Jak 2, 8-9

Für manche Menschen ist Rassendiskriminierung noch heute ein großes Problem.

Die christlichen Kirchen haben sich auf verschiedene Art und Weise am Kampf gegen rassistische Vorurteile und Diskriminierung beteiligt. Doch ihr Verhalten ist weit davon entfernt, immer vorbildlich gewesen zu sein. Dazu zwei Beispiele:

- Viele dunkelhäutige Menschen, die aus anderen Ländern in die westeuropäischen Staaten einwanderten, waren Christen. Als sie aber versuchten, sich den verschiedenen Kirchen anzuschließen, wurden sie sehr kühl aufgenommen. Viele Kirchen verhielten sich ihnen gegenüber ablehnend bis feindlich. Im Gegenzug gründeten sie ihre eigenen Kirchen, deren Mitgliederzahlen in den folgenden Jahren schnell stiegen, während die Zahl der Gläubigen bei den alten Kirchen sank.
- Seit den 1950er-Jahren war die niederländische reformierte Kirche in Südafrika eine der Hauptstützen der Apartheid-Politik, die sich schließlich in den frühen 1990er-Jahren auflöste. Unter **Apartheid** versteht man die Diskriminierungspolitik der weißen Minderheit in Südafrika, die für eine getrennte Entwicklung der verschiedenen Rassen eintrat.

In anderen Situationen aber stritten Christen an vorderster Front zusammen mit denen, die für die Gleichberechtigung der Rassen eintraten. Hier zwei herausragende Beispiele:

Martin Luther King glaubte, dass es ihm von Gott zur Aufgabe gemacht worden war, für die Verbesserung der Lebensbedingungen der Schwarzen in den USA zu kämpfen.

Martin Luther King jr.

Als Martin Luther King 1929 geboren wurde, litten die Schwarzen in weiten Teilen der USA unter Verfolgung und Unterdrückung. King wurde Baptistenpfarrer und führte 1955 die Proteste an, als eine schwarze Frau festgenommen wurde, die sich geweigert hatte, in einem Bus ihren Platz für einen weißen Mann frei zu machen. In der Folge wurde ein Omnibusboykott organisiert. Da die Schwarzen die Busse weit häufiger benutzten als die Weißen, sah sich die Omnibusgesellschaft ein Jahr später gezwungen, ihre rassistische Haltung aufzugeben. Auf Grund des Einflusses von Martin Luther King, der den Lehren Jesu folgte, verlief der Protest von Beginn an gewaltfrei.
Der Protest wuchs durch Kampagnen, Märsche, Reden und Demonstrationen an. Riesige Menschenmengen unterstützten King und seine Anhänger. Im Alter von erst 39 Jahren wurde Martin Luther King erschossen. Die Bürgerrechtsbewegung aber, die Luther gegründet hatte, setzte nach seinem Tod ihre Arbeit fort, und die Rechte der schwarzen Bürger besserten sich.

Pater Trevor Huddleston

Pater Trevor Huddleston war ein Weißer, der in Großbritannien aufwuchs. 1943 wurde er als christlicher Missionar nach Südafrika geschickt, wo er in Soweto arbeitete, einer riesigen ärmlichen Wohnstadt für Schwarze in Johannesburg. Als er bereits dort war, wurde die Apartheid legalisiert, und er bekam hautnah mit, wie die schwarze Bevölkerung behandelt wurde. Er begann Überseeboykotte gegen südafrikanische Firmen und Sportmannschaften zu organisieren und wurde zu einer führenden Persönlichkeit in der Anti-Apartheid-Bewegung. Huddleston war überzeugt davon, dass sein Handeln genau dem entsprach, was Gott von ihm erwartete. Er glaubte fest daran, dass vor Gott alle Menschen gleich sind. Huddleston lebte lange genug, um das Ende der Apartheid mitzuerleben und zu sehen, wie **Nelson Mandela** aus dem Gefängnis kam und zum Präsidenten Südafrikas wurde.
Er starb im Jahre 1998.

Pater Trevor Huddleston glaubte, dass die Apartheid-Politik im krassen Gegensatz zu allem stand, wofür er als Christ eintrat.

3 Die Rolle der Frau in der christlichen Gesellschaft

Unter **Sexismus** versteht man Vorurteile gegen oder die Diskriminierung von Menschen wegen ihrer Geschlechtszugehörigkeit. Betroffen davon sind vor allem Frauen. Weltweit herrschen in der Behandlung von Männern und Frauen immer noch gewaltige Unterschiede. Obwohl es mehr Frauen (52 %) als Männer (48 %) gibt, verdienen sie nur 10 % des Welteinkommens und verfügen nur über weniger als 1 % des Eigentums weltweit.
Seit 1980 ist es in Deutschland gesetzwidrig, Frauen bei der Besetzung von Stellen, bei der Beförderung und bei der innerbetrieblichen Ausbildung zu diskriminieren. Ebenso ist es ungesetzlich, eine Frau aus ihrer Arbeitsstelle zu entlassen, weil sie schwanger ist. Nach wie vor besetzen Frauen nur wenige gehobene Positionen in Wirtschaftsunternehmen, denn es ist nach wie vor schwierig, das Berufsleben und die familiären Pflichten unter einen Hut zu bringen. Viele Unternehmen sind noch weit davon entfernt, in ihren Arbeitsbedingungen „frauenfreundlich" zu sein. Nur wenige bieten beispielsweise Krippenplätze an, damit Frauen ihre Kleinkinder zur Arbeit mitnehmen können.

Frauen besetzen auch heute nur selten gehobene Positionen in Unternehmen.

Seit Jahren wird in Deutschland eine **große Debatte** geführt, ob es Frauen erlaubt werden sollte, Priester zu werden. Das gewichtigste Gegenargument bisher war die Tradition und die Tatsache, dass unter Jesus Jüngern keine Frauen waren. Bis heute wird die Frage, ob **Frauen zum Priesteramt** zugelassen werden sollten, von den verschiedenen Kirchen unterschiedlich beantwortet. Die anglikanische Kirche begann bereits in den 1970er-Jahren damit, Frauen zum Priesteramt zu weihen. Als die Kirche von England dafür stimmte, Frauen das Priesteramt zu ermöglichen, traten viele Vikare aus Protest zurück. Jetzt, Jahre später, wird eine Debatte darüber geführt, ob Frauen Bischöfe werden können.
Obwohl Frauen sonst fast jede Stelle in der Kirche bekleiden konnten, sind Priester in Westeuropa fast ausschließlich männlich. Dabei sind Frauen aktiver am Gemeindeleben beteiligt als Männer: Den Gottesdienst besuchen doppelt so viele Frauen wie Männer, und die ehrenamtlichen Arbeiten in der Kirche werden ebenfalls zu zwei Dritteln von Frauen übernommen.
In der römisch-katholischen Kirche hat die Debatte über weibliche Priester noch gar nicht richtig begonnen. In einem apostolischen Schreiben aus dem Jahre 1994 legte der Papst fest, dass **Frauen nicht Priester werden können**, weil es völlig unangemessen wäre und weil es mit den kirchlichen Traditionen brechen würde. Die Regelung gegen weibliche Priester soll zum „Bodensatz des Glaubens" gehören, der auf Jesus selbst zurückgehen soll.

Frauen in der Bibel

Vorurteile gegen Frauen lassen sich bis zur Bibel zurückverfolgen. Im Alten Testament spielte der Mann die führende Rolle in der Familie und im gesellschaftlichen Leben. Diese Rolle ging auch auf die frühchristliche Kirche über. **Paulus** setzte diese Tradition in seinen Schriften fort. Er wollte, dass ältere Frauen die jüngeren in der christlichen Gemeinde unterrichteten, wie sie sich verhalten sollten. Die Verschiedenheit von Mann und Frau sollte bereits in der Erziehung der Kinder berücksichtigt werden. *„Erzieh den Knaben für seinen Lebensweg"*, lautet es in der Bibel (Spr 22,6).

Jesus aber wandte sich gegen die allgemeingültige Einstellung seiner Zeit gegenüber Frauen. Auch wenn er keine weiblichen Jünger hatte, so hatte er viele weibliche Freunde und Unterstützer. Bei seinem nahenden Tod hielt eine dieser Frauen mehr zu ihm als seine männlichen Jünger. Es gibt Grund zu der Annahme, dass Frauen ihn zu Lebzeiten kräftig unterstützten, sogar finanziell. Er selbst brach ein strenges Tabu, als er in der Öffentlichkeit mit einer Samariterin sprach (Joh 4).

„... sollen die Frauen in der Versammlung schweigen; es ist ihnen nicht gestattet zu reden. Sie sollen sich unterordnen, wie auch das Gesetz es fordert. Wenn sie etwas wissen wollen, dann sollen sie zu Hause ihre Männer fragen; denn es gehört sich nicht für eine Frau, vor der Gemeinde zu reden."
1 Kor 14, 34-35

Manche Christen argumentieren, dass die Unterordnung der Frauen in der Kirche nur die **Reihenfolge der Schöpfung** widerspiegele, da Gott zuerst den Mann und dann die Frau erschaffen hat. Dies beweise, dass Gott ihnen verschiedene Rollen zugeteilt habe. Demnach war es immer Aufgabe des Mannes, zu arbeiten und für den Lebensunterhalt seiner Frau und seiner Familie zu sorgen. Die Frauen hingegen sollten den Haushalt führen, Kinder bekommen und sie großziehen. Gegen diese traditionelle Auffassung steht die modernere Sichtweise, dass sich die Zeiten geändert haben. In der christlichen Kirche sollte jeder gleich sein – und gleich behandelt werden. Zur Untermauerung dieses Standpunkts werden die folgenden Argumente angeführt:

- Die Kinder profitieren am meisten, wenn sich beide Elternteile an ihrer Erziehung beteiligen.
- Die Frauen profitieren davon, wenn sie berufliche Herausforderungen außerhalb der eigenen vier Wände annehmen.
- Die Männer profitieren, wenn auch sie sich von Anfang an intensiv auf gleichberechtigter Basis um ihre Kinder kümmern.

Warum glauben Christen, dass Rassenvorurteile falsch sind?

Wie ließen sich Martin Luther King und Trevor Huddleston auf ihrem Lebensweg von Gott leiten?

Für einen Mann seiner Zeit durchbrach Jesus viele Schranken im Umgang mit Frauen. Schaue dir die folgenden Stellen an und mache dir Notizen dazu:
a) Mk 12,40 **b) Mk 10, 10-12**
c) Lk 7, 36-50 **d) Joh 8, 1-11**

In welcher Form werden in der Bibel Vorurteile gegenüber Frauen deutlich?

Bist du der Meinung, dass Frauen und Männer, Mädchen und Jungen genau dieselben Möglichkeiten im Leben haben sollten? In welchen Bereichen gibt es deiner Meinung nach zurzeit noch nicht dieselben Chancen?

4 Das Verhältnis der Christen zu anderen Religionen

Innerhalb der christlichen Kirche gibt es hauptsächlich **drei Haltungen** gegenüber den anderen großen Weltreligionen:

1. Viele Christen glauben, dass es nur einen einzigen Weg gibt, Gott näher zu kommen, und dieser Weg ist Jesus. Diese Überzeugung beruht auf folgender Stelle im Neuen Testament:

> *„Jesus sagte zu ihm: Ich bin der Weg und die Wahrheit und das Leben; niemand kommt zum Vater, außer durch mich.“*
> *Joh 14,6*

Im 19. und frühen 20. Jahrhundert wurden Missionare in alle Welt geschickt, um andere Menschen zum Christentum zu bekehren. Nichtchristen bezeichnete man als **Heiden**. Die katholische Kirche vertrat die Auffassung, dass nur derjenige erlöst wird, der zur Kirche gehört, was mit dem Wahlspruch „Außerhalb der (katholischen) Kirche gibt es keine Erlösung“ auf den Punkt gebracht wurde. Selbst andere christliche Kirchen wurden fast wie andere Religionen betrachtet. Heutzutage liegen die Dinge anders. Nach wie vor gehen Missionare in die Welt, aber jetzt sind sie zugleich Ärzte, Lehrer oder Handwerker und sie arbeiten für das Wohlergehen der Gemeinden und Kommunen, in denen sie tätig sind. Nur noch wenige sehen in ihrer Tätigkeit eine reine Bekehrungsarbeit.

2. Manche Christen sind der Ansicht, dass es viele unterschiedliche Wege zu Gott gibt, aber nur das Christentum im Besitz der ganzen Wahrheit ist. Sie begründen diese Einstellung mit einer Begebenheit aus dem Neuen Testament, als Paulus sich in Athen aufhielt. Er glaubte, in der Suche der Athener nach einem „unbekannten Gott“, dem sie einen Altar errichtet hatten, eine aufrichtige spirituelle Suche nach dem wahren Gott zu erkennen (siehe Zitat). Daraus leiteten viele Christen ab, dass ein guter, aufrichtiger Muslim, Jude oder anderer Glaubender eigentlich ein **„anonymer Christ“** sei. Auch sie werden schließlich in den Himmel kommen, weil sie eigentlich Christen sind, ohne es zu wissen.

> *„Da stellte sich Paulus in die Mitte des Areopags und sagte: Athener, nach allem, was ich sehe, seid ihr besonders fromme Menschen. Denn als ich umherging und mir eure Heiligtümer ansah, fand ich auch einen Altar mit der Aufschrift: ‚einem unbekannten Gott'. Was ihr verehrt, ohne es zu kennen, das verkünde ich euch.“*
> *Apg 17, 22-23*

3. Alle religiösen Menschen konzentrieren sich auf eine spirituelle Realität, wo auch immer sie diese finden. Manche nennen diese spirituelle Realität Gott. Wenn sich Menschen mehr um spirituelle, religiöse Angelegenheiten kümmern, dann sind sie nicht zu sehr selbstbezogen, egoistisch – und das ist gut für sie selbst wie auch für andere. **Alle Religionen sind gleich viel wert**, und im günstigsten Fall helfen sie den Menschen, Gott zu finden. Die Bibel ist eines von vielen „heiligen Worten". Die anderen heiligen Bücher aber sind ebenfalls wertvolle Wegweiser in religiösen Fragen.

Zwischen diesen **drei Einstellungen** gibt es viele Unterschiede:

- Die erste Einstellung geht davon aus, dass sich die **Christen und die Gläubigen anderer Religionen einander ziemlich wenig zu sagen haben**. Die Christen warten einfach darauf, bis die anderen auch Christen werden.
- Die zweite Einstellung sieht die **guten Eigenschaften in den anderen Religionen**, aber sie beharrt darauf, dass nur ihre Gläubigen wahre Christen sind.
- Die dritte Einstellung räumt ein, **dass jede Religion ihre Gläubigen dabei unterstützt, Gott zu verehren**. Dennoch ist keine Religion im Besitz der ganzen Wahrheit.

5 Der christliche Glaube von Vergebung und Versöhnung

Jesus und Vergebung

Vergebung war eines der wichtigsten Themen in Jesu Leben und Lehre. Er erinnerte seine Zuhörer daran, dass Gott immer bereit ist, jedem zu vergeben, der seine Sünden bereut und um Vergebung bittet. Hier sind drei Beispiele aus der Bibel:

1. **Das Gleichnis vom „verlorenen Sohn"** (Lk 15, 11-32). Dieses Gleichnis handelt von einem Sohn, der seine Heimat verlässt, um anderswo sein Glück zu versuchen. Jesus wollte, dass seine Zuhörer in der Geschichte in der Person des Vaters Gott und jeden einzelnen Menschen in der Figur des Sohnes wiedererkennen. Der Vater hielt lange Zeit nach seinem Sohn, der ins Unglück gestürzt war, Ausschau und hoffte, dass er zurückkehren würde. Als der Sohn dann wirklich in die Heimat zurückkam, war der Vater darüber so erfreut, dass er ihm überhaupt keine Vorwürfe machte. Er hieß ihn einfach zu Hause willkommen. Auf ähnliche Weise wartet Gott, um allen seine Vergebung anzubieten, die zu ihm zurückkehren.

2. Ins **„Vaterunser"** nahm Jesus folgenden Satz auf:
   „Und erlass uns unsere Schulden, wie auch wir sie unseren Schuldnern erlassen haben."
   Mt 6,12

   Daraus lässt sich schließen, dass Gottes Vergebung von unserer Bereitschaft abhängt, dass wir selbst anderen vergeben. Deshalb fährt Jesus fort:
   „Denn wenn ihr den Menschen ihre Verfehlungen vergebt, dann wird euer himmlischer Vater auch euch vergeben. Wenn ihr aber den Menschen nicht vergebt, dann wird euch euer Vater eure Verfehlungen auch nicht vergeben."
   Mt 6, 14-15

Jesus versprach dem reumütigen Verbrecher am Kreuz, dass ihm vergeben wird.

3. Jesus hob in seinem Leben immer wieder Gottes Bereitschaft zur Vergebung hervor, doch zu keinem Zeitpunkt wurde dies deutlicher als am Ende seines Lebens. Lukas erzählt uns, dass einer der Verbrecher, die mit ihm gekreuzigt wurden, Jesus um Vergebung bat (Lk 23, 39-43). Jesus gewährte ihm diese Bitte.

„Da trat Petrus zu ihm und fragte: Herr, wie oft muss ich meinem Bruder vergeben, wenn er sich gegen mich versündigt? Siebenmal? Jesus sagte zu ihm: Nicht siebenmal, sondern siebenundsiebzigmal."
Mt 18, 21-22

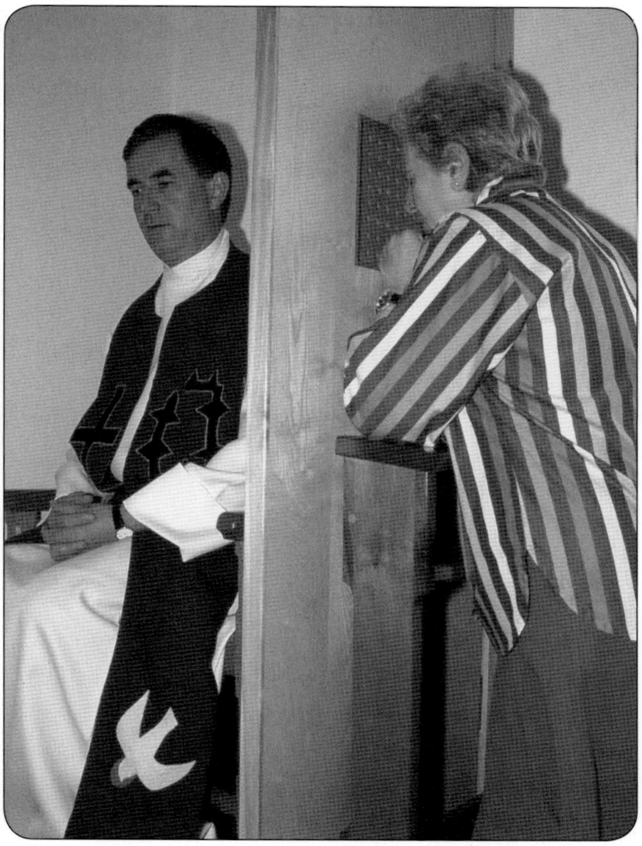
In der römisch-katholischen Kirche kann der Priester dem reuigen Sünder die Absolution erteilen.

Das Sakrament der Beichte

Die römisch-katholische Kirche bekräftigt die Bedeutung von Gottes Vergebung für uns alle. Sie kennt **sieben Sakramente**, eines davon ist das Sakrament der Beichte. Bei der Beichte bekennen die Menschen einem Priester ihre Sünden, der ihnen – Reue vorausgesetzt – die **Absolution** erteilt. Das bedeutet, dass der Priester dem Bereuenden die Vergebung Gottes übermittelt.

Das Abendmahl

Diese besondere Form des Gottesdienstes hat in den verschiedenen Kirchen unterschiedliche Bezeichnungen: **Eucharistiefeier** (römisch-katholische Kirche), **Abendmahlfeier** (evangelische Kirchen), **Feier der göttlichen Liturgie** (orthodoxe Kirchen), **das Brechen des Brotes** oder **das Abendmahl des Herrn** (Freikirchen), **die Eucharistie** oder **die heilige Kommunion** (anglikanische Kirche). Bei einem Gottesdienst, in dem die Eucharistie im Mittelpunkt steht, wiederholen die Christen symbolisch das letzte Abendmahl, das Jesus zusammen mit seinen Jüngern vor seinem Tod eingenommen hat. Das Brot ist ein Symbol für den Leib, der Wein ein Symbol für das Blut Jesu. Mit der Abendmahlfeier rufen sich die Christen den Tod Jesu in Erinnerung. Denn durch seinen Tod kann Gottes Vergebung all jenen zuteil werden, die glauben.

Es existieren drei Grundauffassungen darüber, wie Christen das Christentum im Verhältnis zu anderen Religionen beurteilen. Welche drei Auffassungen sind das? Was glaubst du, welcher der richtige Weg ist?

Aus welchen Gründen stellt die Vergebung ein so wichtiges Element im Christentum dar?

Zusammenfassung

- *Laut des christlichen Glaubens sind vor Gott alle Menschen gleich.*
- *Die christlichen Kirchen setzen sich gegen den immer wieder aufkommenden Rassismus ein.*
- *In der römisch-katholischen Kirche ist es Frauen nicht erlaubt, Priester zu werden. In anderen christlichen Religionen hingegen gibt es heute teilweise auch weibliche Priester.*

Durch das Brot und den Wein bei der heiligen Kommunion wissen die Christen, dass Gott ihnen vergibt.

Islam

Im folgenden Abschnitt erfährst du etwas über diese Themen:

1 Die muslimischen Lehren zur Gleichheit

2 Die muslimische Einstellung zum Rassismus

3 Die Rolle der Frau in der muslimischen Gesellschaft

4 Das Verhältnis der Muslime zu anderen Religionen

5 Der muslimische Glaube von Vergebung und Versöhnung

1 Die muslimischen Lehren zur Gleichheit

Der Koran macht sehr deutlich, dass Gott alles erschaffen hat. Er erschuf Himmel und Erde. Er erschuf sämtliche Lebensformen – von den Tieren bis zum Menschen. **Er erschuf sogar die Unterschiede, die wir unter den Menschen finden**, wie zum Beispiel die verschiedenen Sprachen und Hautfarben. Diese Unterschiede zwischen den Menschen stärken Muslime auch in ihrem Glauben an Gott.

> *„ … Siehe, hierin sind wahrlich Zeichen für nachdenkende Leute.“*
> Sure 30,21

Der **Koran** führt das Thema der Erschaffung der Menschen durch Gott weiter aus:

- Gott schuf die ganze Menschheit aus einem einzigen Mann und einer einzigen Frau: Alle Menschen kommen aus einem einzigen Ursprung.
- Gott unterteilte die menschliche Rasse in verschiedene Völker und Stämme.
- Gott kennt jeden Teil seiner Schöpfung persönlich.

Da alle Menschen von Gott erschaffen wurden, sind alle Menschen gleich. So betrachtet Gott die menschliche Rasse, und so sollte jeder Einzelne die anderen behandeln.

Dieser Muezzin, der die Gläubigen zum Gebet ruft, folgt dem Beispiel Bilals.

2 Die muslimische Einstellung zum Rassismus

Die Einzigkeit Gottes **(Tauhid)** ist ein sehr wichtiger Grundsatz des muslimischen Glaubens. Dadurch wird anerkannt, dass Gott der Architekt aller Schöpfung ist und dass die Menschheit eins ist. Die unterschiedlichen Farben, Rassen und Sprachen der Menschen sind ein deutliches Zeichen von Gottes wunderbarem Wirken in der Schöpfung. Die Unterschiede zwischen den Menschen sollten jeden bereichern. Jedem Mann und jeder Frau sollte derselbe Respekt gezollt werden.

Zur Inspiration wenden sich die Muslime dem Beispiel Mohammeds zu. Er erwählte Bilal, einen ehemaligen afrikanischen Sklaven, zu seinem ersten Muezzin. Mit Bilal begann die Tradition, die Gläubigen fünf Mal am Tag zum Gebet zu rufen. In seiner letzten Predigt auf seiner letzten Pilgerreise nach Mekka erklärte Mohammed seinen Zuhörern, dass sie einer Gemeinschaft angehörten, **der Umma**, in der jeder gleich ist. In den Augen Gottes ist keine Rasse oder kein einzelner Mensch höher als ein anderer.

Jedes Jahr folgen zwei Millionen Pilger aus aller Welt dem Beispiel Mohammeds und unternehmen die Pilgerreise (den Haddsch) in die heilige Stadt Mekka. Auf dieser Pilgerreise begegnen sich Menschen der unterschiedlichen Rassen und Hautfarben wie Brüder und Schwestern; sie sehen sich als Kinder Gottes.

Warum sind die vielen Unterschiede zwischen den Menschen für Muslime eine Bestätigung für die Existenz Gottes?

Was denken Muslime über Rassismus?

3 Die Rolle der Frau in der muslimischen Gesellschaft

Der Islam lehrt, dass Männern und Frauen von Gott verschiedene Rollen zugeteilt wurden, die sie zu erfüllen hätten. Gleichzeitig aber sind sie gleichberechtigt in religiösen Angelegenheiten, und beide Geschlechter haben bei der Erziehung die gleichen Rechte.

Die traditionellen Rollen von Mann und Frau

Die traditionelle Rolle der Frau in der muslimischen Gesellschaft bestand darin,

- Kinder zu bekommen,
- einen muslimischen Haushalt zu gründen,
- die Kinder zu guten Muslimen zu erziehen,
- Gott zu verehren,
- zu Hause die fünf Säulen des Islam zu beachten (außer dem **Haddsch**). Frauen haben das Recht, zu studieren, nach der Heirat ihren eigenen Namen zu führen und ihr Eigentum zu behalten.

Die traditionelle Rolle des Mannes in der muslimischen Gesellschaft bestand darin,

- seine Frau zu schützen, da Gott ihm mehr Kraft gegeben hat,
- für seine Familie zu sorgen,
- sicherzustellen, dass seine Kinder zu guten Muslimen erzogen werden,
- seine Kinder in eine Madrasa zu schicken, also in eine Schule, die einer Moschee angeschlossen ist,
- seine Söhne in ihren religiösen Pflichten zu unterrichten und zusammen mit ihnen in der Moschee zu beten.
  Der Koran unterstreicht die Pflicht des muslimischen Mannes, für seine Frau und seine Familie zu sorgen.

Denn die Frauen sind von Gott dafür ausersehen, Kinder zu bekommen und großzuziehen. Der Koran sagt auch, dass Frauen nur 50 % von dem erben sollen, was Männer erben, womit darauf verwiesen wird, dass die Männer dazu bestimmt sind, für ihre Familien zu sorgen. Außerdem bestimmt der Koran, dass Männer und Frauen getrennt beten sollen, damit den Männern keine Ablenkung bereitet wird.

Die moderne Rolle der Frauen

Manche Muslime glauben, dass Männer und Frauen völlig gleiche Rechte und Rollen im Islam haben sollten. Frauen sollte, neben ihrer Rolle zu Hause, auch der Weg für eine Karriere offenstehen, und Frauen sollten auch neben den Männern in der Moschee beten können. Diese Einstellung gründet sich auf die Lehre des Korans, dass Frauen in der Religion und in der Erziehung die gleichen Rechte haben. Auch im Leben des Propheten Mohammed finden sich dafür Anhaltspunkte, dass zu seinen Lebzeiten Männer und Frauen gemeinsam in der Moschee gebetet haben. In Deutschland gehen viele muslimische Frauen ihrem Beruf nach, beten aber zu Hause, weil sich dies besser mit ihren familiären Pflichten vereinbaren lässt.

4 Das Verhältnis der Muslime zu anderen Religionen

Das islamische Recht garantiert die Sicherheit der Nichtmuslime, die in islamischen Ländern leben. Diese Menschen stehen unter dem Schutz Gottes, des Propheten Mohammed und der muslimischen Gemeinschaft. Christen und Juden genießen besonderen Schutz, weil sie, wie die Muslime, „Menschen des Buches" sind, also über Schrift verfügen. Ihnen ist versprochen, dass Gott sie am Tag des Gerichts belohnen wird. Dennoch erklärt der Koran deutlich, dass der Islam die einzig wahre Religion ist. Die abschließende Offenbarung Gottes, die das Christentum und das Judentum ergänzt, wurde Mohammed zuteil. Diese Offenbarung war wichtiger als all die anderen zuvor, die die Propheten empfingen, einschließlich Abraham, Moses und Jesus. Deshalb ist der Islam ein **missionarischer Glaube**. Die Muslime glauben, dass sie die gottgegebene Pflicht haben, ihre Glaubensbotschaft allen zu verkünden. Muslime, die zu einer anderen Religion übertreten wollen, haben entsprechend große Schwierigkeiten und setzen sich Gefahren aus. Buddha wird als Prophet vor Mohammed anerkannt, aber der Hinduismus wird, wie alle monotheistischen Religionen, als eine heidnische Religion angesehen.

„Und wer eine andere Religion als den Islam begehrt, nimmer soll sie von ihm angenommen, und im Jenseits wird er verloren sein."
Sure 3,85

5 Der muslimische Glaube von Vergebung und Versöhnung

Der Islam lehrt, dass jeder in den Augen des Gesetzes gleich ist. Jeder muss in dem Bewusstsein handeln, dass er einst am Tag des Gerichts vor Gott – dem Allwissenden – stehen wird. Jeder wird für seine Lebensweise Rechenschaft ablegen müssen. Das islamische Recht, die **Scharia**, sagt, wie jeder für seine Sünden bestraft werden muss, die er gegen andere begangen hat. **Vier Verbrechen werden im Koran besonders verurteilt:**

- Mord,
- Ehebruch,
- die Herstellung und der Genuss von Alkohol,
- Diebstahl.

Diese Verbrechen sind besonders gefährlich, weil sie viele andere unerfreuliche Dinge nach sich ziehen. Die Strafen sind so angesetzt, dass sie andere Menschen davon abschrecken, die von Gott gesetzten Grenzen zu überschreiten.

Vergebung spielt eine große Rolle beim Umgang mit Gesetzesbrechern. Nur Gott kann vergeben. Und Gott wird immer vergeben, wenn eine Person aufrichtige Reue für ihre Taten empfindet. Gott wird am Tag des Gerichts diejenigen belohnen, die anderen vergeben haben.

Was lehrt der Koran über Vergebung und die Möglichkeit, wie sie erlangt werden kann?

Welches sind die traditionellen Rollen von Mann und Frau in der muslimischen Gemeinschaft? Wie beschreiben Muslime die moderne Rolle der Frau?

Wie ist die Einstellung der Muslime gegenüber anderen Religionen? Welche Unterschiede machen Muslime?

Warum ist der Islam die Religion, die über allen anderen steht?

Zusammenfassung

- *Nach muslimischem Glauben sind vor Gott alle Menschen gleich, wenn er sie auch verschiedenartig geschaffen hat.*
- *In der Rollenverteilung von Mann und Frau in der Familie oder Ehe gibt es deutliche Unterschiede.*
- *Modernere Ansichten sehen die Frau und den Mann als zwei gleichberechtigte Menschen.*
- *Einer der Grundgedanken des muslimischen Glaubens besagt, dass die Unterschiede zwischen den Menschen für sie eine Bereicherung sein sollen.*

Die Scharia, das islamische Recht, beruht auf dem Koran.

Judentum

Im folgenden Abschnitt erfährst du etwas über diese Themen:

1 Die Lehre der Tora zur Gleichheit

Das Judentum erkennt an, dass alle Menschen verschieden sind und dass diese Unterschiede von Gott gegeben sind. Menschen mit unterschiedlicher Hautfarbe, Menschen mit einer Behinderung oder Menschen, die in eine andere Religionsgemeinschaft hineingeboren wurden, sollten in keiner Weise von oben herab betrachtet werden. Es ist die Pflicht eines jeden Menschen, stets darauf zu achten, dass andere gleich und gerecht behandelt werden.

Die Tora erinnert die Juden daran, dass ihre Vorväter über 400 Jahre lang Sklaven in Ägypten waren. Während dieser Zeit wurden sie ungerecht behandelt. Alleine schon aus diesem Grund sollten sie jeden Fremden in ihrem eigenen Land rücksichtsvoll und freundlich behandeln.

„Wenn bei dir ein Fremder in eurem Land lebt, sollt ihr ihn nicht unterdrücken. Der Fremde, der sich bei euch aufhält, soll euch wie ein Einheimischer gelten, und du sollst ihn lieben wie dich selbst, denn ihr seid selbst Fremde in Ägypten gewesen. Ich bin der Herr, euer Gott."
Lev 19, 33-34

2 Die jüdische Einstellung zum Rassismus

Antisemitismus

Das Judentum lehrt ganz deutlich, dass jede Form von Rassismus oder Rassendiskriminierung falsch ist. Dafür gibt es drei Gründe:

1. **Die Tora**, das wichtigste der heiligen Bücher, **verbietet streng die schlechte Behandlung fremder Menschen**, die innerhalb der Grenzen Israels leben, wie wir bereits gesehen haben.

2. Die jüdische Lehre betont, dass **wir alle Kinder Gottes sind** und dass wir das Recht auf gleiche und gerechte Behandlung haben.

3. Mehr als alle anderen Volks- und Bevölkerungsgruppen litten die Juden über 2000 Jahre lang unter Verfolgung. Die Verfolgung von Juden, die nur deswegen stattfindet, weil es Juden sind, nennt man **Antisemitismus**. Große Schuld an den Judenverfolgungen tragen die christlichen Kirchen, denn die Christen machten die Juden für den Tod Jesu verantwortlich. Zu verschiedenen Zeiten wurden Juden gezwungen, die europäischen Länder, in denen sie lebten, zu verlassen. Der Antisemitismus in Europa zeigte seine schlimmsten Auswüchse während der **Zeit des Nationalsozialismus in Deutschland (1933–1945)**. In den 1930er- und 1940er-Jahren wurden Juden in ganz Europa von den Nationalsozialisten in **Ghettos** zusammengetrieben. Sie wurden von ihren Arbeitsplätzen und aus den Schulen entfernt. **Konzentrationslager** wurden errichtet, und Millionen von Juden – jung und alt – wurden ermordet. Über sechs Millionen Juden, darunter eine Million Kinder, wurden bis 1945 getötet. Auch Sinti und Roma sowie Homosexuelle wurden in großer Zahl von den Nazis ermordet. Es ist wie ein Hohn der Geschichte, dass die Juden immer gegen jede Form von Diskriminierung und Vorurteilen gekämpft haben.

1938: Jüdische Studenten werden von der SA gehindert, die Universität zu betreten.

3 Die Rolle der Frau in der jüdischen Gesellschaft

Sowohl orthodoxe als auch reformierte Juden erkennen an, **dass Männer und Frauen gleich sind**. Allerdings unterscheiden sie sich darin, welche Rollen sie Mann und Frau im religiösen Leben zugestehen.

In orthodoxen Synagogen gibt es eine Galerie, wo Frauen und Kinder während des Sabbat-Gottesdienstes sitzen.

Orthodoxe Juden

In orthodoxen Gemeinden gibt es zwischen Mann und Frau eine klare Aufteilung der Pflichten. Frauen haben in einem orthodoxen Haushalt die höchste Autorität inne. Sie sind hauptverantwortlich für die Unterrichtung der Kinder, auch wenn diese in eine religiöse Schule geschickt werden. Frauen organisieren die Einhaltung des Sabbats und der jährlichen religiösen Feste. Vor dem abendlichen Essen am Sabbat sagt der jüdische Ehemann seiner Frau, wie wertvoll sie ihm ist, indem er eine Stelle aus den Schriften vorliest, die sinngemäß mit den Worten beginnt: *„Wer könnte eine bessere Frau finden …"* Frauen werden allerdings beim **Minyan** nicht mitgezählt – die notwendige Anzahl von zehn Personen, die anwesend sein müssen, damit ein Gottesdienst abgehalten werden kann. In öffentlichen Gottesdiensten spielen Frauen keine Rolle.

Reformierte Juden

Die reformierten Juden sind überzeugt, dass die alten Gesetze aus den Schriften und die Traditionen des Judentums im Licht des modernen Lebens verstanden werden müssen. Bei ihnen leiten Männer und Frauen gemeinsam den öffentlichen Gottesdienst. Auch sind **weibliche Rabbiner erlaubt**. Frauen dürfen vor der versammelten Gemeinde aus der Tora lesen. Im Alter von zwölf Jahren feiern Mädchen in den reformierten Synagogen ihre **Bat-Mizwa**, ihre feierliche Einführung in die Gemeinschaft. In orthodoxen Gemeinden gibt es nur die entsprechende Bar-Mizwa-Zeremonie für Jungen.

Mädchen in reformierten Gemeinden haben ihre eigene Bat-Mizwa-Zeremonie, mit der sie in die Gemeinschaft eingeführt werden.

Ein Junge bei seiner Bar-Mizwa-Zeremonie.

4 Das Verhältnis der Juden zu anderen Religionen

Das Judentum lehrt, dass die Gläubigen aller Religionen das Recht haben, ihren Gottesdienst offen und frei zu feiern. Die Juden haben in der Vergangenheit aus den Händen anderer Gläubiger zu viel Leid erfahren, um selbst als Verfolger anderer Religionen aufzutreten. Traditionell unterscheidet das Judentum bei den anderen Religionen zwei Gruppen:

1. **Die götzendienerischen Religionen**
   Damit bezogen sich die Rabbiner früherer Zeiten auf Religionen, die Dinge lehrten, die im Gegensatz zu den Zehn Geboten standen. Insbesondere waren damit Religionen gemeint, die mehr als nur einen Gott verehrten. Die Anhänger dieser Religionen sollten aber nicht verfolgt werden. Dennoch sollte man ihnen aber zu erkennen geben, dass sie von der Wahrheit weit entfernt seien.

2. **Die gottesfürchtigen Religionen**
   Damit meinten die Rabbiner die beiden anderen großen Religionen, die an einen einzigen Gott glauben – das Christentum und den Islam. Beide Religionen erwarten von ihren Gläubigen, dass sie nach Gesetzen leben, die den Zehn Geboten ähnlich sind. Ironischerweise haben Moslems und Christen die Juden oftmals in der Geschichte misshandelt und verfolgt.

Das Judentum ist kein missionarischer Glaube. Es ist nicht darauf aus, andere zu bekehren. Man glaubt aber, dass Gott das Judentum von den anderen Religionen abgehoben hat. Die Juden hoffen auch, dass sie weiterhin ihren Glauben auf ihre Weise ohne Einmischung von außen ausüben können.

> *„Ich, der Herr, habe dich aus Gerechtigkeit gerufen, ich fasse dich an der Hand. Ich habe dich geschaffen und dazu bestimmt, der Bund für mein Volk und das Licht für die Völker zu sein: blinde Augen zu öffnen, Gefangene aus dem Kerker zu holen und alle, die im Dunkel sitzen, aus ihrer Haft zu befreien. Ich bin Jahwe, das ist mein Name; ich überlasse die Ehre, die mir gebührt, keinem andern, meinen Ruhm nicht den Götzen."*
> *Jes 42, 6-8*

5 Der jüdische Glaube von Vergebung und Versöhnung

Bis 70 n. Chr. wurde in Israel von jedem, der das Gesetz gebrochen hatte, ein angemessenes Opfer dargebracht. Die Opfer bestanden gewöhnlich aus Getreide, Öl oder Weihrauch. Gelegentlich wurde auch ein Tier geopfert. Im Jahre 70 n. Chr. aber wurde der Tempel in Jerusalem zerstört, die Opferungen hörten auf. Nach der jüdischen Lehre wurden sie ersetzt durch die „spirituellen Opfer" der Reue und des Gebetes.

Wenn heute ein Jude etwas Falsches tut, dann hat er **drei Möglichkeiten, Vergebung zu finden**.

1. **Das Gebet.** Wenn es jemandem ernsthaft leidtut, was er getan hat, dann, so glaubt man, wird das Gebet wirklich von Gott erhört und beantwortet. Jedoch muss man fest entschlossen sein, dieselbe sündhafte Handlung nicht noch einmal zu begehen. Ein Wort der Entschuldigung für sich ist nicht ausreichend. Die Reue muss aufrichtig sein und von Herzen kommen. Die Tora macht das deutlich:

> *„Du sollst in deinem Herzen keinen Hass gegen deinen Bruder tragen. Weise deinen Stammesgenossen zurecht, so wirst du seinetwegen keine Schuld auf dich laden. An den Kindern deines Volkes sollst du dich nicht rächen und ihnen nichts nachtragen. Du sollst deinen Nächsten lieben wie dich selbst. Ich bin der Herr."*
> *Lev 19, 17-18*

2. **Gute Taten.** Denen zu geben, die in Not sind, ist eine religiöse Pflicht für alle Juden. Sie kann in eine Handlung eingebunden sein, in der ein Jude seine ehrliche Reue für etwas ausdrückt, was er getan hat.
3. **Fasten.** Fasten bedeutet im Judentum, bis zu 25 Stunden lang nichts zu essen und nichts zu trinken. Fasten ist eine traditionelle religiöse Handlung. Damit drückt jemand seine Betrübnis über etwas aus, was er getan hat.

Der Versöhnungstag (Jom Kippur)

Am Versöhnungstag, der entweder in den September oder Oktober fällt, müssen die Juden ernsthaft darüber Rechenschaft ablegen, wie sie sich im vergangenen Jahr verhalten haben. Wenn sie jemanden beleidigt oder betrogen haben, müssen sie es wieder in Ordnung bringen. Diesen Tag verbringen die Juden in Reue und im Gebet im der Synagoge. Sie halten das Fasten 25 Stunden lang ein und spenden einen Betrag für gemeinnützige Zwecke.

An diesem Tag entscheidet Gott, ob jemand noch ein weiteres Jahr am Leben bleibt. Manche erhalten das Geschenk des Lebens sofort. Den anderen, den Bösen, wird das Geschenk des Lebens entzogen. Eine dritte Gruppe von Personen bekommt eine kurze Frist, in der sie beweisen kann, dass sie ihre Sünden aufrichtig bereuen. Es ist wichtig, dass Juden nur denen vergeben können, die sie persönlich verletzt haben. Gott alleine kann denen vergeben, die sich gegen die Gemeinschaft versündigt haben.

- **Warum glauben Juden, dass jede Form von Rassismus falsch ist?**
- **Was bedeutet Antisemitismus? Informiere dich über antisemitische Maßnahmen zur Zeit des Nationalsozialismus.**
- **Erläutere die Unterschiede in der Einstellung zu Frauen zwischen orthodoxen und reformierten Juden.**
- **Beschreibe die Haltung des Judentums zu anderen Religionen.**
- **Wie beeinflusst die Zugehörigkeit zum Judentum die Verhaltensweise der Juden gegenüber anderen Menschen?**

Vergebung erlangt man im jüdischen Glauben durch Gebet und Reue.

Zusammenfassung

- *Im Judentum sollen alle Menschen gleich und gerecht behandelt werden. Jede Form von Diskriminierung wird abgelehnt.*
- *Die Rolle der Frau wird von orthodoxen Juden und Reformjuden unterschiedlich beschrieben: Im orthodoxen Judentum gibt es eine klare Aufteilung von Mann und Frau; in öffentlichen Gottesdiensten spielen Frauen keine Rolle.*
- *Im Judentum haben alle Gläubigen das Recht, ihren Gottesdienst frei und offen zu feiern.*
- *Am Versöhnungstag (Jom Kippur) müssen alle Juden Rechenschaft darüber ablegen, wie sie sich im vergangenen Jahr verhalten haben.*

Wie begründen das Judentum, das Christentum und der Islam, dass Rassismus der Lehre ihrer jeweiligen heiligen Schriften widerspricht?

Stimmst du der Aussage zu, dass alle Religionen gleichwertig sind? Begründe deine Meinung.

Judentum, Christentum und Islam haben sehr viele Gemeinsamkeiten. So sind beispielsweise alle drei Religionen monotheistische Religionen. Welche Gemeinsamkeiten gibt es noch? Überlege dir auch, welche Unterschiede es gibt.

Wie stehen die drei Weltreligionen zueinander?

Am Versöhnungstag müssen Juden Rechenschaft darüber ablegen, wie sie sich verhalten haben.

Empfehlenswerte Literatur und Links

Literatur

Anne Frank Haus Amsterdam (Hrsg.):
Alle Juden sind …
50 Fragen zum Antisemitismus.
Verlag an der Ruhr 2008.
ISBN 978-3-8346-0408-8

Marie Agnes Combesque,
Silke Höpfl:
Rassismus. Von der
Beleidigung bis zum Mord.
Elefanten Press 2001.
ISBN 978-3-570-14571-5

Elisabeth Beck-Gernsheim:
Wir und die Anderen.
Suhrkamp 2004.
ISBN 978-3-518-41607-5

Bildungsteam Berlin-Brandenburg e.V./
tacheles reden! e.V.:
Woher kommt Judenhass?
Was kann man dagegen tun?
Ein Bildungsprogramm.
Verlag an der Ruhr 2006.
ISBN 978-3-8346-0158-2

Hildegard Schwering, Ulrich Wirth:
Zweite Heimat Deutschland.
Wißner 2004.
ISBN 978-3-89639-455-2

Links

www.gleichberechtigung-goes-online.de/
Vernetzungsstelle für Gleichberechtigung, Frauenbeauftragte und Gleichstellungsbeauftragte.

www.zentralratdjuden.de
Der Zentralrat der Juden ist die Spitzenorganisation der jüdischen Gemeinschaften in der Bundesrepublik mit etwa 100 000 Mitgliedern.

www.islam.de
Publikationen des Zentralrates der Muslime in Deutschland zu Themen wie Integration, Stellung der Frau, Kopftuch-Debatte und vieles mehr.

www.aric.de
Antirassistisch-interkulturelles Informationszentrum Berlin e.V. Mit großem Informationsangebot, vielen Beratungsleistungen und Netzwerkaktivitäten.

www.dir-info.de/literatur/begreifen/
Viele Informationen zu verschiedenen Themen wie Rassismus, Sexismus und Gewalt.

www.interkultureller-rat.de
Informationen zum interkulturellen Zusammenleben in Deutschland und zur Entwicklung und Umsetzung einer interkulturellen Politik.

www.uni-kassel.de/fb5/frieden/themen/Rassismus/
Beiträge zu vielen aktuellen Themen aus dem Bereich Fremdenhass, Rassismus und Rechtsradikalismus und von der AG Friedensforschung der Uni Kassel.

Kapitel 9

Religion, Armut und Reichtum

Einführung

Die Ursachen von Hunger, Armut und Krankheit

Wir leben heute in einer **zweigeteilten Welt**: Armut auf der einen Seite, in den so genannten **„Entwicklungsländern"**, und Reichtum auf der anderen Seite, in den **Industriestaaten**.

1. **Die Industriestaaten**:
   Zu diesem Teil der Welt gehören Länder und Regionen mit einem hohen Lebensstandard, wie Nordamerika, Westeuropa, Japan sowie Australien und Neuseeland.

   Nur 25% der Weltbevölkerung leben in der reichen, entwickelten Welt. Diese Länder verbrauchen aber 80% der Ressourcen der ganzen Welt, wie Energie oder Nahrungsmittel.

2. **Die Entwicklungsländer**:
   In diesen Teilen der Welt herrscht im Vergleich zu den Industriestaaten ein häufig sehr niedriger Lebensstandard. Man rechnet dazu die Staaten in Lateinamerika, Süd- und Südostasien und Afrika.

Diese Länder verbrauchen nur 20% der weltweiten Ressourcen, obwohl dort 75% der Weltbevölkerung leben.
In den so genannten Entwicklungsländern lassen sich einige gemeinsame Merkmale feststellen:

- Der Anteil der Bevölkerung, der an **Unter- oder Mangelernährung** leidet, ist sehr hoch. Denn entweder haben die Menschen nicht genug zu essen oder die Ernährung ist sehr einseitig und nährstoffarm. Weltweit wird genügend Getreide produziert, dass jeder Mann, jede Frau und jedes Kind täglich mit 3000 Kalorien versorgt werden könnte, was mehr als ausreichend für ein gesundes Leben wäre. **Tatsächlich aber leben weltweit über 600 Millionen Menschen in absoluter Armut.** Der Brandt-Report aus dem Jahre 1980 legte dar, dass gerade mal 1,5% des Geldes, das die Staaten der Erde für Rüstung ausgeben, ausreichend wären, um alle Entwicklungsländer mit landwirtschaftlichen Geräten zu versorgen, sodass sie die von ihnen benötigten Nahrungsmittel selbst produzieren könnten. Obwohl dieser Report bereits über ein Vierteljahrhundert alt ist, ist er nach wie vor eine der besten Studien über die Armut in der Welt. Andere Studien zeigen, dass sich die Situation seitdem nicht verbessert hat, im Gegenteil, sie hat sich eher noch verschlechtert.
- Der Anteil der Bevölkerung **mit geringer Bildung** und die **Analphabetenrate** sind sehr hoch. Es gibt einen direkten Zusammenhang zwischen hoher Analphabetenrate und Armut. Für Menschen mit geringer bis gar keiner Ausbildung – ungefähr eine Milliarde weltweit – ist es nahezu unmöglich, einen Weg aus der Armut zu finden.
- In den Entwicklungsländern herrscht ein **großer Mangel an sauberem Trinkwasser**. 25 Millionen Menschen sterben jährlich an Krankheiten, die durch verunreinigtes oder verseuchtes Wasser hervorgerufen werden. 2,4 Milliarden Menschen (rund 30% der Weltbevölkerung) verfügen über keine angemessenen sanitären Einrichtungen. **2 Milliarden Menschen haben keinen Zugang zu sauberem Wasser**. Die gesundheitlichen Auswirkungen in den ärmsten Ländern sind katastrophal.

Menschen, die in Armut leben, haben nur sehr geringe Chancen, aus dieser Lebenssituation herauszukommen.

- Die **medizinische Versorgung ist sehr schlecht**. Ungenügende Ernährung und der Mangel an sauberem Wasser bringen unausweichlich schwerwiegende gesundheitliche Probleme mit sich. Säuglinge und ältere Menschen sind davon am schlimmsten betroffen. 20 Millionen Menschen sterben jährlich an Unterernährung. Drei von vier Kindern erleben nicht ihren fünften Geburtstag. Die Menschen in den Entwicklungsländern haben keinen Zugang zu Ärzten, Zahnärzten oder Geburtshelfern. Impfprogramme gegen allgemein bekannte, tödliche Infektionskrankheiten wie Malaria sind selten. Pränatale oder postnatale Gesundheitsvorsorge für Säuglinge ist größtenteils unbekannt. Die spärliche medizinische Versorgung hat eine **geringe Lebenserwartung** zur Folge. In vielen Ländern liegt sie bei lediglich 40 Jahren, im Vergleich zu 75 Jahren bei Männern und 80 Jahren bei Frauen in den Industrienationen.

- **Die meisten Menschen sind in der Landwirtschaft beschäftigt**, in manchen Entwicklungsländern bis zu 75 % (in den Industrieländern sind es nur noch 4 bis 6 %). Landwirtschaft bedeutet in den Entwicklungsländern für die meisten Menschen **Subsistenzwirtschaft**. Das bedeutet, dass sie bestenfalls so viel produzieren können, wie sie für den Eigenverbrauch benötigen. Zum Verkauf bleiben keine Überschüsse, sodass auch kein Geld für den Erwerb anderer Waren zur Verfügung steht. Und so besteht meist auch keine Hoffnung darauf, den Lebensstandard für sich und ihre Familien zu verbessern. Die Landwirtschaft ist nicht in der Lage, die schnell wachsende Bevölkerung mit Nahrungsmitteln zu versorgen. Ein großes Problem stellen die Klimabedingungen dar: Entwicklungsländer liegen mehrheitlich in den Tropen und Subtropen. Der große Anteil an Wüsten eignet sich nur bedingt zur landwirtschaftlichen Nutzung.

Fasse die wichtigsten Merkmale der Industriestaaten und der „Entwicklungsländer" zusammen.

Informiere dich über „Entwicklungsländer". Welche Länder dieser Welt gelten als Entwicklungsländer?

Warum wird der Begriff „Entwicklungsland" von vielen Menschen kritisiert? Welche Begriffe gibt es noch, um die Problematik zu benennen?

Die Probleme der einzelnen Entwicklungsländer können sehr unterschiedlich sein. Versucht in kleinen Gruppen, möglichst viel über jeweils eines der folgenden Entwicklungsländer in Erfahrung zu bringen. Stellt eure Ergebnisse dann der Klasse vor und vergleicht sie miteinander: Afghanistan, Bangladesch, Botswana, Guatemala, Paraguay.

Was ist damit gemeint, dass wir in einer geteilten Welt leben?

Über 600 Millionen Menschen dieser Welt leben in absoluter Armut.

Im folgenden Abschnitt erfährst du etwas über diese Themen:

1 Die christliche Einstellung zur Armut

2 Die christliche Einstellung zum Geld

3 Die christliche Einstellung zur Mildtätigkeit

4 Moralische und moralisch bedenkliche Berufe

Der Reichtum auf dieser Welt ist ungleich verteilt: Nur 25 % der Weltbevölkerung leben in der reichen, entwickelten Welt.

1 Die christliche Einstellung zur Armut

Im Alten wie auch im Neuen Testament ist die **ungleiche Verteilung des Reichtums** ein wichtiges Thema. Man glaubte fest daran, dass Gott alles in der Welt erschaffen hat, damit sich ein jeder daran erfreuen könne. Die Tatsache, dass nicht jeder ausreichend versorgt ist, wurde gewöhnlich auf die Selbstsüchtigkeit und Schlechtigkeit der Menschen zurückgeführt.

„Selig, ihr Armen, denn euch gehört das Reich Gottes. Selig, die ihr jetzt hungert, denn ihr werdet satt werden."
Lk 6, 20-21

Die Propheten des Alten Testaments

Im alten Israel klaffte eine große Lücke zwischen den Wohlhabenden und den Armen. Darüber waren die Propheten sehr besorgt. Die deutlichste Aussage dazu stammt von dem Propheten Amos, der ungefähr 700 v. Chr. lebte. Er griff das Verhalten der Wohlhabenden heftig an, die sich weigerten, ihren Reichtum für die Versorgung der Armen einzusetzen. Er brachte den Vergleich mit einer Lotschnur, die gegen eine Wand gehalten wird, um sicherzugehen, dass sie gerade errichtet wurde. Der Wille, sich um andere zu kümmern und die Nöte der Armen zu lindern, ist die Lotschnur Gottes. Das sei der Maßstab, nach dem ein jeder beurteilt würde. Gott akzeptiere die Anbetung derer nicht, die sich nicht um die Armen kümmern – ganz gleichgültig, wie inbrünstig und für alle sichtbar sie an den religiösen Riten teilnehmen.

Das Thema Armut bei Jesus

Auch Jesus griff diejenigen an, die ihren Reichtum horteten. Zu seinen Jüngern sagt er:

Zu den Reichen sagte er, dass ihr Reichtum zwischen ihnen und Gott stehen würde. Eines Tages wurde er von einem reichen Jüngling gefragt, wie er in das Königreich Gottes gelangen könne. Jesus antwortete ihm, dass dem nur eine Sache im Wege stünde – sein Reichtum. Nur diejenigen, die ihren Reichtum mit den Armen und Hungernden teilen, können darauf hoffen, einen Platz im Reich Gottes zu erlangen (Mt 25, 31-46).

Um dies zu verdeutlichen, erzählte Jesus zwei Gleichnisse:

1. **Das Gleichnis von der größeren Scheune (Lk 12, 13-21)**
   Mit dieser Geschichte will Jesus zeigen, dass der Wert des Lebens eines Menschen wenig mit seinem Reichtum zu tun hat. Der Boden eines Bauern war in einem Jahr besonders fruchtbar gewesen, und auf den Feldern stand eine überaus üppige Ernte. Der Bauer war davon überwältigt, aber er erkannte auch, dass er keinen Platz hatte, um das ganze Getreide zu lagern. Er beschloss also, eine neue, größere Scheune zu errichten, wo er die üppige Ernte lagern könnte, die ihm als Sicherheit für seine Zukunft dienen sollte. Jesus wies darauf hin, dass Gott von denjenigen mehr verlangt, die über mehr verfügen als ihren gerechten Anteil an den Reichtümern der Erde. Jesus sagte zu dem Bauern:

> *„Du Narr! Noch in dieser Nacht wird man dein Leben von dir zurückfordern. Wem wird dann all das gehören, was du angehäuft hast.“*
> *Lk 12,20*

2. **Das Gleichnis vom Reichen und Lazarus (Lk 16, 19-31)**
   Jesus erzählte noch eine andere Geschichte, um zu zeigen, dass der Arme und nicht der Reiche in das Reich Gottes eingehen wird. Die Geschichte handelt von einem reichen Mann, der in Purpur und feinen Stoffen gekleidet war und in großem Luxus lebte. Lazarus, ein armer, mit Wunden und Narben bedeckter Bettler, lag vor dem Tor des reichen Mannes. Er wäre dankbar gewesen für ein paar Krümel, die vom Tisch des Reichen herabfielen, doch er bekam von dem Reichen gar nichts. Der Bettler starb und kam in den Himmel, der Reiche hingegen kam nach seinem Tod in die Hölle. Von dort aus beneidete er den Armen um seinen Platz, aber es war zu spät.

Die frühen Christen

Die frühen Christen strebten danach, die Lehren Jesu in die Tat umzusetzen. In der christlichen Gemeinschaft soll keiner seinen Besitz für sich selbst beansprucht haben: Die Besitztümer gehörten allen gemeinsam. Unter ihnen waren sowohl Arme als auch Reiche. Die Reichen verkauften ihr Land und übergaben die Einkünfte daraus den **Aposteln** (den Jüngern). Das Geld wurde unter den Armen aufgeteilt. Schließlich sollen unter ihnen keine bedürftigen Personen mehr gewesen sein. In der heutigen Welt besteht ein immenser Bedarf an Nahrung, Erziehung und Fürsorge. Auf lange Sicht kann dieser Bedarf nur gedeckt werden, wenn es **zu einer massiven Umverteilung der Ressourcen von den Reichen zu den Armen kommt**. Die Lehren Jesu legen nahe, dass seine Anhänger ein Beispiel setzen sollten. Dazu müssten sie einen einfachen Lebensstil pflegen und mit den Bedürftigen teilen. Dies hieße, dem Vorbild Jesu und seiner ersten Anhänger nachzueifern.

> *„Eines fehlt dir noch. Verkaufe alles, was du hast, verteil das Geld an die Armen und du wirst einen bleibenden Schatz im Himmel haben; dann komm und folge mir nach!“*
> *Lk 18,22*

Was sagt Jesus über Armut? Beziehe dich bei deiner Antwort auf seine zwei Gleichnisse.

Wie versuchten die frühen Christen, die Lehren Jesu in die Tat umzusetzen?

Was sagt jede der folgenden Stellen aus dem Neuen Testament darüber aus, wie man die Armen behandeln sollte?
a. Mt 24, 31-46,
b. Lk 12, 22-28,
c. Joh 5, 1-3.

Glaubst du, dass es heute praktisch möglich ist, dem Rat Jesu zu folgen und alles, was man besitzt, den Armen zu geben? Wie können deiner Meinung nach Christen, dem Sinn dieses Rates entsprechend, handeln?

2 Die christliche Einstellung zum Geld

Wir leben in einer Gesellschaft, in der sich scheinbar alles um materielle Güter dreht. **„Materialismus"** ist eine Lebenseinstellung, für die Geld und Besitztümer von überragender Wichtigkeit sind. Geistigen, religiösen und moralischen Werten wird nur wenig Bedeutung beigemessen. Christen glauben, dass Materialismus im Gegensatz zu den Lehren Jesu steht. Sie behaupten nicht, dass Geld überhaupt keine Rolle spielt, aber es ist eben nicht das Wichtigste im Leben.

Geld und Reichtum in der Lehre Jesu

Die Bibel hat viel zum Reichtum und seinen Gefahren zu sagen, mehr als zu fast allen anderen Themen. Das Thema Reichtum spielt in den Aussagen Jesu eine herausragende Rolle. Hier zwei Beispiele:

1. **Die Bergpredigt (Mt 5-7)**
   Jesus forderte die Reichen auf, ihren Reichtum mit den Armen im Verborgenen zu teilen (Mt 6, 1-4). Wenn sie das tun würden, sagte er, dann würde Gott sie ganz offensichtlich für ihre Großzügigkeit belohnen. Die Menschen sollten ihr Leben nicht damit zubringen, Reichtümer anzuhäufen, da nur „der Schatz im Himmel" von Bedeutung ist (Mt 6, 19-24).

2. **Das Scherflein der Witwe (Mk 12, 41-44)**
   Jesus saß gegenüber dem Platz, an dem die Menschen dem Tempel in Jerusalem ihre Gaben brachten. Diese Gabe musste jeder Jude darbringen. Nachdem Jesus viele reiche Leute, die große Beträge in einen Kasten legten, beobachtet hatte, sah er eine arme Witwe, die zwei kleine Kupfermünzen gab. Darauf sagte Jesus zu seinen Jüngern, dass diese Witwe mehr als alle anderen gespendet hätte, denn die anderen hätten etwas von ihrem Überfluss gegeben, sie aber hätte etwas aus ihrer Armut gespendet. Um wirklich gottgefällig zu sein, muss eine Spende ein Opfer sein.

Geld und Reichtum in der Lehre des Paulus

Auch Paulus hatte viel über den Reichtum und den damit verbundenen Gefahren zu sagen. In seinem Brief an den jungen Timotheus schreibt er:

> *„Denn die Wurzel aller Übel ist die Habsucht."*
> *1 Tim 6,10*

Es fällt auf, dass Paulus nicht alles Übel auf das Geld an sich zurückführt, sondern auf die Liebe zum Geld, auf die **Habsucht**. Das passt vollkommen zu den Lehren Jesu. Er wies darauf hin, dass es „die Liebe zum Geld" ist, die jemanden davon abhält, mit seinem Geld den Armen zu helfen. Die Kraft des Geldes ist so groß, dass sie jemanden sogar daran hindern kann, in das Reich Gottes einzugehen. Mancher würde es bevorzugen, nicht in das Reich Gottes einzugehen, wenn er dafür sein Geld behalten könnte. Geld bietet den Menschen eine gewisse Form der Sicherheit, wohingegen es für einen Menschen sehr riskant sein kann, sein Vertrauen auf Gott zu setzen.
Manche Christen glauben, dass Jesus übertrieb und seine Zuhörer schockieren wollte, als er verlangte, alles wegzugeben. Darin liegt wahrscheinlich ein Körnchen Wahrheit. Andere hingegen glauben, dass sie wortwörtlich alles weggeben sollen, um den Armen zu helfen. Auch darin liegt wahrscheinlich ein Körnchen Wahrheit.

3 Die christliche Einstellung zur Mildtätigkeit

Alle Christen sind dazu aufgerufen, der Kirche, der sie angehören, Geld zu spenden. Im Alten Testament waren die Juden dazu verpflichtet, den **Zehnt** Gott zu geben. Das waren zehn Prozent des jährlichen Einkommens. Manche Christen halten sich auch heute noch daran. Durch die Geldspenden unterstützen sie nicht nur ihre örtlichen Kirchen, sondern auch unterschiedliche wohltätige Einrichtungen. Andere Christen geben zwar nicht ein Zehntel, aber sie spenden wöchentlich oder monatlich einen bestimmten Betrag, den sie beispielsweise in einen Umschlag stecken oder während des Gottesdienstes in den so genannten Klingelbeutel legen. Diese regelmäßigen Spenden sind sehr bedeutend, denn damit können die Kirchen und Organisationen ihre Ausgaben planen und bestreiten.

Geben im Neuen Testament

Im Brief an die Römer spricht Paulus von **„Gnadenbegabungen"**, welche die Angehörigen der Kirche von Gott empfangen haben – die Fähigkeiten, zu prophezeien, zu dienen, zu lehren, zu mahnen etc. All diese Fähigkeiten helfen der Kirche dabei, geistig noch stärker zu werden. Dann kommt er auf die Fähigkeit des „Teilens" und „Gebens" zu sprechen. Dazu sagt Paulus:

> *„ ... Wer gibt, gebe ohne Hintergedanken."*
> *Röm 12,8*

In einem anderen Brief schreibt Paulus, dass der Geist, mit dem wir geben, von großer Wichtigkeit ist:

> *„Jeder gebe, wie er es sich in seinem Herzen vorgenommen hat, nicht verdrossen und nicht unter Zwang; denn Gott liebt einen fröhlichen Geber."*
> *2 Kor 9,7*

Von Paulus stammt auch dieser Rat:

> *„Was die Geldsammlung für die Heiligen angeht ... Jeder soll immer am ersten Tag der Woche etwas zurücklegen und so zusammensparen, was er kann. Dann sind keine Sammlungen mehr nötig, wenn ich komme."*
> *1 Kor 16, 1-2*

Andere Möglichkeiten des Gebens

Natürlich sind Geldspenden nicht die einzige Möglichkeit, **die Tätigkeit von Wohlfahrts- und Hilfsorganisationen zu unterstützen**. Die meisten Organisationen wie auch die meisten Kirchen sind stark auf die Mitarbeit von Freiwilligen angewiesen. Christen und Nichtchristen opfern ihre Zeit und Energie, um für ihre Organisationen Veranstaltungen zu planen, Spenden zu sammeln, Flohmärkte zu veranstalten etc. Allein in Deutschland gibt es unzählige Hilfs- und Wohlfahrtsorganisationen, die sich um die Bedürfnisse von Kindern und Kranken kümmern, die in Rettungsdiensten mitarbeiten, die sich um Behinderte kümmern und die sich für Tierschutz einsetzen etc.

4 Moralische und moralisch bedenkliche Berufe

Das Christentum gibt keine festen Regeln vor, welchen beruflichen Tätigkeiten die Gläubigen nachgehen sollen und welchen nicht. Viele Christen verbringen ihr Berufsleben mit **helfenden und dienenden Tätigkeiten**, zum Bespiel als Ärzte, Krankenpfleger, Lehrer, Sozialarbeiter etc. Damit können sie allein schon durch ihre berufliche Tätigkeit zum Ausdruck bringen, dass sie sich um andere sorgen und kümmern. Es kann für sie eine Möglichkeit darstellen, ihren christlichen Glauben praktisch zu leben. Ähnlich ist es bei denen, die sich entschieden haben, **in missionarischen Aufgaben tätig zu werden**.
Sicher gibt es auch Beschäftigungen, mit denen manche Christen nicht so glücklich sind. Sie fühlen sich möglicherweise unwohl, wenn sie in einer Zigarettenfabrik arbeiten, bei der Herstellung alkoholischer Getränke mitarbeiten oder im Glücksspielgewerbe tätig sind. Es ist ihnen klar, dass Rauchen, Alkoholkonsum oder Glücksspiel für viele Menschen schädlich sein kann. Auch werden sich Christen in Unternehmen nicht wohlfühlen, die ihre Arbeiter und Angestellten ungerecht entlohnen oder in denen Tiere schlecht behandelt werden, wie zum Beispiel bei Massentierhaltung oder in Labors, in denen Tierversuche für die Kosmetikindustrie durchgeführt werden.

Welche christlichen und nichtchristlichen Hilfsorganisationen kennst du? Erkundige dich über ihre Aktivitäten.

Beschreibe mit eigenen Sätzen die Lehren von Jesus und Paulus über das Geld und seine Gefahren.

Zusammenfassung

- *Die ungleiche Verteilung von Reichtum ist bei den Christen ein wichtiges Thema. Die Ursache von Armut wird häufig auf die Habgier und die Schlechtigkeit der anderen zurückgeführt.*
- *Reichtum und Habgier gelten sowohl im Neuen als auch im Alten Testament der Bibel als ein Hindernis, das zwischen Gott und den Menschen steht.*
- *Christen sind dazu aufgerufen, das Geld, das sie besitzen, mit den Armen zu teilen. Außerdem sollten sie der Kirche, der sie angehören, Geld spenden oder sich für christliche Ziele engagieren.*

Islam

Im folgenden Abschnitt erfährst du etwas über diese Themen:

1 Die muslimische Einstellung zur Armut

2 Die muslimische Einstellung zur Mildtätigkeit

3 Moralische und moralisch bedenkliche Berufe

1 Die muslimische Einstellung zur Armut

Zakat

Zu den Pflichten eines Muslims gehört die **Gabe von Almosen (Zakat)** – Geld, das den Armen gegeben wird. Gewöhnlich sind das 2,5 % des Einkommens und 10 % des Wertes, den man an Schmuck besitzt. Zakat ist kein Gefallen, der Armen erwiesen wird: Es ist eine **religiöse Pflicht eines jeden Muslim**. In manchen muslimischen Ländern wird Zakat als Steuer vom Staat erhoben und dann an die Bedürftigen verteilt. In anderen Ländern organisieren die örtlichen Moscheen die Sammlung und auch die Verteilung an die Bedürftigen. Manchmal werden auch die Spender dazu aufgefordert, über die Verwendung des Geldes zu entscheiden.

Das Geben von Almosen (Zakat) gehört zu den fünf Säulen des Islam.

Da die Armen von Gott als wertvoll betrachtet werden, genießen sie auch ein Recht auf Unterstützung. Muslime betrachten es als ihre Pflicht, für die Armen zu sorgen. Denn die Erde und ihre Reichtümer gehören nicht den Menschen. Alles gehört Gott. Den Menschen wurde der Reichtum der Welt nur gegeben, um ihn zu nutzen – wie Gott es beschließt. Das Geben von Zakat bringt auch eine Belohnung mit sich: Wer immer einer bedürftigen Person in diesem Leben hilft, wird von Gott gesegnet, und zwar in diesem und im kommenden Leben.

Der Umgang mit Armut

Während des Monats **Ramadan** sind alle Muslime dazu verpflichtet, zu fasten. Das ist eine religiöse Übung. Ebenso ist es **Zeichen der Verbundenheit mit allen Muslimen, die hungrig und arm sind**. Ein Muslim, der von Sonnenaufgang bis Sonnenuntergang fastet, kann zumindest ein wenig nachempfinden, was es bedeutet, in Armut zu leben. Dadurch wird er mitfühlender mit jenen, die nicht wissen, wie sie an ihre nächste Mahlzeit kommen sollen.

Im Geschäftsleben gilt als gerechter Lohn für einen Arbeiter ein Betrag, der ihm erlaubt, so zu leben, wie sein Arbeitgeber. Muslime glauben, dass dieses Ideal ein guter Ausgangspunkt dafür wäre, das Problem der Armut weltweit zu lösen. Sie glauben, dass die Armut auf geizige und egoistische Herrscher zurückzuführen ist. Würde Friede und Gerechtigkeit nach den Prinzipien des Korans herrschen, dann könnte das Problem der Armut gelöst werden.

2 Die muslimische Einstellung zur Mildtätigkeit

Wir haben bereits gesehen, dass Zakat nicht zur Mildtätigkeit zu rechnen ist. Es handelt sich um Geld, das jeder Muslim gemäß den fünf Säulen des Islams verpflichtet ist, zu geben, damit die Armen versorgt werden können. Bei **Sadaka** hingegen handelt es sich um ein freiwilliges Almosen, das im Verborgenen gegeben werden soll, um das Leid und die Armut seiner Mitmenschen zu lindern. Ein Hadith besagt:

> *„Ein Mann, der ein Almosen gibt, verbirgt es so gut, dass seine Linke nicht weiß, was seine Rechte gibt."*

Bei einem Sadaka darf kein Unterschied zwischen einem Muslim und einem Nichtmuslim gemacht werden. Es wird ganz einfach deswegen gegeben, weil eine Person in großer Not ist. Großzügigkeit bringt wahres Glück und Zufriedenheit mit sich. Viel von dem gespendeten Geld wird über muslimische Hilfsorganisationen geleitet, z. B. Islamic Relief oder Muslim Aid. Diese zwei Organisationen arbeiten intensiv in unterentwickelten Ländern. Ein Hadith mahnt alle Muslime:

> *„Der ist kein Glaubender, der sein Brot isst, während der Nächste an seiner Seite Hunger leidet."*

Da Sadaka ein freiwilliges Almosen ist, liegt die Entscheidung über die Höhe beim Spender. Es gibt keine festgelegten Richtlinien wie bei Zakat. Je mehr eine Person gibt, desto größer wird die Belohnung am Tage des Gerichts ausfallen.

3 Moralische und moralisch bedenkliche Berufe

Muslime dürfen von ihrer Religion her nicht jeder beliebigen beruflichen Tätigkeit nachgehen. Es gilt der Grundsatz, **dass diejenigen Tätigkeiten verboten (haram) sind, die andere verletzen oder anderen Verluste zufügen können**. Ist die Tätigkeit gerecht und nützlich für die Gesellschaft, dann ist sie erlaubt **(halal)**. Es liegt auf der Hand, dass alle Beschäftigungen für einen Muslim verboten sind, durch die andere ausgebeutet werden, die mit Unehrlichkeit, Korruption, Bestechung, Diebstahl, Betrug oder sexueller Ausbeutung zu tun haben.

Zu den verbotenen Tätigkeiten gehören:
- Das Kämpfen für eine bewaffnete Streitmacht, die gegen eine muslimische Armee zu Felde zieht.
- Die Beschäftigung in einer Fabrik oder Verkaufsstelle für alkoholische Getränke oder Drogen.
- Jede Aktivität, in der durch Prostitution, Pornografie oder andere Unsittlichkeiten Geld verdient wird.
- Die Beschäftigung in Bars, Nachtklubs, Tanzhallen oder Ähnliches.
- Alles, was mit Glücksspiel zu tun hat.
- Gegen Zinsen Geld verleihen, was als Wucher gilt. Geld verleihen ist nur erlaubt, solange keine Zinsen erhoben werden. In den muslimischen Ländern gibt es zwar Banken, die Geld verleihen, aber sie verlangen keine Zinsen. Wenn eine Person verschuldet ist, muss ein Versuch unternommen werden, dem Schuldner zu helfen.

> *„Und wenn jemand in (Zahlungs-)Schwierigkeit ist, so übt Nachsicht, bis es ihm leichtfällt; schenkt ihr's jedoch als Almosen, so ist's besser für euch, so ihr es wisset."*
> *Sure 2,280*

Von einem Muslim wird erwartet, dass das Gebet auch im Berufsleben nicht vernachlässigt wird. Muslime unterbrechen die Arbeit zu den Gebetszeiten. Sie sollen am Freitag gegen Mittag die Arbeit beenden, um am Freitagsgebet in der Moschee teilzunehmen. Sonst können sie beten, wo sie gerade sind.

Welche zwei Möglichkeiten nennt der Koran, um Geld zu spenden? Worin bestehen die Unterschiede?

Welche Bedeutung hat das Fasten?

Welche Berufe sollte ein Muslim auf Grund seiner religiösen Überzeugungen nicht ausüben?

Zusammenfassung:

- *Die Gabe von Almosen (Zakat) gehört zu den Pflichten eines Muslims. 2,5 % des Einkommens müssen an die Armen gegeben werden. Daneben gibt es die Sadaka, die freiwillige Spende.*
- *Mit dem Fasten drücken Muslime Solidarität gegenüber denjenigen aus, die arm sind.*
- *Muslime dürfen ausschließlich beruflichen Tätigkeiten nachgehen, die gerecht und für die Gesellschaft nützlich sind.*

Judentum

Im folgenden Abschnitt erfährst du etwas über diese Themen:

1 Die jüdische Einstellung zur Armut
2 Die jüdische Einstellung zum Geld
3 Die jüdische Einstellung zur Mildtätigkeit
4 Moralische und moralisch bedenkliche Berufe

1 Die jüdische Einstellung zur Armut

Die Juden glauben, dass jedes Jahr zum **Neujahrsfest (Rosch ha-Schanah)** Gott darüber entscheidet, wie wohlhabend ein Mensch im kommenden Jahr sein wird. Aber sie müssen dafür arbeiten, um für die Mittel zu sorgen, durch die Gott sie segnen kann.

Reichtum

Das Judentum steht dem Materialismus, dem bloßen Streben nach Geld und Besitz, negativ gegenüber. Die Propheten und Rabbiner der früheren Zeiten warnten oft vor Materialismus. Gleichzeitig aber erkannten sie, dass die **Menschen einen gewissen materiellen Wohlstand bräuchten, wenn sie Gott dienen sollen**. An einer Stelle der jüdischen Schriften wendet sich jemand an Gott mit der Bitte, ihm einen Ort zwischen den Reichen und den Armen einzuräumen:

„... Gib mir weder Armut noch Reichtum, nähr mich mit dem Brot, das mir nötig ist."
Spr 30,8

Armut

Wenn Reichtum zwar gefährlich ist, dann ist Armut deshalb aber nicht zu begrüßen. Der Talmud sagt:

„Armut ist schlimmer als fünfzig Plagen."

An anderer Stelle ist zu lesen:

„Ein armer Mann zählt als tot."

Juden sollen **10 % ihres Reichtums geben**, um denen zu helfen, denen es schlechter geht. Aller Reichtum auf Erden gehört Gott. Behält man von seinem Reichtum alles für sich, dann heißt das, den Armen etwas zu stehlen. Auch von armen Juden wird erwartet, dass sie etwas spenden, wenn auch nicht den vollen zehnten Teil. Man glaubt, dass jeder eine Verantwortung dafür trägt, den Armen zu helfen, auch diejenigen, die selbst bedürftig sind.

Beschreibe die jüdische Einstellung zu Reichtum und Armut.

Welches sind die wichtigsten Überlegungen desJudentums zur Armut?

2 Die jüdische Einstellung zum Geld

Die jüdischen Lehren zum rechten Umgang mit Geld gehen von der Überzeugung aus, dass alles, was wir haben, von Gott kommt. Wenn Gott einen Menschen segnet und ihn reich macht, dann ist es richtig, dass er sich seines Geldes erfreut. Die Menschen sollten großzügig mit ihrem Geld sein, aber es liegt kein besonderes Verdienst darin, sich selbst arm zu machen. Der Talmud sagt:

„Es ist besser, den Sabbat wie einen Werktag zu begehen (also ein einfaches Mahl zu sich nehmen), als auf die Hilfe anderer angewiesen zu sein.“

Der Reiche sollte sich immer der Bedürfnisse der Armen bewusst sein. Der Rat, den die Bauern im alten Israel erhielten, drückt ein wichtiges Prinzip für alle Juden aus.

Die jüdischen Schriften sind voller **Warnungen**, dass Reichtümer und Wohlstand die Menschen leicht dazu verführen können, von Gott abzufallen und falsche Götter zu verehren. Hier sind zwei dieser Warnungen:

„Müh dich nicht ab, Reichtum zu erwerben und dabei deine Einsicht aufzugeben.“
Spr 23,4

„Wer das Geld liebt, bekommt vom Geld nie genug; wer den Luxus liebt, hat nie genug Einnahmen. Auch das ist Windhauch. Mehrt sich das Vermögen, so mehren sich auch die, die es verzehren. Was für ein Erfolg bleibt dem Besitzer? Seine Augen dürfen zusehen.“
Koh 5, 9-10

Im jüdischen Glauben sollte der Reiche sich immer über die Probleme der Armen bewusst sein.

3 Die jüdische Einstellung zur Mildtätigkeit

Geld spenden – Tzedeka

Man kann einer bedürftigen Person direkt etwas zukommen lassen, aber das könnte beim Empfänger eine große Verlegenheit zur Folge haben. Es ist besser, das Geld auf eine Weise zu spenden, dass der Spender nicht weiß, wohin das Geld geht – und der Empfänger nicht weiß, woher das Geld kommt. Die Spender können sich vorstellen, ihre Spende sei ein **Darlehen**, dessen Rückzahlung sie nicht erwarten. Gleichzeitig kann der Empfänger hoffen, dass er eines Tages in der Lage sein wird, das Darlehen zurückzuzahlen.

Das Problem dabei aber ist, dass der Empfänger wieder so arm sein wird wie zuvor, wenn er das Gespendete aufgebraucht hat. Moses Maimonides, ein jüdischer Philosoph des 12. Jahrhunderts, lehrte, dass es **acht Stufen der Mildtätigkeit** gibt, von denen jede besser ist als die folgende:

1. Den Menschen helfen, sich selbst zu helfen, indem man ihnen ein Darlehen oder eine Arbeit gibt.
2. Anonym spenden.
3. Auf eine Art und Weise geben, dass der Geber weiß, wer der Empfänger ist, aber der Empfänger nicht weiß, wer der Spender ist.
4. Auf eine Art und Weise geben, dass weder der Geber noch der Empfänger voneinander wissen.
5. Geben, bevor man darum gebeten wird.
6. Geben nur dann, wenn man darum gebeten wird.
7. Mildtätig geben – aber weniger, als man sollte.
8. Widerwillig geben.

Die Juden wenden dieses Prinzip auch auf die Entwicklungshilfe an. Sie bevorzugen, über die unmittelbare Dringlichkeit hinauszublicken, und gewähren Hilfe, die es den Armen ermöglicht, sich in Zukunft selbst zu helfen.

Was lehrt der jüdische Glaube über die Pflichten und Gefahren für denjenigen, der viel Geld besitzt?

Wie sollte eine Spende nach jüdischem Glauben gegeben werden? Welches sind die wichtigsten Grundsätze?

Im Judentum sollen Menschen, die arm sind, Hilfen erhalten, die ihnen ermöglichen, sich selbst zu helfen.

4 Moralische und moralisch bedenkliche Berufe

Nach der jüdischen Lehre sollte jeder die Möglichkeit haben, sein Auskommen selbst zu verdienen. Arbeit an sich wurde immer als etwas Gutes betrachtet.

„Die Arbeit ist etwas Großes. Gottes Gegenwart blieb beim jüdischen Volk nur, wenn es sich mit etwas Nützlichem zu beschäftigen begann.“
Midrasch

Diese Stelle besagt also, dass Müßiggang schädlich für den Menschen ist. Ein anderer Midrasch führt aus, dass Müßiggang zu unmoralischem Verhalten führen kann.
Diese Überzeugung wird auch durch den Talmud bestätigt:

„Lehre deinen Sohn einen Beruf, oder du lehrst ihn, ein Räuber zu werden.“

Eine alte jüdische Legende erzählt, dass Adam sehr niedergeschlagen war, nachdem er von Gott aus dem Garten Eden vertrieben worden war. Er dachte, er müsse jetzt wie all die Tiere nach Nahrung suchen. Gott aber sagte ihm, dass er im Schweiße seines Angesichts arbeiten werde, um seine Familie zu ernähren. Adam wurde wieder fröhlich, denn er erkannte, dass die Arbeit ihn über die übrige Schöpfung erheben würde.
Arbeit ist für alle Juden wichtig. Im Judentum ist kein Raum für Eremiten.

Die Menschen müssen Gott dienen, indem sie in der Welt tätig sind. Alle Rabbiner in den alten Zeiten hatten einen Beruf. Juden dürfen jeden Beruf ergreifen, der ihnen gefällt. Die einzigen verbotenen Beschäftigungen sind solche, die physischen oder moralischen Schaden über andere bringen, wie z. B. Drogenhandel oder Prostitution. Am Sabbat aber ist jede Tätigkeit verboten – es sei denn, jemand ist in Lebensgefahr.

Welchen Stellenwert hat die Arbeit bei den Juden?

Welchen Berufen darf im Judentum nicht nachgegangen werden?

Warum ist es verboten, am Sabbat zu arbeiten?

Zusammenfassung:

- *Das Judentum steht dem Streben nach Geld und Besitz negativ gegenüber. Allerdings wird berücksichtigt, dass ein gewisser materieller Wohlstand notwendig ist. Der Wohlhabende soll sich aber immer der Bedürfnisse der Armen bewusst sein.*
- *Juden sollen zehn Prozent ihres Reichtums den Armen geben.*
- *Die höchste Stufe der Mildtätigkeit im Judentum bedeutet, anderen Menschen zu helfen, sich selbst zu helfen.*

Wie glaubst du, könnte man den Reichtum in der Welt gerechter verteilen?

Worauf führen die drei Weltreligionen die Armut in der Welt zurück? Wie könnte man sie demnach beheben?

Wie werden Armut und Reichtum in den drei Weltreligionen bewertet?

Welche Berufe dürfen in den drei Weltreligionen nicht ausgeübt werden?

Welche Berufe sind für euch persönlich aus ethischen, moralischen oder anderen Gründen problematisch?

Empfehlenswerte Literatur und Links

Literatur

Tahar BenJelloun:
Die Schule der Armen.
Rowohlt 2005.
ISBN 978-3-499-21259-8

Klaus Kordon:
Alicia geht in die Stadt.
Geschichten aus sieben Ländern.
Beltz 2003.
ISBN 978-3-407-78580-0

Gudrun Pausewang:
Ärmer werden ... Na und!
Glotzi Verlag 2006.
ISBN 978-3-935333-10-8

Links

www.drittewelt.de/
Informationen über alle Länder der so genannten „Dritten Welt".

www.iz3w.org/iz3w/index.html
Das „informationszentrum 3. welt" (iz3w) informiert als eine Zeitung über aktuelle Fragen von Nord-Süd-Themen, wie Globalisierung, Migration, Rassismus, Entwicklungspolitik etc.

www.welt-in-zahlen.de
Statistische Informationen zu den einzelnen Ländern der Erde.

www.entwicklungshilfe.de
Ausführliche Informationen zum Thema Entwicklungshilfe.

www.entwicklungshilfe.info
Wegweiser zu Entwicklungshilfe-Links mit staatlicher und nicht staatlicher Unterstützung.

www.muslimehelfen.org
Freies, gemeinnütziges Hilfswerk von Muslimen in Deutschland.

Kapitel 10

Religion, Friede und Gerechtigkeit

Einführung

Allein im Zweiten Weltkrieg starben weltweit 60 Millionen Menschen.

Krieg war schon immer ein Teil des menschlichen Lebens. Obwohl in Europa – und insbesondere in Deutschland – nach der Erfahrung der beiden Weltkriege im 20. Jahrhundert der **Wunsch nach der Wahrung von Frieden** sehr groß ist, scheint es kaum vorstellbar, dass sich die Meinungsverschiedenheiten zwischen den Menschen der Welt friedlich lösen lassen. Im Gegenteil – die Zeit nach dem Zweiten Weltkrieg war stärker von Konflikten geprägt, als jede andere Zeit zuvor. Es wird davon ausgegangen, dass seit dem Ende des Zweiten Weltkrieges im Jahr 1945 etwa 420 Kriege und politische Konflikte weltweit geführt wurden, 14 davon in Europa. Über 90 % dieser Kriege fanden in den Regionen der früheren Zweiten Welt (also dem früheren „Ostblock") sowie der Dritten Welt (den so genannten „Entwicklungsländern") statt. Die 1990er-Jahre waren zu ihrem Beginn durch einen deutlichen Anstieg kriegerischer Auseinandersetzungen gekennzeichnet. Die Ursachen hierfür lagen in der Beendung des Kalten Krieges und der damit zusammenhängenden Auflösung der Sowjetunion und Jugoslawiens.
Aber warum gab und gibt es heute so viele Kriege, wenn der Mensch sich doch nach Frieden sehnt? Gehören Krieg und Gewalt zur Natur des Menschen?

> *„Jeder Krieg ist eine Niederlage des menschlichen Geistes."*
> *Henry Miller*

Es gibt viele unterschiedliche Formen von Krieg: Kolonialkriege, Bürgerkriege, Befreiungskriege – und natürlich Religionskriege.

Die Hauptursachen für Kriege auf unserer Welt sind:

- der Mangel an Ressourcen – man erhofft sich durch den Krieg ökonomische Vorteile;
- politisches, wirtschaftliches, kulturelles Machtstreben;
- ethnische Konflikte;
- die Gefahr, Einfluss auf besetzte Gebiete zu verlieren;
- religiöser Fanatismus.

Am 11. September 2001 sterben bei Terroranschlägen islamistischer Selbstmordattentäter in den USA insgesamt 3 000 Menschen.

Die drei Weltreligionen, die hier behandelt werden, sind im Kern friedfertig und verurteilen Gewalt und Krieg. Dieser Anspruch wird aber leider nicht immer eingelöst. Bei vielen Kriegen standen und stehen auch heute noch religiöse Motive im Vordergrund. Der Begriff des **„Heiligen Krieges"**, der spätestens seit den Terroranschlägen am 11. September 2001 in den USA mit muslimischen Fundamentalisten in Verbindung gebracht wird (bekannt als der **„Dschihad"**), ist eigentlich ein Begriff, der von den christlichen Kreuzzügen stammt. Das Christentum hat nicht immer in der Geschichte zum Frieden beigetragen, sondern auch Krieg und Gewalt hervorgebracht. Beispiele dafür sind die Kreuzzüge des Mittelalters, die Gräueltaten der heiligen Inquisition oder der Dreißigjährige Krieg, aber auch die Auseinandersetzungen in Irland oder der Krieg in Bosnien, der von vielen als Religionskrieg gedeutet wird. Im Alten Testament war die Auffassung, im Namen Gottes Kriege zu führen oder zu unterstützen, durchaus geläufig. Die Vorstellung vom „Heiligen Krieg" beinhaltet, dass die Kriegführenden aus heiligen und edlen Gründen kämpfen, und zwar gegen die Feinde Gottes. Konflikte haben im Kern heute oftmals andere Ursachen als religiöse, etwa nationale, soziale oder historische. In vielen Auseinandersetzungen werden aber Religionen missbraucht, um politische und soziale Machtinteressen ideologisch zu erhöhen und die Entschlossenheit der Kämpfenden zu stärken, für eine wichtige Sache ihr Leben zu riskieren. Welche Haltung das Christentum, der Islam und das Judentum in der Geschichte vertreten haben und heute zu Krieg und Gewalt vertreten, erfährst du in diesem Kapitel.

Christentum

Im folgenden Abschnitt erfährst du etwas über diese Themen:

1 Die christliche Haltung zum Krieg

2 Die christliche Haltung zur Gewalt

3 Die christliche Einstellung zur Behandlung von Kriminellen

4 Die Antwort der Christen auf soziale Ungerechtigkeit

Obwohl der Wunsch nach Frieden groß ist, gibt es auch heute noch viele Kriege.

1 Die christliche Haltung zum Krieg

Krieg war immer schon eine **Tatsache des Lebens**. Nachdem die Israeliten der ägyptischen Sklaverei entkommen waren, konnten sie nur in das verheißene Land einwandern, indem sie es eroberten und unterwarfen. Dabei ließen sie keinen Zweifel daran, dass sie durch die Kraft Gottes den Sieg errangen. Gleichzeitig aber hofften sie auf die **Ankunft ihres Messias**, den von Gott Gesalbten und Auserwählten, der eine Zeit des Friedens auf die Welt bringen sollte. Deshalb wurde er auch der „Friedensprinz" genannt. Während die Juden noch immer auf die Ankunft des Messias warten, glauben die Christen, dass Gottes Versprechen in Erfüllung gegangen ist, als Jesus auf die Welt kam.

„Ich verfolge meine Feinde und hole sie ein, ich kehre nicht um, bis sie vernichtet sind. Ich schlage sie nieder; sie können sich nicht mehr erheben, sie fallen und liegen unter meinen Füßen."
Ps 18, 38-39

„ ... Dann schmieden sie Pflugscharen aus ihren Schwertern und Winzermesser aus ihren Lanzen. Man zieht nicht mehr das Schwert, Volk gegen Volk, und übt nicht mehr für den Krieg."
Mi 4,3

In den Lehren Jesu gibt es nichts, was Krieg rechtfertigen könnte. Er ermutigte seine Anhänger zu einer **pazifistischen Lebenshaltung**, indem sie ihren Feinden auch die andere Wange hinhalten und die Schwerter für immer weglegen sollten. Er erinnerte seine Anhänger daran, dass das Gesetz des Alten Testaments „Auge um Auge, Zahn um Zahn" gelautet hätte, er ihnen aber lehre, dass Gewalt niemals mit Gewalt vergolten werden dürfe. Tatsächlich gingen seine Jünger noch einen Schritt weiter. Sie sollten jeden Akt der Gewalt mit einem **Akt der Nächstenliebe** entgegnen.

„Ihr habt gehört, dass gesagt worden ist: Auge für Auge und Zahn für Zahn. Ich aber sage euch: Leistet dem, der euch etwas Böses antut, keinen Widerstand, sondern wenn dich einer auf die rechte Wange schlägt, dann halt ihm auch die andere hin. Und wenn dich einer vor Gericht bringen will, um dir das Hemd wegzunehmen, dann lass ihm auch den Mantel. Und wenn dich einer zwingen will, eine Meile mit ihm zu gehen, dann geh zwei mit ihm. Wer dich bittet, dem gib, und wer von dir borgen will, den weise nicht ab."
Mt 5, 38-42

Angesichts dieser Lehre ist es eigentlich sehr verwunderlich, dass nicht alle Christen **Pazifisten** sind. Sie wollen zwar Frieden, aber im Laufe der Jahrhunderte waren sie immer dazu bereit, Kriege zu führen. Im 13. Jahrhundert schrieb der Theologe Thomas von Aquin, dass **drei Voraussetzungen** (1 bis 3) **gegeben sein müssten, um einen Krieg als „gerecht" zu bezeichnen**, sodass also auch Christen daran teilnehmen könnten. Zwei weitere Voraussetzungen (4 bis 5) wurden später hinzugefügt:

Wenn ein Krieg nicht vermieden werden kann, dann sollen diese Regeln sicherstellen, dass das Gute, das durch den Kampf erreicht wird, den angerichteten Schaden überwiegt.

Die Voraussetzungen für einen gerechten Krieg

1. Der Krieg muss von der Regierung eines Landes ausgehen, nicht von Privatpersonen.
2. Es muss ein triftiger Grund für einen Krieg vorliegen, z.B. Selbstverteidigung.
3. Das Kriegsziel muss gut sein, z.B. die Wiederherstellung eines gerechten Friedens.
4. Zivilisten müssen geschont werden, sie dürfen nicht das Ziel von Kampfhandlungen sein.
5. Die Methoden der Kriegsführung zur Erreichung der Kriegsziele dürfen keine unnötigen Opfer verursachen.

Kriegsdienstverweigerer aus Gewissensgründen

Krieg ist für Christen immer eine sehr kontroverse Angelegenheit. Das gilt umso mehr, seit es Nuklearwaffen gibt und die Zahl der Staaten, die darüber verfügen, stetig zunimmt. Viele Christen sind davon überzeugt, dass die Vernichtung von Menschen, Tieren und von der gesamten Umwelt, die durch den Einsatz von Nuklearwaffen hervorgerufen würde, niemals und unter keinen Umständen zu rechtfertigen wäre. Wenn sie also nie eingesetzt werden sollen, welchen Sinn hat es dann, sie zu besitzen? Andere argumentieren, dass Nuklearwaffen als letzte Abschreckung dienen und wir jetzt nicht so tun können, als seien sie nie erfunden worden. In jedem Fall ist die Bedrohung, die sie darstellen, so erschreckend, dass ihr Einsatz durch irgendein Land undenkbar ist.

Im Laufe der Jahrhunderte haben viele Christen immer wieder die Einstellung vertreten, dass sie nicht in Kriegen mitkämpfen können, weil die Zerstörungen, die schon durch konventionelle Waffen angerichtet werden, unverhältnismäßig groß sind. Menschen, die nach dieser Überzeugung handeln, nennt man **Kriegsdienstverweigerer aus Gewissensgründen**. Auch im Ersten und im Zweiten Weltkrieg (1914 bis 1918 bzw. 1939 bis 1945) gab es viele Kriegsdienstverweigerer. Obwohl sie den Kampf mit der Waffe ablehnten, nahmen sie in den so genannten „nicht kämpfenden Truppenteilen", zum Beispiel als Sanitäter oder Fahrer von Krankenwagen, am Krieg teil. Manche aber kamen für lange Zeit ins Gefängnis, weil die entsprechenden Regierungsstellen nicht glaubten, dass ihre Überzeugung echt war. Die einzige wirklich pazifistische Kirche ist die Kirche der Quäker.

Erkläre die Bedeutung der Begriffe
a. gerechter Krieg,
b. Kriegsdienstverweigerer aus Gewissensgründen.

Glaubst du, dass es einen gerechten Krieg geben kann? Diskutiert diese Frage in kleinen Gruppen.

Manche Menschen glauben, dass Pazifismus im 21. Jahrhundert unrealistisch ist. Bist du auch dieser Meinung, oder handelt es sich, deiner Meinung nach, um eine sinnvolle Lebenseinstellung? Würdest du in einem Krieg mitkämpfen, um dein Land zu verteidigen?

2 Die christliche Haltung zur Gewalt

Nachstehend kannst du die berühmteste Erklärung einer christlichen Kirche gegen den Krieg lesen:

„Allen Krieg und Streit sowie Kampf mit äußeren, verletzenden Waffen, gleich zu welchem Zweck und unter welchem Vorwand, lehnen wir entschieden ab; dies ist unser Zeugnis für die ganze Welt. Der Geist Christi, von dem wir geführt werden, ist nicht wandelbar, sodass er uns einmal von etwas als schlecht abhält und uns ein anderes mal gebietet, es doch zu tun; wir wissen sicher und bezeugen es der Welt, dass der Geist Christi, der uns zur Wahrheit weist, uns nie veranlassen wird, gegen irgendjemanden mit verletzenden Waffen zu kämpfen – nicht für sein Reich und auch nicht für die Reiche seiner Welt."

Friedenszeugnis der Quäker, Erklärung an Karl II, 1660

Jeder, der das Alte Testament von Anfang bis Ende liest, wird sehen, dass es voller Krieg und Gewalt ist. Das Volk von Israel war bei vielen Gelegenheiten davon überzeugt, dass Gott es zum Krieg aufrief. Es hatte den festen Glauben, dass Gott an seiner Seite stand. Einer der Propheten, Joël, rief das Volk sogar dazu auf, das Ackergerät in ein Kriegsgerät umzuschmieden:

„Ruft den Völkern zu: Ruft den Heiligen Krieg aus! Bietet euere Kämpfer auf! Alle Krieger sollen anrücken und heraufziehen. Schmiedet Schwerter aus euren Pflugscharen und Lanzen aus euren Winzermessern! Der Schwache soll sagen: Ich bin ein Kämpfer. Eilt alle herbei, versammelt euch, ihr Völker, ringsum! Dorthin führe, Herr, deine Kämpfer hinab!"

Joël 3, 9-11

Diese Haltung ändert sich aber im Neuen Testament. Von Jesus gibt es keine einzige Andeutung, dass das Töten von Menschen jemals zu rechtfertigen sei. Seine Lehre war einfach:

„Selig, die Frieden stiften, denn sie werden Söhne Gottes genannt werden."

Mt 5,9

Pazifismus und Gewaltlosigkeit

Für viele Christen ist Pazifismus die einzige Antwort auf Krieg und Gewalt, und zwar aus vielerlei Gründen:

Gründe, warum viele Christen Pazifisten sind:

- das Gebot „Du sollst nicht töten!",
- die Taten und das Beispiel Jesu,
- die Lehren Jesu aus der Bergpredigt,
- das Wissen, dass Krieg kaum ein Problem löst, sondern nur noch mehr Probleme schafft,
- das Wissen, dass eine schlechte Tat als Vergeltung niemals eine andere schlechte Tat rechtfertigen kann.

Christen glauben, dass es zur Lösung von Problemen andere Möglichkeiten als die Anwendung von Gewalt gibt. In den 1960er-Jahren setzte **Martin Luther King** auf gewaltfreien Protest als Waffe gegen jene Personen in den USA, die den Schwarzen die Menschenrechte verweigerten. Und es war eine sehr wirksame Waffe.
Es war eine Waffe, die Martin Luther King teils durch die Lehren Jesu kennengelernt hatte, teils durch das Vorgehen **Mahatma Gandhis** in Indien.

Was denken Christen über Gewalt?

Welche Haltungen zur Gewalt sind im Alten Testament, welche im Neuen Testament zu finden? Versucht herauszufinden, warum das so ist.

Warum sind viele Christen Pazifisten?

3 Die christliche Einstellung zur Behandlung von Kriminellen

Durch Bestrafung lässt die Gesellschaft Kriminelle für ihre Taten büßen.
Diese Bestrafung kann folgendermaßen aussehen:

- der Verlust der persönliche Freiheit, also eine **Gefängnisstrafe**,
- die Einschränkung der persönlichen Freiheit durch **Bewährungsauflagen**, durch gemeinnützige Arbeit, durch elektronische Fesseln, sodass der Aufenthaltsort stets festgestellt werden und eine Ausgangssperre verhängt werden kann,
- die Bezahlung eines Geldbetrages – eine **Geldstrafe**.

Der Sinn der Bestrafung

Es gibt **fünf klare Ziele**, die durch die meisten Formen der Bestrafung erreicht werden sollen:

▸ Vergeltung
Derjenige, der ein Verbrechen begangen hat, muss für dieses bezahlen. Der Kriminelle ist der Gesellschaft etwas schuldig – je größer das Verbrechen, desto größer die Schuld. Auch derjenige, dem Unrecht getan wurde, wird sich besser fühlen, wenn er weiß, dass der Täter bestraft wurde. Das Problem besteht darin, für ein Vergehen auch immer die angemessene Bestrafung zu finden.

▸ Abschreckung
Jede Bestrafung zielt darauf ab,

- den Täter von einer erneuten Tat abzuhalten,
- alle anderen davon abzuschrecken, eine ähnliche Tat zu begehen.
- Eine Bestrafung soll auch als Warnung dienen. Das Schlimme an der Sache ist, dass 80 % derer, die eine kriminelle Handlung begangen haben, rückfällig werden – man spricht von Rückfalltätern. Wenn Bestrafung wirklich sinnvoll sein soll, dann müsste sie die Täter davon abbringen, wieder kriminell zu werden.

▸ Schutz
Kriminelle sind eine Bedrohung für gesetzestreue Bürger. Wenn ein Täter im Gefängnis ist, dann kann er keine weiteren Verbrechen begehen, und die Menschen fühlen sich für eine gewisse Zeit sicherer. Natürlich ändert sich das, wenn der Kriminelle wieder aus dem Gefängnis entlassen wird.

▸ Besserung
Wenn jemand eine Freiheitsstrafe verbüßt, dann ist es sehr wichtig, dass sich auch seine Lebenseinstellung ändert, damit er nicht wieder rückfällig wird. In manchen Gefängnissen – bei Weitem nicht in allen – wird der Ausbildung und der Vorbereitung auf das künftige Leben große Bedeutung zugemessen. Diese Maßnahmen sind sehr teuer. Häufig wird dabei am ehesten gespart, wenn das Geld knapp wird.

▸ Rehabilitierung
Kaum jemand will in einer Gesellschaft leben, in der jeder das Gesetz bricht. Wer das Gesetz bricht, sollte auch begreifen, was er tut. Er sollte auch die Strafen kennen, die verhängt werden, damit das Gesetz gewahrt wird. Auch durch die Art und Weise der Bestrafung drückt eine Gesellschaft ihre Wertvorstellungen aus und gibt zu erkennen, welches Verhalten sie akzeptiert und welches nicht. Viele Menschen respektieren das Gesetz nicht mehr. Christen glauben, dass Gott jeden für seinen Lebenswandel richten wird. Gott ist der letzte Richter. Sie glauben aber auch, dass ein Urteil ebenso auf Erden gefällt werden soll und dass ein jeder für seine Missetat die richtige Strafe erhalten soll. Manche müssen ins Gefängnis gesperrt werden. Christen glauben, dass es auch in einem Gefängnis menschlich zugehen sollte und dass die Gefangenen ein Recht auf ihre Menschenwürde haben. Im 18. und 19. Jahrhundert kämpfte die aus einer Quäker-Familie stammende Elizabeth Fry dafür, dass auch die grundlegenden Menschenrechte von Gefängnisinsassen gewahrt würden. Auch heute noch setzen sich Christen mit denselben Idealen wie Elizabeth Fry für Gefängnisinsassen ein.

Christen und Bestrafung

Zu den wichtigsten christlichen Grundüberzeugungen gehört, dass **jedem vergeben werden soll, der seine Sünden aufrichtig bereut**. Das bedeutet aber nicht, dass einem die Vergebung leicht gemacht werden darf.
Und das bedeutet ebenso wenig, dass keine Bestrafung erfolgen soll, wenn der Täter bereut. Es bedeutet, dass dem Täter niemals die Tür zur Vergebung verschlossen bleiben sollte.
Und das ist für die Christen eines der stärksten **Argumente gegen die Todesstrafe**, die die Tür zur Vergebung unwiderruflich verschließt.

In diesem Zusammenhang gibt es einen interessanten Vorfall im Leben Jesu. Zu seiner Zeit wurden Frauen, die beim Ehebruch ertappt wurden, zu Tod gesteinigt. Einige seiner Gegner brachten zu Jesus eine Frau, die auf frischer Tat erwischt worden war. Sie wollten von ihm wissen, was mit dieser Frau zu tun sei. Jesus antwortete ihnen:

> *„Wer von euch ohne Sünde ist, werfe als Erster einen Stein auf sie."*
> *Joh 8,7*

Mit diesen Worten brachte Jesus seine Gegner in eine peinliche Situation. Keiner konnte den ersten Stein werfen, denn keiner von ihnen war ohne Sünde. Die Menge zerstreute sich.

Welche Strafen werden in unserer Gesellschaft angewandt?

Was soll mit Strafen gegenüber Menschen, die gegen das Gesetz verstoßen haben, erreicht werden?

Aus welchem Grund lehnen Christen die Todsstrafe ab?

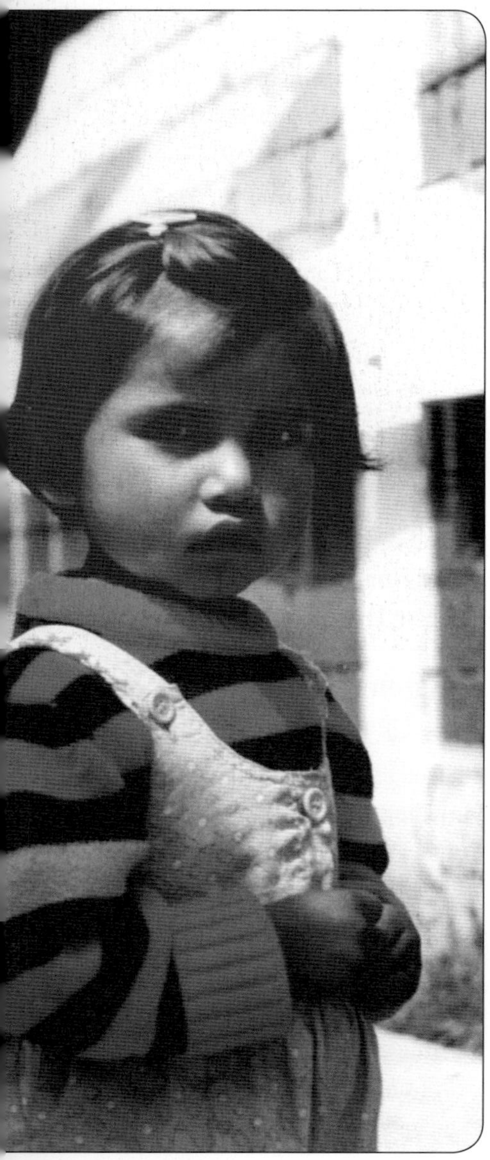

Alle Menschen sind vor Gott gleich und sollten die gleichen Rechte haben.

4 Die Antwort der Christen auf soziale Ungerechtigkeit

Christen glauben, dass Gott jeden Menschen erschaffen hat. Vor Gott ist jeder gleich und hat dieselben Rechte. Wenn Menschen diese Rechte verweigert werden, leiden sie unter „sozialer Ungerechtigkeit". Im Laufe der Zeit haben Christen überall auf der Welt oft den Kampf zur Sicherung dieser Rechte angeführt.

Jeder, dem die grundlegenden **Menschenrechte** auf Gleichheit vor dem Gesetz, auf Bewegungs-, Gedanken-, Meinungs-, Gewissens- und Religionsfreiheit sowie auf die freie Partnerwahl und das Recht, eine Familie zu gründen, beschnitten wird, leidet unter sozialer Ungerechtigkeit. Christen glauben, dass jeder Mensch für Gott wichtig ist. Jesus sagte dies seinen Zuhörern mit dem Hinweis, dass jedes einzelne Haar gezählt sei. Sogar ein Sperling, der tot auf die Erde fällt, wird von Gott zur Kenntnis genommen (Mt 10,29). Christen haben die Pflicht, für die Verbreitung von sozialer Gerechtigkeit in der Welt zu sorgen – und die Welt als einen besseren Ort als im Augenblick ihrer Geburt zu hinterlassen.

Die Propheten im Alten Testament predigten dieselbe Botschaft. Sie waren besonders um die Gegenwart und um die Lebensweise ihrer Zeitgenossen besorgt. Sie sagten den Menschen, dass all die Gottverehrung in der Welt für Gott nicht von Interesse ist, solange keine soziale Gerechtigkeit herrsche. Wenn die Menschen weiterhin die Armen vernachlässigen und verachten würden, dann werde Gott sie richten. Dieselbe Botschaft wurde auch in den Briefen des Neuen Testaments verkündet. Jakobus zum Beispiel schrieb über die Ungerechtigkeit, mit der die Menschen andere behandelten.

In manchen Teilen der Welt – als bemerkenswertes Beispiel sei Südamerika erwähnt – haben sich in den letzten Jahren viele Christen ganz bewusst und offensichtlich an die Seite der Armen in der Gesellschaft gestellt. Diese Bewegung wurde unter der Bezeichnung **„Befreiungstheologie"** bekannt. Sie geht auf das Verständnis der Lehren Jesu zurück, wonach der Arme, nicht der Reiche, der Erste ist, der ins Reich Gottes eingeht.

Manchmal waren Christen sogar dazu bereit, das Gesetz zu brechen und Gewalt anzuwenden, wenn sie davon überzeugt waren, dass die Armen im Endeffekt davon profitieren würden. Aber dazu muss man auch sagen, dass viele Christen mit dieser Einstellung nicht einverstanden waren.

„Wenn in eure Versammlung ein Mann mit goldenen Ringen und prächtiger Kleidung kommt, und zugleich kommt ein Armer in schmutziger Kleidung, und ihr blickt auf den Mann in der prächtigen Kleidung und sagt: Setz dich hier auf den guten Platz, und zu dem Armen sagt ihr: Du kannst dort stehen!, oder: Setz dich zu meinen Füßen! – macht ihr dann nicht untereinander Unterschiede und fällt Urteile auf Grund verwerflicher Überlegungen?"
Jak 2, 2-4

Was verstehen Christen unter sozialer Gerechtigkeit?

Was versteht man unter „Befreiungstheologie"?

Wie kann diese erzielt werden?

Wie werden die Christen dem Anspruch gerecht, alle Menschen gleich und gerecht zu behandeln?

Zusammenfassung

- *Im Gegensatz zum Alten Testament demonstrieren die Lehren Jesu, dass nichts auf der Welt einen Krieg rechtfertigen kann. Gewalt dürfe demnach niemals mit Gewalt vergolten werden.*
- *Viele Christen sind Pazifisten und verweigern den Dienst an der Waffe.*
- *Kriminelle Menschen müssen für ihre Sünden bestraft werden. Jedem aber, der seine Sünden bereut, soll vergeben werden.*
- *Die Pflicht eines jeden Christen ist, für die Verbreitung von Frieden und Gerechtigkeit auf der Welt zu sorgen.*

Islam

Im folgenden Abschnitt erfährst du etwas über diese Themen:

1 Die muslimische Haltung zum Krieg

2 Die muslimische Haltung zur Gewalt

3 Die muslimische Einstellung zur Behandlung von Kriminellen

4 Die Antwort der Muslime auf soziale Ungerechtigkeit

Der Dschihad darf lediglich die letzte Möglichkeit sein, wenn alle friedlichen Maßnahmen gescheitert sind.

1 Die muslimische Haltung zum Krieg

Dschihad

Die wörtliche Bedeutung von Dschihad ist „Bemühen, Bestreben". Der Islam unterscheidet **zwei Formen des Dschihad**:

- **Der größere Dschihad**. Dies ist der Kampf innerhalb der muslimischen Gemeinschaft und in jedem Individuum gegen das Böse. Es handelt sich dabei also um ein religiöses, spirituelles Bemühen. Jeder Muslim soll sein Leben in diesem Bemühen führen. Das Leben ist ein ständiger Kampf gegen das Böse. Ein Muslim soll sich intensiv in diesem Kampf in seinem Inneren engagieren.
- **Der kleinere Dschihad**. Dies ist der Kampf gegen einen äußeren Feind, der sich gegen Gott wendet. Diese Form des Dschihad muss von einer Persönlichkeit mit großer religiöser Autorität in der Gemeinschaft erklärt werden. Er kann nicht von politischen Führern ausgerufen werden.

Es gibt zwei Gründe, einen kleineren Dschihad auszurufen:

1. Ein Muslim sollte immer bereit sein, die **Umma (die Gemeinschaft der Muslime)** zu verteidigen, wenn sie von einem Feind bedroht wird. Wenn ein muslimisches Land bzw. der muslimische Bevölkerungsteil eines Landes durch einen nicht muslimischen Feind bedroht wird, besteht immer das Recht, auf diese Bedrohung zu reagieren.
2. Ein Muslim muss dazu bereit sein, zu den Waffen zu greifen, wo immer soziale Ungerechtigkeit herrscht, und zwar auf Seiten derer, die leiden, gleichgültig ob es Muslime sind oder nicht.

Noch zwei weitere Regeln gelten für den kleineren Dschihad:

- **Der Dschihad sollte nur als letzte Möglichkeit ausgerufen werden**. Zuerst müssen sämtliche friedlichen Mittel eingesetzt werden, um eine Gesellschaft oder ein Individuum zu schützen. Erst, wenn alles andere versagt hat, dürfen militärische Mittel angewendet werden. Selbst dann muss der Kampf auf solche Weise ausgetragen werden, dass möglichst wenig Leid hervorgerufen wird.

Dschihad wird heute in der westlichen Welt häufig mit dem Begriff „Heiliger Krieg" übersetzt. Diese Beschreibung ist nicht richtig. Allerdings rechtfertigen islamistische Attentäter der vielen Terroranschläge der jüngsten Vergangenheit ihr Handeln mit dem Dschihad.

- In allen Situationen, in denen ein Muslim im Krieg zu töten gezwungen ist oder eine harte Form der Bestrafung ausführen muss, soll dies mit **Mitgefühl** geschehen. Es ist niemals Teil des wahren Islam, einfach Leid zuzufügen oder zu bestrafen. Andererseits gibt es im Koran auch keine Lehre, nach der man auch „die andere Wange hinhalten" oder Unterdrückung bestehen lassen sollte. Für alle Muslime ist es eine Pflicht, sich selbst und diejenigen, die von einem abhängig sind, also Mitglieder der Familie und die Schwachen der Gesellschaft, zu verteidigen, und zwar bis zum Tod, wenn keine andere Wahl bleibt.

Es ist kein Dschihad, …

- wenn die Absicht des Krieges darin besteht, andere Menschen zum Islam zu zwingen.
- wenn das Kriegsziel darin besteht, andere Gebiete zu erobern.
- wenn der Krieg von politischen und nicht von religiösen Führern ausgerufen wird.
- wenn Bäume, Getreide, Tiere, Häuser und Orte des Gottesdienstes zerstört werden.
- wenn der Krieg nicht zur Selbstverteidigung geführt wird.
- wenn Zivilisten, Frauen und Kinder in große Gefahr gebracht werden.

Was bedeutet Dschihad und welche zwei Formen gibt es?

Wann kann ein Dschihad ausgerufen werden?

Unter welchen Bedingungen ist ein bewaffneter Konflikt kein Dschihad?

Warum lassen sich die Terroranschläge islamistischer Attentäter nicht mit dem „Dschihad" rechtfertigen?

2 Die muslimische Haltung zur Gewalt

Der Islam strebt nach Frieden und Harmonie in der Gemeinschaft der Muslime (**Umma**) und zwischen den unterschiedlichen Glaubensgemeinschaften. Das bedeutet, dass das Problem der individuellen Gewalt und Feindseligkeit sehr ernst genommen wird. Gemäß der traditionellen muslimischen Vorstellung ist es viel wichtiger, die Dinge zwischen den Menschen in Ordnung zu bringen, als Almosen zu geben, aus religiösen Gründen zu fasten oder die Gebetszeiten genau einzuhalten.

Das bedeutet aber nicht, dass muslimische Gesellschaften, die ihre Gesetze nach dem Koran ausrichten, sich nicht streng gegen gesetzesbrecherische Aktivitäten wenden. Dieser notwendige Kampf muss mit Verständnis und mit Mitleid ausgetragen werden, weil auf diese Weise auch alle Menschen von Gott behandelt werden. In jeder Gemeinschaft sollten die Menschen ohne Angst leben können.

3 Die muslimische Einstellung zur Behandlung von Kriminellen

Die Scharia – das heilige Gesetz

Der Koran sagt:

„Einem jeden von euch haben wir eine klare Satzung und einen klaren Weg vorgeschrieben."

Sure 5,49

Wörtlich war mit **Scharia** der Pfad zu einer Wasserstelle gemeint. Im übertragenen Sinne ist der Weg zum Leben und zu den Gesetzen gemeint, die Gott den Gläubigen offenbarte. **Die Scharia ist Gottes Plan, wie man sein Leben führen und die Gesellschaft organisieren soll**. Muslimische Gesellschaften sind so organisiert, dass sie die Scharia stärken und es den Muslimen ermöglichen, ihr gemäß zu leben.

Der Islam lehrt, dass es verschiedene Arten der Sünde gibt:

1. Die **Sünde des Götzendienstes und des Unglaubens**: Diese Sünden werden „Schirk" genannt, womit gemeint ist, dass man neben den einen Gott noch andere Götter stellt. Nach Ansicht vieler Muslime können die Sünden des Unglaubens und des Götzendienstes nicht vergeben werden. Derjenige, der sie begeht, verdiene einen Platz in der Hölle.
2. Sünden gegen das Leben selbst und gegen die Familie – also **Mord und Ehebruch**.
3. Sünden wie **Alkohohl- und Drogenkonsum, Lügen, Schwören und Neid**.
4. Ein bedeutender muslimischer Denker des 12. Jahrhunderts fügte eine weitere Sündenkategorie hinzu, nämlich **sich den Besitz aneignen, der einem anderen gehört**.

Nur wenige Länder wenden die Scharia vollständig an – darunter Saudi-Arabien, Bangladesch oder der Sudan, in einigen Ländern ist sie teilweise gültig. In wieder anderen Ländern ist die Scharia für Familien- und zivile Angelegenheiten gültig. In westlichen Ländern werden Ehebruch, Unzucht und Homosexualität als Privatangelegenheit betrachtet. Nach der Scharia aber handelt es sich dabei um sehr ernste Dinge. Sie können Auspeitschen oder Gefängnis zur Folge haben, in sehr strengen Gebieten sogar die Todsstrafe. Die Strafe für Diebstahl kann in der Amputation eines Gliedes bestehen.

Jeder Muslim ist davon überzeugt, dass ein menschliches Urteil falsch sein kann. Gott allein hört und sieht alles, und niemand kann seinem Urteil entkommen. Auch der Prophet Mohammed wusste, dass das Urteil von Menschen falsch sein kann. Er sagte, dass jeder, der einen anderen zu Unrecht beschuldige und zulasse, dass er zu Unrecht bestraft wird, sich am Tag des Gerichtes vor Gott verantworten müsse. An diesem Tag werden wir alleine dastehen. Gott weiß die ganze Wahrheit über unser Leben und wird jeden entsprechend beurteilen.

Wie steht der Islam zu Gewalt?

Welche Taten sind im islamischen Verständnis Sünden?

Was bedeutet die „Scharia"? Was unterscheidet Staaten, die die Scharia vollständig anwenden, von denen, die dieses nicht tun?

Wie sollen kriminelle Personen bestraft werden?

4 Die Antwort der Muslime auf soziale Ungerechtigkeit

Während seines ganzen Lebens galt die besondere Fürsorge Mohammeds **zwei Personengruppen**:

- **Witwen**, also Frauen, die ihren Ehemann verloren hatten. Weil der Besitz des Ehemannes auf dessen Verwandte überging, standen diese Frauen ohne Mittel da. Sie waren meist sehr arm. Mohammed hatte nie seinen Vater kennengelernt, da er vor seiner Geburt starb. Auch aus diesem Grund hatte er ein besonderes Mitgefühl für Witwen.
- **Waisen**. Kurz nach dem Tod des Vaters starb auch Mohammeds Mutter. Er blieb als Waise zurück und wurde von seinem Großvater, danach von seinem Onkel großgezogen. Das hatte großen Einfluss auf den Propheten, und er war sich der besonderen Bedürfnisse der Waisen stets bewusst. Er lehrte seinen Anhängern, dass die Familienmitglieder die Verantwortung für die Waisen übernehmen müssten. Diejenigen, die die Waisen großziehen, müssten dafür Sorge tragen, dass sie so viel wie möglich über ihre eigene Familie erfahren, wenn sie alt genug dafür sind. Außerdem sollten sie ihnen ihr Eigentum übergeben, das ihnen rechtmäßig zusteht:

> *„Und gebet den Waisen ihr Gut und tauschet (euer) Schlechtes mit (ihrem) Guten ein und fresset nicht ihr Gut zu dem eurigen hinzu; siehe, das ist ein großes Verbrechen."*
> *Sure 4,3*

Der Koran hebt ganz klar hervor, dass die Blinden, die Lahmen und die Behinderten auch zu den Notleidenden zu rechnen sind, die der besonderen Unterstützung und Hilfe bedürfen. Ebenso verhält es sich mit den Älteren. Gerade ihnen verdankt der Islam viel wegen all dem, was sie während ihres Lebens für die Religion getan haben. Jeder muss für seine Eltern sorgen und sie ehren.

„Und bestimmt hat dein Herr, daß ihr Ihm allein dienet und daß ihr gegen eure Eltern gütig seid, sei es, daß der eine von ihnen oder beide bei dir ins Alter kommen. Drum sprich nicht zu ihnen: ‚Pfui!' und schilt sie nicht, sondern führe zu ihnen ehrfürchtige Rede. Und füge dich ihnen unterwürfig aus Barmherzigkeit und sprich: ‚Mein Herr, erbarme Dich beider, so wie sie mich aufzogen, da ich klein war'."
Sure 17,23-24

Vor allem Waisen galt die Fürsorge des Propheten Mohammed. Nach diesem Beispiel sollen sich alle Muslime richten.

Welche Personengruppen benötigen besondere Fürsorge?

Überlege dir, wie gewährleistet wird, dass diese Menschen unterstützt werden?

Zusammenfassung

- *Muslime unterschieden zwei verschiedene Formen des Dschihad: den kleineren und den größeren Dschihad. Während der größere Dschihad den individuellen Kampf gegen das Böse im Allgemeinen bezeichnet, richtet sich der kleinere Dschihad gegen einen äußeren Feind, der sich gegen Gott wendet.*
- *Dennoch strebt der Islam nach Frieden, auch zwischen den unterschiedlichen Glaubensgemeinschaften.*
- *Die Scharia hilft Muslimen, ein gottgefälliges Leben zu führen. Die Anwendung der Scharia wird in den muslimischen Staaten allerdings unterschiedlich gehandhabt.*

Judentum

Im folgenden Abschnitt erfährst du etwas über diese Themen:

1 Die jüdische Haltung zum Krieg

2 Die jüdische Haltung zur Gewalt

3 Die jüdische Einstellung zur Behandlung von Kriminellen

4 Die Antwort der Juden auf soziale Ungerechtigkeit

Das Judentum lehnt den Krieg ab, versteht ihn aber auch als Übel, das durchgestanden werden muss.

1 Die jüdische Haltung zum Krieg

> *„Die Welt steht auf drei Dingen: auf Gerechtigkeit, auf Wahrheit und auf Frieden."*
> *Ethik der Väter*

Seit biblischen Zeiten bis in die Gegenwart grüßen Juden einander mit dem Wort **„Schalom" (Friede)**. Aber das ist mehr als nur ein einfacher Gruß, denn Juden lehnten den Krieg schon immer ab. „Schalom" drückt die Hoffnung aus, dass eines Tages die ganze Welt in Frieden leben wird. Das bedeutet aber nicht, dass das Judentum eine pazifistische Religion ist. Auch wenn der Krieg ein Übel ist, so lehrt das Judentum dennoch, dass es Zeiten gibt, in denen das Übel durchgefochten und ausgestanden werden muss.

Verschiedene Arten des Krieges

Die Juden glauben, dass es zwei verschiedene Arten des Krieges gibt:

1. **Milchemet mitzvah (ein obligatorischer Krieg)**: Das nachfolgende Zitat stammt aus dem Buch Josua in den jüdischen Schriften:

Diese Worte richtete Gott an Josua, den Nachfolger Moses, als die Israeliten kurz davorstanden, das verheißene Land zu betreten, nachdem sie aus der ägyptischen Gefangenschaft weggezogen waren. Dieses Land aber war nicht menschenleer. Das Volk musste darum kämpfen.

> *„... Mach dich also auf den Weg und zieh über den Jordan hier mit diesem ganzen Volk ... Jeden Ort, den euer Fuß betreten wird, gebe ich euch ... Sei mutig und stark! Denn du sollst diesem Volk das Land zu Besitz geben, von dem du weißt: Ich habe ihren Vätern geschworen, es ihnen zu geben."*
> *Jos 1, 2-6*

Dieser Krieg war ein „Milchemet mitzvah", ein obligatorischer Krieg also. Es war ein Krieg, der den Juden von Gott aufgetragen wurde, was ihn wie einen **„Heiligen Krieg"** erscheinen lässt. Solche Kriege mussten ausgetragen werden, ...

- wenn der Feind zuerst zugeschlagen hatte. Dann hielten es die Juden für eine religiöse Pflicht, zurückzuschlagen.
- wenn es nötig schien, einem Angriff des Feindes zuvorzukommen. Ein derartiger Präventivkrieg wurde im Sommer 1967 geführt, als der israelische

Geheimdienst aufdeckte, dass Ägypten und Syrien einen Angriff auf Israel planten. Die israelische Luftwaffe griff die Luftwaffenstützpunkte an und zerstörte die meisten feindlichen Flugzeuge, die sich noch am Boden befanden.
- wenn die Menschen glauben, dass Gott sie in den Kampf ruft.

2. **Milchemet reshut (ein optionaler Krieg)**: Dieser Krieg darf nur aus triftigen Gründen und unter bestimmten Voraussetzungen geführt werden:
   - wenn sämtliche anderen Alternativen versucht wurden und fehlgeschlagen sind.
   - wenn alle Vorsichtsmaßnahmen getroffen wurden, damit es wenige, besser noch keine zivilen Opfer gibt.
   - wenn der Schaden am Land und an den Gebäuden auf ein Minimum begrenzt wird.

Jede andere Art von Krieg ist den Juden verboten. Dazu zählen Kriege, um fremdes Territorium zu erobern, und Rachefeldzüge gegen Feinde.

Welche Haltung vertritt das Judentum gegenüber dem Krieg?

Welche Formen des Krieges werden unterschieden?

2 Die jüdische Haltung zur Gewalt

Die große Hoffnung der Juden, ausgedrückt in Jes 2-4, besteht darin, dass letztendlich alle Nationen ihre Schwerter zu Pflugscharen umschmieden und der Krieg eine Sache der Vergangenheit sein wird. Die jüdische Haltung zu Krieg und Gewalt muss immer vor dem Hintergrund dieser Hoffnung auf Frieden gesehen werden.

Lex talionis

Ein jüdischer Grundsatz lautet, dass, außer zur Selbstverteidigung, niemand gewalttätig werden oder einen anderen Menschen töten sollte. Ein altes jüdisches Sprichwort besagt:

> *„Wenn sich einer erhebt, um dich zu töten, dann erhebe du dich und töte ihn zuerst."*

Wenn das eigene Leben in Gefahr ist, dann darf man den Angreifer töten, aber man darf niemals einen unschuldigen Menschen töten, selbst wenn das eigene Leben in Gefahr ist. Dies entspringt der Vorstellung, **dass von den 613 Geboten der Tora 610 gebrochen werden dürfen, um das eigene Leben zu retten**. Die drei Ausnahmen sind Mord, Unzucht und Götzendienst. Viele Juden empfinden sogar im Falle der **Selbstverteidigung** Gewaltanwendung als falsch.

In einem frühen Stadium ihrer Geschichte empfanden die Juden die Notwendigkeit, eine Regelung für die Anwendung von Gewalt gegen denjenigen festzulegen, der einen Verwandten geschädigt oder getötet hat. Ursprünglich wurde bei den nächsten Verwandten das Gesetz in die eigenen Hände genommen. Das war zu jener Zeit, als das Prinzip „Auge um Auge, Zahn um Zahn" niedergeschrieben wurde. Es sollte also genau mit der Form von Gewalt reagiert werden, die zuerst angewendet wurde.

3 Die jüdische Einstellung zur Behandlung von Kriminellen

Die gerechte Behandlung von Straftätern war schon immer ein Kernstück der jüdischen Gerechtigkeit. Der Angeklagte sollte das Recht auf eine faire Verhandlung haben, bevor ein Urteil gefällt wurde. Nach jüdischem Recht können 36 Delikte die Todsstrafe zur Folge haben, darunter Hexerei, Ehebruch, Sodomie und Mord. **In der Praxis aber wurde die Todsstrafe in Israel selten verhängt und vollstreckt.** Der Grund dafür liegt darin, dass die Verdächtigen zuerst vor den möglichen Folgen ihrer Taten gewarnt werden mussten. Selbst dann, wenn alle Richter der Verurteilung zustimmten, wurde es für wahrscheinlich angesehen, dass sie voreingenommen waren – und das Todsurteil wurde aufgehoben.

Natürlich gab es für andere Vergehen andere Urteile. Für viele andere Verbrechen, wie zum Beispiel Inzest oder Verstöße gegen die Speisevorschriften, wurden gegen

den Schuldiggesprochenen 39 Peitschenhiebe verhängt. Aber selbst dann musste der Verurteilte noch untersucht werden, ob er die Bestrafung überhaupt körperlich aushalten konnte.
Das Hauptaugenmerk lag immer auf der menschlichen Behandlung des Kriminellen. Jedes Leid sollte auf ein Minimum beschränkt bleiben. Die Strafen gemäß der Tora oder des Talmuds spielen im heutigen Israel kaum noch eine Rolle.

Welche Haltung vertritt das Judentum zur Gewalt? In welchen Fällen wird Gewalt als legitimes Mittel akzeptiert?

Wie soll im Judentum mit Straftätern umgegangen werden?

Wie ist die jüdische Einstellung zur Todsstrafe?

4 Die Antwort der Juden auf soziale Ungerechtigkeit

Soziale Ungerechtigkeit ist ein Thema, das bereits die Propheten der jüdischen Schriften beschäftigte. Der Prophet, der sich am meisten solcher Ungerechtigkeiten in Israel bewusst war, ist Amos. Er stellte die Behauptung auf, dass Gott nicht an den Verehrungen der Menschen interessiert ist, solange sie nicht mit einer gerechten Gesellschaft einhergehen.

„Ich hasse eure Feste, ich verabscheue sie und kann eure Feiern nicht riechen. Wenn ihr mir Brandopfer darbringt, ich habe keinen Gefallen an euren Gaben, und eure fetten Heilsopfer will ich nicht sehen. Weg mit dem Lärm deiner Lieder! Dein Harfenspiel will ich nicht hören, sondern das Recht ströme wie Wasser, die Gerechtigkeit wie ein nie versiegender Bach.“
Am 5, 21-24

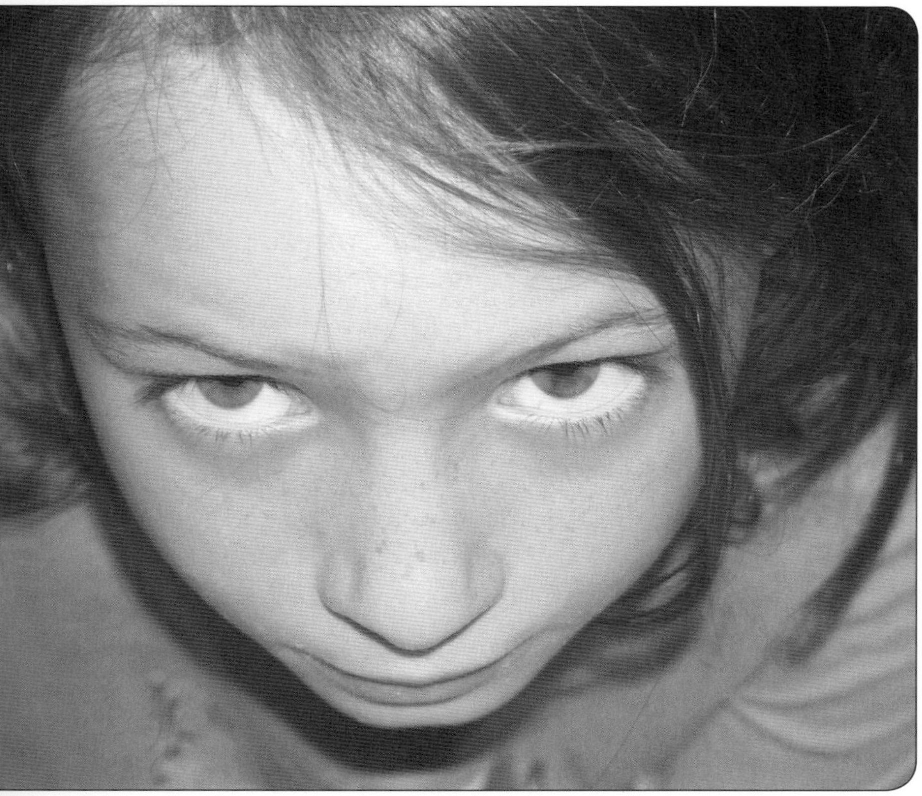

Der Prophet Amos behauptete, dass Gott sich für die Gesellschaften, die ihre Mitglieder ungerecht behandeln, nicht interessiert.

Amos fährt fort, indem er die Israeliten einer ganzen Reihe von **sozialen Ungerechtigkeiten** beschuldigt:

- dass sie auf ihren Betten aus Elfenbein in großem Luxus faulenzen,
- dass sie das beste Fleisch essen,
- dass sie Wein aus großen Humpen trinken,
- dass sie sich selbst mit den erlesensten Ölen salben.

Und außerdem unternähmen sie nichts gegen die größten Ungerechtigkeiten, die sich direkt vor ihren Augen abspielten.

Heute würden die Juden diese Ungerechtigkeiten erkennen und sie bekämpfen. Der Talmud und der Midrasch erzählen viele Geschichten von Menschen, die sich alle Mühe gaben, um Notleidenden zu helfen. Ein Rabbiner aus dem 19. Jahrhundert hatte Folgendes zu sagen:

„Wenn jemand sich um einen Kranken zu kümmern hat, und er geht weg, um am gemeinsamen Gebet teilzunehmen, dann ist sein Gebet in keiner Weise ‚mitzvah' – sondern ein Blutvergießen."

Denen zu helfen, die unter sozialer Ungerechtigkeit leiden, ist nicht nur eine individuelle Pflicht, sondern eine Pflicht der ganzen Gemeinschaft. Aus diesem Grund haben die Juden überall dort, wo sie sich niedergelassen haben, Organisationen gegründet, die sich um die Belange der Bedürftigen kümmern.

Zusammenfassung

- *Das Judentum steht kriegerischen Auseinandersetzungen sehr ablehnend gegenüber. Dennoch gibt es Zeiten, in denen ein Krieg ausgestanden werden muss.*
- *Die Juden unterscheiden zwei Formen des Krieges: den obligatorischen Krieg, der von Gott aufgetragen wurde, und den optionalen Krieg, der nur aus dringenden Gründen geführt werden darf.*
- *Gewalt ist nach jüdischem Grundsatz allenfalls zur Selbstverteidigung zulässig.*

Beschreibt die unterschiedlichen Haltungen zur Gewalt im Christentum, Islam und Judentum.

Wie stehen die drei Weltreligionen zur Todsstrafe? Was denkst du selbst darüber? Glaubst du, dass es Verbrechen gibt, die nur durch den Tod vergolten werden können?

Was verstehst du unter „sozialer Ungerechtigkeit"? Was ist deiner Meinung nach in unserer heutigen Gesellschaft sozial ungerecht?

Welche dieser drei Religionen engagiert sich deiner Meinung nach am meisten für den Frieden? Versuche weitere Informationen zu beschaffen, um deine Meinung zu begründen.

Empfehlenswerte Literatur und Links

Literatur

Simon Adams:
Die Rolle der UNO. Fakten und Hintergründe.
Verlag an der Ruhr 2005.
ISBN 978-3-8346-0029-5

Luitgard Distel:
... und dann war alles anders. Geschichten von Krieg und Frieden.
Ueberreuter 2004.
ISBN 978-3-8000-5030-7

Michael Gallagher:
Israel und Palästina. Fakten und Hintergründe.
Verlag an der Ruhr 2005.
ISBN 978-3-86072-981-6

Jocelyne Sauvard:
Todesstrafe. Kinder vor der Hinrichtung.
Elefanten Press 2000.
ISBN 978-33-570-14592-0

Links

www.frieden-fragen.de/10234.html
Fragen und Antworten rund um das Thema Frieden.

www.frieden-schaffen.de/
Informationen zum Thema Wehrdienstverweigerung, Friedenseinsatz, Konflikttraining etc.

www.gesetze-im-internet.de
Hier werden die wichtigsten Gesetze und Rechtsverordnungen der Bundesregierung zum Lesen und Herunterladen zur Verfügung gestellt.

www.uni-kassel.de/fb5/frieden/
Informationen und aktuelle Meldungen zum Nahen Osten, Afghanistan u.a. Mit Weltarchiv.

www.uni-konstanz.de/rtf/kik/Jugendkriminalitaet.htm
Bericht zur Jugendkriminalität in Deutschland.

www.amnesty-todsstrafe.de
Zahlenmaterial und andere Informationen zur Todsstrafe von Amnesty International.

www.todesstrafe.de
Infos, Geschichte der Todesstrafe, aktuelle Bücher, Nachrichten, Forum, Todesstrafenatlas.

www.knast.net
Bundesarbeitsgemeinschaft für Straffälligenhilfe. Bietet Hilfe für straffällig gewordene Menschen und vertritt die Interessen der Straffälligen auf Bundesebene.

Anhang

Glossar

Allgemein

A

Abtreibung → Umgangssprachlich für Schwangerschaftsabbruch; eine vom Arzt künstlich herbeigeführte Fehlgeburt.

Agnostiker → Jemand, der glaubt, dass man nicht wissen kann, ob Gott existiert, der aber die Existenz Gottes deswegen nicht leugnet.

Atheist → Jemand, der nicht an Gott glaubt.

E

Ehebruch: Sexuelle Beziehung eines/einer Verheirateten mit einer Person, die nicht sein Ehepartner ist.

Euthanasie → Aus historischen Gründen wird in Deutschland der Begriff Sterbehilfe bevorzugt. Gemeint ist damit die Unterstützung Sterbender bzw. Schwerstkranker im Sterben.

K

Kriegsdienstverweigerer → Jemand, der den Dienst an der Waffe aus Gewissens- bzw. aus religiösen Gründen ablehnt.

L

Leihmutterschaft → Das Austragen eines Kindes für eine andere Person.

M

Monotheismus → Der Glaube an die Existenz nur eines einzigen Gottes.

P

Pazifismus → Die Überzeugung, dass Gewaltanwendung gegen eine Person oder eine Nation unter keinen Umständen zu rechtfertigen ist.

R

Rassismus → Die Überzeugung, dass andere auf Grund ihrer Rassenzugehörigkeit in moralischer und kultureller Hinsicht unterlegen sind.

S

Sexismus → Diskriminierung einer Person auf Grund ihrer Geschlechtszugehörigkeit.

T

Todesstrafe → Die Hinrichtung eines Straftäters, der ein sehr schweres Verbrechen begangen hat.

T

Völkermord → Der Versuch, die Angehörigen einer bestimmten Rasse oder Nation auszurotten.

Christentum

A

Das Abendmahl des Herrn → Bezeichnung der Abendmahlfeier bei nonkonformistischen Kirchen.

Ablass → Der vom Papst gewährte Nachlass der Sündenstrafen. Früher war damit ein reger Ablasshandel verbunden, der von Luther heftig bekämpft wurde.

Abraham → Biblische Gestalt des Alten Testaments; nach jüdischem Glauben Stammvater des Volkes Israels, nach muslimischen Glauben der erste Muslim.

Absolution → Die Vergebung der Sünden durch einen Priester.

Altar → eigentlich Opfertisch; steht vorne in den Kirchen; Ort der Nähe Gottes, wo der Priester die Messe zelebriert.

Altes Testament → Die christliche Bezeichnung für die heiligen Schriften der Juden.

Anglikanische Kirche → Weltweite Kirche, die auf den Lehren der Kirche von England beruht.

Annullierung → Kirchlich genehmigte Auflösung der Ehe zweier Katholiken.

Auferstehung → Die Christen glauben, dass Jesus wenige Tage nach seinem Tod am Kreuz wieder zum Leben erweckt wurde.

B

Baptisten → Nonkonformistische Kirche, bei der erst die gläubigen Erwachsenen getauft werden.

Bergpredigt → Eine Sammlung der wichtigsten Lehren Jesu, zusammengefasst in den Kapiteln 5 bis 7 des Matthäusevangeliums.

Bibel → Die heilige Schrift der Juden (Altes Testament) und Christen (Altes und Neues Testament).

Bischof → Führender Geistlicher, dem die Kirchen in seiner Diözese oder in seinem Bereich unterstehen.

Brautmesse → Gottesdienst der katholischen Kirche am Ende der Hochzeitszeremonie.

Buße → In der römisch-katholischen Kirche die von einem Priester auferlegte Sühne, die der Sünder nach der Beichte leisten muss.

Das Brechen des Brotes → Eine der Bezeichnungen der Abendmahlfeier bei den nonkonformistischen Kirchen.

E

Episteln → An frühe Christen und christliche Gemeinden gerichtete Briefe von Persönlichkeiten wie Paulus oder Petrus.

Eucharistie → eigentlich „Danksagung"; ursprünglich die Danksagung innerhalb der Abendmahlfeier, dann Bezeichnung für die Abendmahlfeier selbst. Liturgische Ausformungen: In der katholischen Kirche Eucharistiefeier, in den evangelischen Kirchen Abendmahlsfeier, in der orthodoxen Kirche die göttliche Liturgie.

Evangelien → Die vier ersten Bücher des Neuen Testaments, die über das Leben und die Lehren Jesu berichten.

F

Fastenzeit → Die Fastenzeit vor Ostern dauert 40 Tage in Erinnerung daran, dass Jesus nach seiner Taufe im Jordan 40 Tage in der Wildnis verbrachte; in dieser Zeit widerstand er den Versuchungen des Teufels.

Fegefeuer → Nach dem Tod der Aufenthaltsort derer, die nicht sofort in den Himmel kommen dürfen.

G

Gleichnisse → Von Jesus erzählte Geschichten zur Veranschaulichung religiöser Inhalte.

Göttliche Liturgie → siehe Eucharistie

H

Heiliger Geist → Neben Gott, dem Vater, und Gott, dem Sohn, die dritte Person in der christlichen Dreifaltigkeitslehre (Trinitätslehre).

Heilsarmee → Eine protestantische Glaubensgemeinschaft, die im 19. Jahrhundert von Catherine und William Booth gegründet wurde, um in den Armenvierteln der Großstädte tätig zu werden.

Himmelfahrt → Die Bibel lehrt, dass Jesus nach seinem irdischen Leben in den Himmel aufstieg.

Hymnus → Feierlicher Lobgesang im Rahmen eines Gottesdienstes.

I

Ikone → Eine besondere bildliche Darstellung der heiligen Familien, eines Heiligen oder einer biblischen Szene.

Ikonostase → Die „Bilderwand" in orthodoxen Kirchen, die den Altarraum vom Versammlungsraum der Gläubigen abtrennt.

Inkarnation → Eigentlich Fleisch- bzw. Menschwerdung, gemeint ist damit die Menschwerdung eines göttlichen Wesens. Die Christen glauben, dass die zweite Person der göttlichen Dreifaltigkeit in Gestalt von Jesus Christus auf die Erde kam.

J

Jungfrau Maria → Die Mutter von Jesus Christus. Die meisten Christen glauben, dass sie Jesus zur Welt brachte, ohne sexuellen Kontakt gehabt zu haben („Jungfrauengeburt").

K

Kanzel → Erhöhtes Rednerpult in Kirchen, von dem aus die Predigt gehalten wird.

M

Messe → In der katholischen Kirche die Bezeichnung für den Gottesdienst.

Methodistenkirche → Eine im 18. Jahrhundert gegründete, nonkonformistische Kirche, die auf den Lehren von John Wesley beruht.

Minister → Geistlicher bzw. Pfarrer, der in nonkonformistischen Kirchen den Gottesdienst leitet.

Missale → Das Messbuch der katholischen Kirche.

Moses → Biblische Persönlichkeit, welche die Israeliten aus der ägyptischen Gefangenschaft führte.

N

Neues Testament → Der zweite Teil der Bibel nach dem Alten Testament. Enthält die vier Evangelien mit der Beschreibung des Lebens und der Lehre Jesu und die Episteln (Briefe) u. a. von Petrus und Paulus.

Nonkonformistische Kirche → Eine Kirche, die von den Lehren der Kirche von England abweicht.

O

Orthodoxe Kirche → Ursprünglich die Kirche in den Ostteilen des Römischen Reiches, die sich im Jahre 1054 von der römisch-katholischen Kirche abspaltete (Morgenländisches Schisma).

Ostern → Das Fest, an dem die Christen des Tods und der Auferstehung Jesu gedenken.

P

Papst → Oberhaupt der römisch-katholischen Kirche.

Paulus → Konvertierte auf der Straße nach Damaskus zum Christentum und wurde einer der Führer der frühen Kirche.

Petrus → Führende Persönlichkeit unter den Jüngern Jesu; nach Ansicht der Katholiken war Petrus der erste Papst.

Pfingstkirche → Eine der zahlreichen nonkonformistischen Kirchen.

Priester → In der katholischen, protestantischen und orthodoxen Kirche eine in den Priesterstand erhobene Person, welche die Sakramente spenden darf.

Q

Quäker → Im 17. Jahrhundert gegründete Kirche, auch bekannt als „Gesellschaft der Freunde".

R

Requiem → In der katholischen Kirche die Totenmesse zum Gedenken an einen Verstorbenen.

Römisch-katholische Kirche → Die weltweite Gemeinschaft der Gläubigen, deren Oberhaupt der Papst in Rom ist.

S

Sakrament der Beichte → In der römisch-katholischen Kirche ein Sakrament, bei dem ein Mensch seine Sünden bekennt und über einen Priester die Vergebung Gottes empfängt.

Sakrament → Das Sakrament ist ein sichtbares Zeichen, das eine unsichtbare Gnade Gottes anzeigt und bewirkt.

Satan → Wörtlich „Widersacher"; die Gott entgegengesetzte spirituelle Kraft.

Seligpreisungen → Die Aussagen Jesu über die spirituellen Eigenschaften, die notwendig sind, um in das Reich Gottes einzugehen (Mt 5, 3-11).

Sonntag → Für die Christen der Tag des Gottesdienstes; der Tag, an dem Jesus von den Toten auferstand.

T

Taufe → Ritus der meisten christlichen Kirchen zur Aufnahme eines neuen Mitgliedes (Kind oder Erwachsener) in die Kirche.

Trinität (Dreieinigkeit, Dreifaltigkeit) → Nach der christlichen Trinitätslehre ist Gott die Einheit dreier wesensgleicher „Personen" (Gott, der Vater, Gott, der Sohn, Gott, der Heilige Geist).

V

Vaterunser → Das Gebet, das Jesus seinen Jüngern lehrte, wird fast in jedem Gottesdienst gesprochen.

Vikar → In der anglikanischen Kirche Bezeichnung für den Pfarrer; in der katholischen Kirche der Vertreter eines geistlichen Amtsträgers.

W

Weihnachten → Feier der Geburt Jesu in Bethlehem.

Z

Zehnt → Nach dem Alten Testament die Pflicht, den zehnten Teil des Einkommens an Gott abzutreten.

Zitadelle → Kirchlicher Versammlungsort der Heilsarmee.

Islam

A

Adhan → Der tägliche Ruf zum Gebet.

Al-Fateha → Wörtlich „die Eröffnende". Die erste Sure des Korans, die bei jedem Gebet gesprochen wird.

Allah → Das arabische Wort für „Gott“, keinesfalls ein Eigenname für einen speziellen muslimischen Gott. Der eine Gott, der sich Mohammed, dem letzten und größten Propheten, offenbarte, wurde zuvor von Moses und von Jesus verkündet.

Al-Miradsch → Die Himmelfahrt des Propheten Mohammed, bei der er vor Gott trat.

D

Dschihad → Der Kampf der Gemeinschaft und des Einzelnen gegen das Böse.

E

Eid-ul-Adha → Das Opferfest in Gedenken an die Bereitschaft Abrahams, seinen Sohn zu opfern, weil Gott es ihm so befohlen hatte.

F

Fünf Säulen → Die fünf Glaubensgrundlagen, auf denen der Islam aufbaut.

H

Hadith → Erzählungen über bzw. Sprüche von Mohammed, die von seinen Anhängern überliefert wurden.

Haddsch → Die Pilgerreise in die heilige Stadt Mekka, die letzte der fünf Säulen des Islams.

Halal → Alles, was Muslimen erlaubt ist, besonders in Bezug auf die Speisevorschriften.

Haram → Alles, was Muslimen verboten ist.

I

Iblis → Der Versucher (Teufel).

Ihram → Bezeichnung für den Zustand der rituellen Reinheit, die für die Teilnahme an der Pilgerreise nach Mekka erforderlich ist.

Imam → Der Leiter des Gebets in einer Moschee.

K

Kaaba → Würfelförmiges Heiligtum in Mekka, Ziel der Pilgerreise.

Koran → Der Koran ist die Grundlage des Islams, das Wort Gottes, das Mohammed offenbart wurde, und die höchste Autorität in moralischen Fragen.

M

Madrasa → Die Religionsschule, die muslimische Kinder besuchen. Dort lernen sie Arabisch und die Lehren des Korans.

Medina → Früherer Name Yathrib; die Bewohner der Stadt luden Mohammed und seine Anhänger ein, sich ihnen anzuschließen.

Mekka → Geburtsort Mohammeds in Saudi-Arabien; dort befindet sich auch die Kaaba.

Mihrab → Die Nische in der Wand einer Moschee, mit der die Richtung nach Mekka angezeigt wird (quibla = Gebetsrichtung).

Minarett → Der Turm einer Moschee, von dem täglich fünf Mal die Gläubigen vom Muezzin zum Gebet gerufen werden.

Minbar → Die Kanzel, von der aus der Imam die Freitagspredigt hält.

Misbeha → Eine Gebetsschnur mit 33 Perlen, mit deren Hilfe sich Muslime die 99 Namen Gottes ins Gedächtnis rufen.

Mohammed → Der Begründer des Islams, der von 570 – 632 n. Chr. lebte. Er ist für die Muslime der letzte und bedeutendste Prophet, der Gesandte Gottes.

Moschee → „Ort der Niederwerfung“; das Gebetshaus der Muslime.

Muezzin → Ausrufer, der die Gläubigen zum Gebet ruft.

P

Prophet → Ein von Gott auserwählter Mensch, der als sein Gesandter dient und den Menschen seinen Willen verkündet. Mohammed war der letzte und bedeutendste der von Gott gesandten Propheten.

R

Rakah → Ein Gebet setzt sich aus mehreren Rakah zusammen – eine Abfolge von Rezitationen und Handlungen, die die Basis eines muslimischen Gebetes bilden.

Ramadan → Der neunte Monat des islamischen Kalenders, an dessen Tagen Muslime von Sonnenaufgang bis Sonnenuntergang fasten müssen. Das Fasten gehört zu den fünf Säulen des Islams.

S

Sadaka → Das freiwillige Almosengeben der Muslime für Bedürftige.

Salat → Das Gebet, eine der fünf Säulen des Islams.

Schahada → Das muslimische Glaubensbekenntnis: „Es gibt keinen Gott außer Gott, und Mohammed ist sein Gesandter". Die erste der fünf Säulen des Islams.

Scharia → Das islamische Gesetz, basierend auf den Lehren des Korans, das in einigen Ländern gültig ist.

Schirk → Die schlimmste Sünde, die ein Muslim begehen kann, indem er etwas oder jemandem denselben Rang einräumt wie dem einzigen Gott.

T

Tauhid → Damit wird der Glaubensgrundsatz bezeichnet, dass es nur einen einzigen Gott gibt.

U

Umma → Die weltweite Gemeinschaft aller Muslime.

W

Wudu → Die rituellen Waschungen, die vor dem Gebet vorgenommen werden.

Z

Zakat → Die Pflicht des Almosengebens für die Armen, eine der fünf Säulen des Islams. Zugleich eine Möglichkeit für einen Menschen, sein Vermögen zu reinigen.

Judentum

A

Amidah → Eines der wichtigsten jüdischen Gebete.

Antisemitismus → Speziell gegen die Juden gerichteter Hass, weil sie Juden sind.

B

Bar Mitzvah → „Sohn des Gebots"; diese Bezeichnung wird einem Jungen zu seinem 13. Geburtstag verliehen.

Beth Din → „Haus des Gerichts"; ein jüdisches Gericht zur Beilegung von Streitigkeiten, das sich aus drei Rabbinern zusammensetzt.

Bimah → Das Lesepult in einer Synagoge, auf das die Tora-Rollen gelegt werden, wenn aus ihnen gelesen wird.

Bund → Der Bund, der von Gott mit Abraham und den Juden geschlossen wurde.

C

Chewra Kadischa → Eine Gruppe hoch respektierter Persönlichkeiten, die die nötigen Vorkehrungen treffen, wenn jemand gestorben ist.

D

Diaspora → Die Zerstreuung der Juden über die Welt nach der Zerstörung des Tempels in Jerusalem im Jahre 70 n.Chr.

Die Zehn Gebote → Die zehn besonderen Gesetze, die Gott dem jüdischen Volk am Berg Sinai durch Moses übergab.

E

Exodus → Der Auszug der Juden aus der ägyptischen Gefangenschaft; an dieses Ereignis wird alljährlich durch das Passah-Fest erinnert.

G

Get → Eine jüdische Scheidungsurkunde, die vom Mann ausgestellt wird und der Frau ermöglicht, wieder zu heiraten.

H

Havdalah → „Trennung", die Zeremonie, mit der der heilige Sabbat vom Rest der Woche getrennt wird.

Holocaust → Die Vernichtung von über sechs Millionen Juden durch die Nazis vor und während des Zweiten Weltkriegs.

Huppah → Eine Art Baldachin im Vorderteil der Synagoge, unter der ein Teil der Hochzeitszeremonie stattfindet.

J

Jarmulke → Kopfbedeckung für den Hinterkopf, die von Männern in der Synagoge getragen wird.

Jom Kippur → siehe Versöhnungsfest.

K

Kaddisch → Ein jüdisches Gebet zur Lobpreisung Gottes, das besonders von Menschen gesprochen wird, bei denen kürzlich ein Angehöriger gestorben ist.

Kettubah → Eine jüdische Heiratsurkunde.

Koscher → Bezeichnung für Speisen, die Juden essen dürfen.

M

Messias → Wörtlich „Gesalbter". Der religiöse Erlöser, auf dessen Erscheinen die Juden seit biblischen Zeiten warten.

Mikwe → Eine Badestätte in der Synagoge, wo Frauen nach der Menstruation eine rituelle Reinigung vornehmen, um wieder am Gottesdienst teilnehmen zu können.

Minyan → Die Mindestzahl von zehn Männern, die anwesend sein müssen, damit in einer orthodoxen Synagoge ein Gottesdienst stattfinden kann.

Mitzvot → Die Gebote und Pflichten, die den Juden von Gott auferlegt wurden.

O

Orthodoxer Jude → Ein Jude, der versucht, alle Gesetz der Tora genau einzuhalten.

P

Passah → Das wichtigste jüdische Fest, mit dem des Auszuges aus der ägyptischen Gefangenschaft gedacht wird.

R

Rabbiner → Kurzform Rabbi, Lehrer und Leiter einer jüdischen Gemeinde beim Gottesdienst.

Rosch ha-Schanah → Wörtlich „der Kopf des Jahres"; die Bezeichnung für das jüdische Neujahr.

S

Sabbat → Heiliger Ruhetag für alle Juden, der bei Sonnenuntergang am Freitag beginnt.

Satan → Der Versucher. Die Macht des Bösen, die gegen den Willen Gottes zu wirken versucht.

Schechita → „Schächten"; die Methode des Schlachtens, bei der das Tier mit einem einzigen Schnitt durch den Hals getötet wird.

Schema → Jüdisches Glaubensbekenntnis, das die Einzigkeit Gottes hervorhebt.

Schrein → Schrank in einer Synagoge zur Aufbewahrung der Tora-Rollen.

Sukkot → „Laubhüttenfest"; eines der drei jüdischen Wallfahrtsfeste, zu dem die Menschen in der Diaspora versuchten, in die heilige Stadt Jerusalem zur Stelle des Tempels zurückzukehren.

Synagoge → Der Ort, wo die Juden ihren Gottesdienst feiern und studieren, zugleich der Mittelpunkt und Treffpunkt einer Gemeinde.

T

Tallit → Ein Gebetstuch aus weißem oder blauem Leinen mit Quasten.

Talmud → Eine Sammlung der Lehren der Rabbiner, die zwischen 70 n. Chr. und dem Ende des 5. Jahrhunderts zusammengestellt wurde.

Tanach → Kunstwort aus den Anfangsbuchstaben der drei Teile der jüdischen Bibel: Tora (das Gesetz), Nevim (die Propheten) und Ketuvim (die Schriften).

Tefillin → Gebetsriemen mit Kapseln, die vier Passagen aus der Tora enthalten.

Tempel → Zuerst unter König Salomon erbautes Heiligtum der Israeliten, 586 v. Chr. erstmals zerstört, nach der babylonischen Gefangenschaft 520 – 516 v. Chr. neu errichtet und unter Herodes I. 19 – 18 v. Chr. erweitert. Endgültige Zerstörung 70 n. Chr. durch die Römer.

Tora → Die fünf Gesetzbücher, die Moses von Gott am Berg Sinai erhielt.

Tzedaka → Geldspenden zu Gunsten der Bedürftigen.

V

Versöhnungstag → Einer der höchsten jüdischen Feiertage.

Y

Yad → Metallener Zeigestab mit einer nachgebildeten Hand an der Spitze, der beim Lesen in Tora-Rollen verwendet wird.

■ **Was Weltreligionen zu Alltagsthemen sagen**

Aktuelle Probleme aus der Sicht von Christen, Juden und Muslimen

Michael Keene

13–17 J., 188 S., A4, Pb.

ISBN 978-3-86072-989-2

Best.-Nr. 2989

23,– € (D)/23,65 € (A)/40,30 CHF

■ **Katholisch – Protestantisch**

Was ist der Unterschied?

Stephan Sigg

Kl. 5–7, 69 S., A4, Pb.

ISBN 978-3-8346-0138-4

Best.-Nr. 60138

19,50 € (D)/20,– € (A)/34,20 CHF

■ **Wer ist Jesus?**

Hintergründe, Fakten, Meinungen. Ein Projektbuch.

Stephanie Catani, Wilfried Stascheit

13–19 J., 97 S., A4, Pb.

ISBN 978-3-86072-923-6

Best.-Nr. 2923

19,80 € (D)/20,35 € (A)/34,70 CHF

■ **Die 10 Gebote heute**

Infos, Materialien, Provokationen

Christoph Menn-Hilger

13–19 J., 82 S., A4, Papph.

ISBN 978-3-86072-774-4

Best.-Nr. 2774

19,80 € (D)/20,35 € (A)/34,70 CHF

■ **Die Bibel errätseln**

75-mal lesen und lösen

Mary Tucker

Kl. 4–6, 89 S., A4, Papph.

ISBN 978-3-86072-979-3

Best.-Nr. 2979

19,80 € (D)/20,35 € (A)/34,70 CHF

■ **Bibeldetektive**

Krimispiele rund ums Buch der Bücher

Wilfried Brauckmann

10–14 J., 77 S., A4, Papph.

ISBN 978-3-8346-0233-6

Best.-Nr. 60233

19,– € (D)/19,50 € (A)/33,30 CHF

■ **Das Neue Testament**

Sinnfragen, Einstellungen und Standpunkte

Stephan Sigg

10–14 J., 75 S., A4, Papph.

ISBN 978-3-8346-0176-6

Best.-Nr. 60176

19,80 € (D)/20,35 € (A)/34,70 CHF

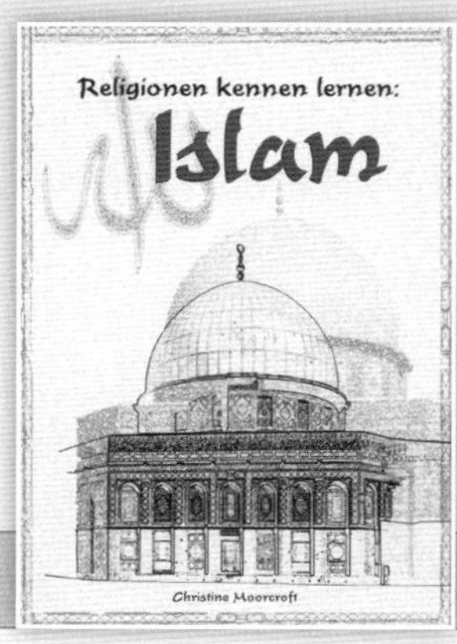

Religionen kennen lernen

■ **Islam**

Christine Moorcroft

Kl. 5–11, 49 S., A4, Papph.

ISBN 978-3-86072-338-8

Best.-Nr. 2338

18,50 € (D)/19,– € (A)/32,40 CHF